# A LOS PIES DEL REY

## UN DESAFÍO DE 40 DÍAS

Descubrir de nuevo lo que Jesús esperaba
de Sus primeros discípulos y cómo puede

**Chet M. Boyd III**

## Agradecimiento:

¡Toda la gloria a Dios por cada buen regalo! Quiero agradecer especialmente a los que me han animado y me han ayudado a seguir a Jesús.

A mi mamá y papá: Creciendo en nuestra casa, sus vidas eran consistentes y auténticas desde el domingo hasta el sábado. No tuve que preguntar si verdaderamente creían en Jesús y en lo que Él dijo. La calidad y el carácter de sus vidas contestaban la pregunta. Oro que mis hijos puedan decir lo mismo cuando recuerden su niñez. Gracias papá por tantas horas de revisión.

A mi maravillosa esposa Claire: Las palabras no pueden expresar mi gratitud por todo tu sacrificio y ánimo a través de los años. El tiempo y el espacio necesarios para completar este libro no habrían sido posibles sin ti. Gracias por todo el trabajo y esfuerzo extra que has hecho y por toda la falta de sueño. ¡Eres mi verdadera amiga y mi amor!

A mi familia de One Hope Church (la Iglesia Una Esperanza): Gracias, gracias, gracias por el privilegio de permitirme servir a nuestra ciudad y a nuestro mundo con ustedes. Gracias por su amor, sus oraciones, y su apoyo para terminar este proyecto. Amo a cada uno de ustedes profundamente. Agradecimiento especial a los que fueron innovadores de este desafío al principio y que proveyeron comentarios que ayudaron a mejorar este libro.

A mi familia en Río Blanco/Orizaba/Zongolica: Gracias por amar a nuestra iglesia y a mi familia. Nuestra amistad y el trabajar juntos para el Señor ha sido uno de los grandes gozos de mi vida. Tantas veces sus vidas han demostrado la realidad de lo que significa tomarse en serio la enseñanza de Jesús. Han sido parte de este proyecto desde las etapas tempranas. ¡Gracias!

Hay muchas más personas en Puebla y en Hidalgo a quienes quiero agradecer. ¡Y también queridos hermanos y hermanas de Honduras, El Salvador y más allá!

Quisiera agradecer especialmente a Michelle McQuien por sus largas y muchas horas de trabajo en la traducción, ¡que sé, que lo que hizo fue como para el Señor! También quiero darle las gracias a Abdiel López y a Edén Álvarez por su ayuda en la revisión de la traducción y por sus sugerencias. Que el Señor bendiga a cada uno por su amabilidad y ayuda.

## Dedicatoria:

*A los pies del Rey* está dedicado a todos los que buscan hacer discípulos de Jesús, especialmente a los que lo hacen a riesgo de sus propias vidas. ¡Que Dios les dé el coraje y la fuerza para continuar, y que este libro sea una bendición en sus esfuerzos!

Y a mis hijos: Hannah Rose, Micah, y Joanna Grace - ¡sigan al Rey y se llenarán de gozo y todo buen fruto! Estoy muy agradecido de que estén aprendiendo español desde una temprana edad. Oro que me superen en todo (en el español no será un desafío), ¡pero oro que me superen en los asuntos más importantes de la fe, el amor, la gracia, la misericordia y la justicia! ¡Compartan las Buenas Noticias de Jesús siempre!

### *A Los Pies Del Rey - Un Desafío De 40 Días*

*Hombre, él te ha declarado lo que es bueno, lo que pide Jehová de ti: solamente hacer justicia, amar misericordia y humillarte ante tu Dios.*

### - MIQUEAS 6:8

| Día | Mateo | Tema | Rasgo de carácter destacado |
|---|---|---|---|
| 1 | cap. 5-7 | El panorama completo | |
| 2-3 | 5:1-10 | El carácter de un discípulo | Las expectativas para seguidores de Jesús |
| 4-6 | 5:11-16 | El costo de ser sal y luz | Superar el sufrimiento y Tener un corazón puro |
| 7-8 | 5:17-20 | Jesús, la ley y las exigencias de los profetas | Tener hambre y sed de justicia |
| 9-10 | 5:21-26 | Cómo ser un pacificador | Perseguir activamente la paz |
| 11-13 | 5:27-32 | El pecado y el compromiso | Pureza de corazón/Pacificador |
| 14-15 | 5:33-37 | Cumplir su palabra y no manipular | Pureza de corazón |

| Día | Mateo | Tema | Rasgo de carácter destacado |
|-----|-------|------|-----------------------------|
| 16-18 | 5:38-48 | Tratar el conflicto con amor para todos | La mansedumbre y la perseverancia |
| 19 | cap. 5 | Reflexión | |
| 20-21 | 6:1-4 | La motivación al dar | Pureza de corazón |
| 22-23 | 6:5-15 | Cómo orar | La humildad |
| 24-25 | 6:16-18 | Cómo ayunar | Tener hambre y sed de justicia |
| 26-27 | 6:19-24 | Lo que atesora mi corazón | Tener hambre y sed de justicia |
| 28-29 | 6:25-34 | No se preocupe | Tener hambre y sed de justicia |
| 30 | cap. 6 | Reflexión | |
| 31-32 | 7:1-6 | No sea un hipócrita | La misericordia |
| 33-34 | 7:7-14 | Pida, busque, llame | La humildad |
| 35-36 | 7:15-23 | La puerta angosta y los falsos profetasts | La humildad |
| 37-38 | 7:24-29 | Edifique su vida sobre la roca | Tener hambre y sed de justicia |
| 39 | 28:18-20 | Ir y hacer discípulos | Ser pacificador |
| 40 | | Reflexión | |

## Introducción

**Dos tipos de personas y dos maneras de leer este libro:** Una de las dos cosas es cierta con respecto a cada persona que lee esta página. O usted no es seguidor de Jesús o es seguidor de Jesús. Si no es seguidor de Jesús, puede participar en este desafío para aprender más acerca de las enseñanzas de Jesús y decidirse a recibirlo como Salvador y Rey o rechazarlo. Si usted es seguidor de Jesús, puede participar en este desafío para aumentar su entendimiento de las expectativas del Rey para nosotros y para crecer como uno de Sus discípulos.

**Jesús** nos dijo que seamos Sus discípulos y que Lo sigamos. Esto presenta la obvia pregunta, "¿Cómo se parece un discípulo de Jesús en carácter, en la forma de hablar y en acción?" Jesús les dio a Sus discípulos la respuesta en un discurso definitivo. Este discurso se encuentra en el Evangelio según Mateo, capítulos 5, 6 y 7 (comúnmente conocido como el Sermón del Monte). Pero muchas veces estos capítulos son menospreciados, subestimados y malinterpretados. Durante 40 días vamos a sentarnos a los pies del mejor Maestro, Salvador y Rey que nuestro mundo podría conocer. Juntos buscaremos entender y trataremos de aplicar Sus enseñanzas a nuestras vidas cotidianas. Mientras tratamos de crecer como discípulos nos acordamos de Sus palabras: *Ciertamente, yo soy la vid; ustedes son las ramas. Los que permanecen en mí y yo en ellos producirán mucho fruto porque, separados de mí, no pueden hacer nada.* (Juan 15:5).

**El desafío** es pasar tiempo consistente y enfocado a los pies del Rey. Algunos de ustedes completarán este libro en exactamente 40 días. Las Escrituras mismas nos animan a meditar sobre la Palabra de Dios día y noche. Es altamente recomendado que se comprometa a hacer este estudio al mínimo 4 días a la semana. Durante los 40 días estudiaremos el Sermón del Monte dos veces. La primera vez usted anotará sus pensamientos con algunas notas y preguntas útiles para hacer su tiempo más productivo. La segunda vez se le proporcionarán notas y desafíos más detallados.

| Día | Mateo | Tema | Rasgo de carácter destacado |
|---|---|---|---|
| 16-18 | 5:38-48 | Tratar el conflicto con amor para todos | La mansedumbre y la perseverancia |
| 19 | cap. 5 | Reflexión | |
| 20-21 | 6:1-4 | La motivación al dar | Pureza de corazón |
| 22-23 | 6:5-15 | Cómo orar | La humildad |
| 24-25 | 6:16-18 | Cómo ayunar | Tener hambre y sed de justicia |
| 26-27 | 6:19-24 | Lo que atesora mi corazón | Tener hambre y sed de justicia |
| 28-29 | 6:25-34 | No se preocupe | Tener hambre y sed de justicia |
| 30 | cap. 6 | Reflexión | |
| 31-32 | 7:1-6 | No sea un hipócrita | La misericordia |
| 33-34 | 7:7-14 | Pida, busque, llame | La humildad |
| 35-36 | 7:15-23 | La puerta angosta y los falsos profetasts | La humildad |
| 37-38 | 7:24-29 | Edifique su vida sobre la roca | Tener hambre y sed de justicia |
| 39 | 28:18-20 | Ir y hacer discípulos | Ser pacificador |
| 40 | | Reflexión | |

## Introducción

**Dos tipos de personas y dos maneras de leer este libro:** Una de las dos cosas es cierta con respecto a cada persona que lee esta página. O usted no es seguidor de Jesús o es seguidor de Jesús. Si no es seguidor de Jesús, puede participar en este desafío para aprender más acerca de las enseñanzas de Jesús y decidirse a recibirlo como Salvador y Rey o rechazarlo. Si usted es seguidor de Jesús, puede participar en este desafío para aumentar su entendimiento de las expectativas del Rey para nosotros y para crecer como uno de Sus discípulos.

**Jesús** nos dijo que seamos Sus discípulos y que Lo sigamos. Esto presenta la obvia pregunta, "¿Cómo se parece un discípulo de Jesús en carácter, en la forma de hablar y en acción?" Jesús les dio a Sus discípulos la respuesta en un discurso definitivo. Este discurso se encuentra en el Evangelio según Mateo, capítulos 5, 6 y 7 (comúnmente conocido como el Sermón del Monte). Pero muchas veces estos capítulos son menospreciados, subestimados y malinterpretados. Durante 40 días vamos a sentarnos a los pies del mejor Maestro, Salvador y Rey que nuestro mundo podría conocer. Juntos buscaremos entender y trataremos de aplicar Sus enseñanzas a nuestras vidas cotidianas. Mientras tratamos de crecer como discípulos nos acordamos de Sus palabras: *Ciertamente, yo soy la vid; ustedes son las ramas. Los que permanecen en mí y yo en ellos producirán mucho fruto porque, separados de mí, no pueden hacer nada.* (Juan 15:5).

**El desafío** es pasar tiempo consistente y enfocado a los pies del Rey. Algunos de ustedes completarán este libro en exactamente 40 días. Las Escrituras mismas nos animan a meditar sobre la Palabra de Dios día y noche. Es altamente recomendado que se comprometa a hacer este estudio al mínimo 4 días a la semana. Durante los 40 días estudiaremos el Sermón del Monte dos veces. La primera vez usted anotará sus pensamientos con algunas notas y preguntas útiles para hacer su tiempo más productivo. La segunda vez se le proporcionarán notas y desafíos más detallados.

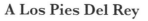 

**Rutina diaria:**
1. Ore con la cara cerca del suelo
2. Lea el pasaje del día, de pie y en voz alta
3. Escriba sus observaciones
4. Escriba sus aplicaciones
5. Memorice
6. Ore con la cara cerca del suelo
7. Vaya y aplique lo que está aprendiendo

**Lugar:** Es altamente recomendado encontrar un lugar silencioso para este desafío... no un café ni otro lugar con otras personas y distracciones.

**Postura del corazón:** El aspecto más importante de nuestro tiempo a los pies del Rey es la postura de nuestros corazones. Necesitamos que nuestros corazones estén humildes ante el Rey; sin embargo, hay tiempos en que sabemos que no tenemos la actitud que debemos tener. ¿Qué hacemos cuando nuestros corazones están en desacuerdo con el Señor, o cuando hemos perdido contacto con el Señor? Debemos hablar con Dios, estar de acuerdo con Dios, y confiar que Dios nos va a acercar a Sí mismo.

**Postura del cuerpo:** La posición del cuerpo físico puede ser una etapa importante en poner el corazón en una postura humilde. Si necesitamos más humildad en nuestros corazones, orar con nuestras caras inclinadas al suelo puede inclinar también nuestros corazones a los pies del Rey. En otros tiempos cuando nuestro corazón está cerca del Señor, no podremos evitar expresar eso con nuestros cuerpos físicos en varias maneras, como en el habla, con una canción, la expresión del rostro, o con las manos levantadas. Es posible que nos encontremos en el suelo en un charco de lágrimas o bailando con gozo.

**Recomendaciones** hasta qué punto físicamente puede: Favor de orar en voz alta (aunque sea un susurro) mientras se arrodilla con la cara inclinada hacia el suelo - pero no descansando para que no se duerma. Por favor lea el pasaje bíblico para el día en voz alta, y de pie. El propósito de esto no es ser ritualístico, sino mantenerse enfocado. Algunos minutos de intención puede ser más productivo que mucho tiempo pasado en distracción desanimada. Estudie y escriba en un lugar y posición del cuerpo que le ayudarán a mantenerse enfocado y alerta.

> **"¿Cómo se parece un discípulo de Jesús en carácter, en la forma de hablar y en acción?" Jesús nos da la respuesta definitiva en el Evangelio según Mateo, capítulos 5, 6 y 7.**

**Hora del día:** Es recomendado que haga este desafío cuando se despierta para ayudarle a caminar con Jesús durante el día y a practicar lo que el Rey le está enseñando.

**Mensajes de texto y celulares:** Por favor silencie su celular o quítalo del lugar. La razón de esto, otra vez, es evitar la distracción de notificaciones y otras personas para que podamos pasar tiempo con el Rey Jesús, sin interrupciones.

**Memorización:** Durante el primer día, escogerá una sección del pasaje. Si memoriza una sección completamente, puede escoger otra sección. Simplemente repase su primera sección cada tanto días. Si quiere consejos para memorizar más efectivamente, por favor vea el Apéndice B.

**Investigación:** La investigación demuestra que hay una diferencia tremenda de crecimiento entre los que se dedican a las Escrituras 4 días o más cada semana, comparado a los que las estudian 3 días o menos. Con esto en mente, por favor comprométase a hacer el desafío un mínimo de 4 días cada semana. Siéntase libre para tratar hacerlo en 40 días continuos, pero por favor no se coma la cabeza si falta un día. Solo empiece de nuevo el siguiente día. Si lo hace 4 veces a la semana, el desafío tomará 10 semanas. Para leer la investigación sobre la diferencia estadística, vea: www.centerforbibleengagement.org/publications

**Páginas de diario adicionales:** Si se le acaba espacio para escribir durante un día en particular, páginas en blancas extras son proporcionadas al fondo del libro.

**Escriba su compromiso:** Usted es animado a escribir un párrafo corto de comprometerse a emprender el Desafío de 40 Días y pedirle ayuda al Rey para hacerlo. Apunte cuando va a empezar el desafío - mañana u otra fecha en su calendario. ¡Programe recordatorios para mantenerse encaminado!

_____
_____
_____
_____
_____
_____
_____
_____
_____
_____
_____
_____
_____
_____
_____
_____
_____
_____
_____
_____
_____
_____
_____
_____
_____
_____
_____
_____
_____

**Firma:** _____

**Día 1:** La aventura empieza
**Tema del pasaje:** El panorama completo

**I. Ore** con la cara cerca al suelo: pídale a Dios que le revele la verdad sobre Él mismo y sobre usted.

**II. Leer** Nuestro primer paso es entender el panorama general del mensaje de Jesús a Sus discípulos. Habrá muchos detalles culturales que los primeros oyentes pudieron comprender pero que son diferentes en nuestro contexto cultural. Tendremos muchas preguntas. Por favor no se preocupe con estas preguntas, habrá suficiente tiempo para investigar y explorar durante estos 40 días. Solo céntrese en el meollo y la intención de lo que dice Jesús. Escuche atentamente mientras el Espíritu Santo usa la Palabra para tocar nuestros corazones y mentes. **Por favor lea Mateo capítulos 5-7 (en una Biblia o del Apéndice A), en voz alta y de pie.** Es una buena idea leer en la misma versión que planea usar para la memorización.

**III. Escriba Sus Observaciones:**
    ¿Qué le impresiona de las enseñanzas de Jesús?

_____

_____

_____

_____

_____

_____

_____

_____

_____

_____

_____

_____

_____

_____

_____

_____

_____

_____

_____

_____

_____
_____
_____
_____
_____
_____
_____
_____
_____
_____
_____

> *Cuando terminó Jesús estas palabras, la gente estaba admirada de su doctrina,  29 porque les enseñaba como quien tiene autoridad y no como los escribas.*
>
> - Mateo 7:28-29

### IV. Escriba Sus Aplicaciones:

¿Cuáles cambios espera ver en su vida durante los próximos 40 días?

_____
_____
_____
_____
_____
_____
_____
_____
_____
_____
_____
_____
_____
_____
_____
_____
_____
_____

_____
_____
_____
_____
_____
_____
_____
_____
_____
_____
_____
_____
_____
_____
_____
_____
_____
_____
_____
_____
_____
_____

**V. Memorización:** Escoja una sección de Mateo 5-7 para comenzar a memorizar a partir de mañana. Le recomiendo una sección de 5-10 versículos. Siempre puede añadir otro pasaje. Le sugiero concentrarse en un área en la que necesita crecer. Por favor vea el Apéndice B: Métodos para la memorización bíblica, al final del libro. Ahí encontrará herramientas útiles.

**Mi pasaje para memorizar es:** _____.

**VI. Ore** postrado de rodillas con la cara hacia el suelo: Agradezca a Dios y pídale por la sabiduría y la fuerza para aplicar lo que ha aprendido.

**VII. Vaya** hoy con el compromiso de ser un discípulo de Jesús en crecimiento.

**Felicidades**…¡ha empezado! El primer paso suele ser difícil pero sin ello, los siguientes no serían posibles. Disfrute la victoria de hoy en el nombre de Jesús - el Salvador y el Rey - ¡y de toda la gloria a Dios!

**Day 2:** Mateo 5:1-10
**Passage Theme:** The Character of a Disciple

**I. Ore con la cara cerca al suelo:** pídale a Dios que le revele la verdad sobre Él mismo y sobre usted.

**II. Lea** el pasaje en voz alta, y de pie.

*1 Viendo la multitud, subió al monte y se sentó. Se le acercaron sus discípulos, 2 y él, abriendo su boca, les enseñaba diciendo:*
*3 «Bienaventurados los pobres en espíritu, porque de ellos es el reino de los cielos.*
*4 Bienaventurados los que lloran, porque recibirán consolación.*
*5 Bienaventurados los mansos, porque recibirán la tierra por heredad.*
*6 Bienaventurados los que tienen hambre y sed de justicia, porque serán saciados.*
*7 Bienaventurados los misericordiosos, porque alcanzarán misericordia.*
*8 Bienaventurados los de limpio corazón, porque verán a Dios.*
*9 Bienaventurados los pacificadores, porque serán llamados hijos de Dios.*
*10 Bienaventurados los que padecen persecución por causa de la justicia, porque de ellos es el reino de los cielos.*

- Mateo 5:1–10

**¿Qué es un discípulo?** Un discípulo es un estudiante/aprendiz que viaja CON su maestro. *Luego nombró a doce de ellos y los llamó sus apóstoles. Ellos lo acompañarían, y él los enviaría a predicar (Marcos 3:14).* Es necesario que caminemos CON Jesús, aprendamos de Él, y luego apliquemos lo que estamos aprendiendo en situaciones en el mundo real. No es suficiente simplemente entender lo que Jesús nos pide hacer. ¡Tenemos que buscar obedecer y practicar Sus enseñanzas!

**Jesús** nos explica las cualidades de carácter de un discípulo (también llamados Bienaventuranzas). Cuando se desarrolla este carácter en un discípulo, el resultado será el fruto del Espíritu que encontramos listado en Gálatas 5:22,23. Lea el pasaje otra vez y estudie la gráfica en la siguiente página antes de escribir sus pensamientos. Después de leer el pasaje y la gráfica, escriba sus pensamientos acerca de las características esperadas en un discípulo y muestre la diferencia entre Su expectativa y la expectativa del mundo.

> *22 Pero el fruto del Espíritu es amor, gozo, paz, paciencia, benignidad, bondad, fe, 23 mansedumbre, templanza; contra tales cosas no hay ley. 24 Pero los que son de Cristo han crucificado la carne con sus pasiones y deseos. 25 Si vivimos por el Espíritu, andemos también por el Espíritu.*
>
> *- Gálatas 5:22–25*

| Características - Mateo 5:3-10 | Fruto del Espíritu - Gálatas 5:22 | Recompensa - Mateo 5:3-10 |
|---|---|---|
| Pobres en espíritu - humildes ante Dios | amor | El reino del cielo |
| Los que lloran | alegría | consuelo |
| Los que son humildes | paz | Heredarán toda la tierra |
| Los que tienen hambre y sed de la justicia | paciencia | Serán saciados |
| Los compasivos | bondad | Serán tratados con compasión |
| Los que tienen corazón puro | fidelidad/humildad | Verán a Dios |
| Los que procuran la paz | gentileza | Serán llamados hijos de Dios |
| Los que son perseguidos | Control propio | El reino del cielo |

## III. Escriba Sus Observaciones:

1. ¿Cuáles son las expectativas que Jesús tiene para Sus discípulos?

2. ¿Cómo contrastan las expectativas de Jesús con las expectativas de su cultura para una persona exitosa?

3. ¿Tiene alguna otra observación?

_____

_____

_____

_____

_____

_____

_____

_____

_____

_____

_____

_____

_____

_____

_____

_____

_____

_____

_____

_____

_____

_____

_____

_____

_____

_____

_____

_____

_____

_____

_____

_____

_____

## IV. Escriba Sus Aplicaciones:

1. ¿Cómo compara su vida con el fruto del Espíritu?

2. Basado en esa comparación, ¿cuáles características de un discípulo posee usted que son fortalezas para desarrollar?

3. ¿Cuáles características de un discípulo son debilidades que necesita convertir en fortalezas?

_____
_____
_____
_____
_____
_____
_____
_____
_____
_____
_____
_____
_____
_____
_____
_____
_____
_____
_____
_____
_____
_____
_____
_____
_____
_____
_____
_____

_____
_____
_____
_____
_____
_____
_____
_____
_____
_____
_____
_____
_____
_____
_____
_____
_____
_____
_____
_____
_____
_____
_____
_____
_____
_____
_____
_____
_____
_____

Anímese que en los siguientes días Jesús nos enseñará cómo desarrollar el carácter que Él desea en nosotros...y Él mismo lo cultivará en tanto que seamos humildes y abiertos a Sus enseñanzas.

**V. Memorice Versículos** _____

**VI. Ore** postrado de rodillas con la cara hacia el suelo: Agradezca a Dios y pídale por la sabiduría y fuerza para aplicar lo que ha aprendido.

**VII. Vaya** hoy buscando oportunidades de practicar una característica específica de un discípulo.

**Day 3:** Mateo 5:1-10
**Passage Theme:** The Character of a Disciple

**I. Ore** con la cara cerca al suelo: pídale a Dios que le revele la verdad sobre Él mismo y sobre usted.

**II. Lea** el pasaje en voz alta, y de pie.

*1 Viendo la multitud, subió al monte y se sentó. Se le acercaron sus discípulos, 2 y él, abriendo su boca, les enseñaba diciendo:*
*3 «Bienaventurados los pobres en espíritu, porque de ellos es el reino de los cielos.*
*4 Bienaventurados los que lloran, porque recibirán consolación.*
*5 Bienaventurados los mansos, porque recibirán la tierra por heredad.*
*6 Bienaventurados los que tienen hambre y sed de justicia, porque serán saciados.*
*7 Bienaventurados los misericordiosos, porque alcanzarán misericordia.*
*8 Bienaventurados los de limpio corazón, porque verán a Dios.*
*9 Bienaventurados los pacificadores, porque serán llamados hijos de Dios.*
*10 Bienaventurados los que padecen persecución por causa de la justicia, porque de ellos es el reino de los cielos.*

- Mateo 5:1–10

**III. Lea** los siguientes apuntes.

**Preparando la escena:** Al ver que las multitudes se reunían, Jesús subió a la ladera de la montaña y se sentó. Sus discípulos se juntaron a su alrededor.

**¿Qué es un discípulo?** Un discípulo es un estudiante/aprendiz que viaja CON su maestro. *Luego nombró a doce de ellos y los llamó sus apóstoles. Ellos lo acompañarían, y él los enviaría a predicar (Marcos 3:14).* Es necesario que caminemos CON Jesús, aprendamos de Él, y luego apliquemos lo que estamos aprendiendo en situaciones en el mundo real. No es suficiente simplemente entender lo que Jesús nos pide hacer. ¡Tenemos que buscar obedecer y practicar Sus enseñanzas!

Lo que comúnmente llamamos las Bienaventuranzas (Mateo 5:3-10) ha sido desde hace tiempo una causa de confusión para mí y muchas otras personas. Muchos de nosotros hemos entendido cada "Dios bendice a los que…" como una categoría de gente. Pensamos en "los que lloran" como los que han aguantado muchas dificultades en la vida. Pensamos en "los que procuran la paz" como la policía, los consejeros matrimoniales, o los soldados de la paz de la ONU. Pero esta perspectiva nos lleva a no entender correctamente la enseñanza de Jesús. Si solo aquellos que han experimentado una gran pérdida (como los que sobreviven al hambre o la guerra) pueden ser aquellos que lloran, y solo aquellos que son pacificadores profesionales o que han estado en la brecha en circunstancias desgarradoras pueden ser pacificadores, entonces el resto de nosotros quedamos exentos de grandes porciones de las expectativas de Jesús para TODOS sus discípulos. No podemos permitirnos quitar nuestra responsabilidad de obedecer las enseñanzas de Jesús en la vida diaria. Jesús nos dice al final de este mensaje, *Todo el que escucha mi enseñanza y la sigue es sabio, como la persona que construye su casa sobre una roca sólida.* (7:24).

| Características - Mateo 5:3-10 | Fruto del Espíritu - Gálatas 5:22 | Recompensa - Mateo 5:3-10 |
|---|---|---|
| Pobres en espíritu - humildes ante Dios | amor | El reino del cielo |
| Los que lloran | alegría | consuelo |
| Los que son humildes | paz | Heredarán toda la tierra |
| Los que tienen hambre y sed de la justicia | paciencia | Serán saciados |
| Los compasivos | bondad | Serán tratados con compasión |
| Los que tienen corazón puro | fidelidad/humildad | Verán a Dios |
| Los que procuran la paz | gentileza | Serán llamados hijos de Dios |
| Los que son perseguidos | Control propio | El reino del cielo |

La mejor perspectiva es entender que Jesús está hablando sobre el carácter de Sus discípulos...Es decir que Sus seguidores tendrán estas características. Cuando tenemos esta perspectiva, vemos gran simetría entre las expectativas del carácter de un discípulo en Mateo 5:3-10 y los Frutos del Espíritu que resultan en Gálatas 5:22. ¡El resultado de crecer en el carácter para ser un seguidor completamente maduro de Jesús es ser bendecido! El discípulo maduro tiene razón para tener gozo aún cuando la vida sea difícil.

El comprometido y creciente discípulo de Jesús desarrollará el carácter de ser pobre en espíritu. Pobre en espíritu significa ser humilde ante Dios y otros. La humildad es necesaria para conocer a Dios y crecer como un discípulo (Santiago 4:6).

Se espera que cada discípulo ponga en práctica el carácter completo de Jesús que resulta en el fruto completo del Espíritu. Ningún artículo en estas listas debe ser transigido ni no realizado en la vida de un convertido, transformado y nacido de nuevo discípulo de Jesucristo - el único Rey verdadero y digno - por siempre amén.

En los siguientes días, veremos cómo Jesús explica más profundamente estas expectativas y nos da ejemplos claros de cómo aplicar Sus enseñanzas en la vida real para que podamos desarrollar el carácter de discípulos maduros. Jesús nos está llamando a **estar con Él** y vivir Sus enseñanzas en nuestra experiencia diaria.

Como un discípulo de Jesús, yo, _____, me esforzaré por aprender de mi Salvador y Rey. Aprenderé cómo **lamentar** mi propio pecado y los estragos que el pecado ha causado en nuestro mundo, sin embargo, tendré gozo en mi Salvador resucitado y en el Rey que regresará. Aprenderé cómo ser **manso** (definido como el poder bajo control), que resulta en paz. Aprenderé a **tener hambre y sed** de justicia, lo que resulta en **paciencia** porque la travesía es larga y muchas veces difícil. Aprenderé a ser **compasivo** y crear ambientes en los que **la bondad** tiene la victoria sobre el juicio severo y el rencor. Aprenderé a **tener un corazón puro**, demostrando mi **fidelidad**. Aprenderé a ser **un pacificador**, usando **la gentileza** en vez de la agresión. Seré **perseguido**, pero aprenderé a no contraatacar del mismo modo. Aprenderé a demostrar **control propio** a pesar de la adversidad. Mi firma: _____

> *Si me amáis, guardad mis mandamientos.*
>
> - Jesús el Rey  (Juan 14:15)

**IV. Escribe** nuevas ideas aprendidas o nuevas preguntas que tengas:

_____
_____
_____
_____
_____
_____
_____
_____
_____
_____
_____
_____
_____
_____
_____
_____
_____
_____
_____

**V. Memorice Versículos:** _____

**VI. Ore** postrado de rodillas con la cara hacia el suelo: Agradezca a Dios y pídale por la sabiduría y fuerza para aplicar lo que ha aprendido.

**Oración:** Querido Jesús, admito que en mi carne no puedo ser un discípulo que Te honra. Humildemente Te pido por Tu ayuda para que pueda caminar en Tus caminos. ¡Ayúdame a quedarme en Ti, aprender de Ti, y crecer en Ti para que mi vida Le dé gloria al Padre y honre a Tu querido nombre! En Tu nombre Jesús lo pido. Amén.

**VII. ¡Vaya** en el poder del Espíritu de Dios!

**Día 4:** Mateo 5:11-16
**Tema del pasaje:** El costo de ser sal y luz
**Rasgo de carácter destacado:** Disposición a sufrir

**I. Ore** con la cara cerca al suelo: pídale a Dios que le revele la verdad sobre Él mismo y sobre usted.

**II. Lea** el pasaje en voz alta, y de pie.

*11 Bienaventurados seréis cuando por mi causa os insulten, os persigan y digan toda clase de mal contra vosotros, mintiendo. 12 »Gozaos y alegraos, porque vuestra recompensa es grande en los cielos, pues así persiguieron a los profetas que vivieron antes de vosotros. 13 »Vosotros sois la sal de la tierra; pero si la sal pierde su sabor, ¿con qué será salada? No sirve más para nada, sino para ser echada fuera y pisoteada por los hombres. 14 »Vosotros sois la luz del mundo; una ciudad asentada sobre un monte no se puede esconder. 15 Ni se enciende una luz y se pone debajo de una vasija, sino sobre el candelero para que alumbre a todos los que están en casa. 16 Así alumbre vuestra luz delante de los hombres, para que vean vuestras buenas obras y glorifiquen a vuestro Padre que está en los cielos.*

*- Mateo 5:11–16*

**Jesús** nos hace saber por adelantado que debemos esperar pagar un precio por seguirlo. Necesitamos tener una perspectiva eterna en cuanto a las dificultades que enfrentamos a causa de Su Nombre. Jesús quiere que seamos sal y luz para la gloria de Dios. Más adelante cuando volvamos a estudiar este pasaje, recibirá notas detalladas.

**III. Escriba Sus Observaciones:**
1. ¿Por qué deben alegrarse los discípulos de Jesús cuando son perseguidos?
2. ¿Para qué se usa la sal? ¿En cuántos propósitos puede pensar? ¿Qué significan estos propósitos para los discípulos de Jesús? ¿Cómo se vuelve insípida la sal?
3. ¿Quién está descartando la sal corrupta (Dios u otras personas)?
4. ¿Qué podemos aprender de una ciudad en lo alto de una colina?
5. ¿Por qué Jesús compara a Sus discípulos con la luz?
6. ¿Qué dice Jesús en cuanto a qué debe ser nuestra motivación principal?

> *Vosotros sois la luz del mundo; una ciudad asentada sobre un monte no se puede esconder.*
>
> - Jesús el Rey (Mateo 5:14)

_____
_____
_____
_____
_____
_____
_____
_____
_____
_____
_____
_____
_____
_____
_____
_____
_____
_____

## IV. Escriba Sus Aplicaciones:

1. ¿En cuáles maneras he pagado un precio por seguir a Jesús?
2. ¿Estoy dispuesto a pagar un precio más alto por seguir a Jesús?
3. ¿He puesto un límite sobre ese precio? Si la respuesta es sí, ¿Cuál es?
4. Reflexione sobre lo bueno que hace y sus motivaciones para hacerlo.

_____
_____
_____
_____
_____
_____
_____
_____
_____
_____
_____
_____
_____
_____

_____
_____
_____
_____
_____
_____
_____
_____
_____
_____
_____
_____
_____
_____
_____
_____
_____
_____
_____
_____
_____
_____
_____
_____
_____
_____
_____
_____

**V. Memorice Versículos:** _____

**VI. Ore** postrado de rodillas con la cara hacia el suelo: Agradezca a Dios y pídale por la sabiduría y fuerza para aplicar lo que ha aprendido.

**VII. Vaya** y sea sal y luz en su comunidad para la gloria y la honra de Dios.

**Día 5:** Mateo 5:11-12
**Tema del pasaje:** Gozo en medio de la persecución
**Rasgo de carácter destacado:** Aprender a sufrir

**I. Ore** con la cara cerca al suelo: pídale a Dios que le revele la verdad sobre Él mismo y sobre usted.

**II. Lea** el pasaje en voz alta, y de pie.

*11 Bienaventurados seréis cuando por mi causa os insulten, os persigan y digan toda clase de mal contra vosotros, mintiendo. 12 »Gozaos y alegraos, porque vuestra recompensa es grande en los cielos, pues así persiguieron a los profetas que vivieron antes de vosotros.*

- Mateo 5:11-12

**III. Lea** los siguientes apuntes.

**Jesús** no esquiva los costos de seguirlo a Él. Jesús no quiere que discípulos potenciales se sientan engañados en cuanto a la necesidad de sufrir. La pregunta para nosotros es, ¿Creemos que vale la pena sufrir por Jesús? Jesús volvería a este tema más tarde en Su ministerio, *¿Recuerdan lo que les dije? "El esclavo no es superior a su amo". Ya que me persiguieron a mí, también a ustedes los perseguirán.* (Juan 15:20a) El Apóstol Pablo nos garantizó que sufriríamos, *Es cierto, y todo el que quiera vivir una vida de sumisión a Dios en Cristo Jesús sufrirá persecución* (2 Timoteo 3:12). Pablo podría decir esto desde su experiencia personal. Antes de su conversión, Pablo perseguía a los seguidores de Jesús en un esfuerzo de destruir la Iglesia. Después de su conversión, Pablo sufrió fuertemente por predicar el Evangelio de Jesucristo y desarrollar Su Iglesia.

**El carácter y las acusaciones falsas:** Debemos estar seguros que si estamos sufriendo, es por la verdad de Jesús y no por cualquier cosa deshonesta ni algún carácter mediocre dentro de nosotros mismos. *15 Sin embargo, si sufren, que no sea por matar, robar, causar problemas o entrometerse en asuntos ajenos. 16 En cambio, no es nada vergonzoso sufrir por ser cristianos. ¡Alaben a Dios por el privilegio de que los llamen por el nombre de Cristo!* (1 Pedro 4:15-16).

**Verificación de la realidad:** Si alguien afirma ser un seguidor de Jesús y nunca experimenta ninguna persecución, entonces vale la pena preguntar, "¿Por qué?"

**Razones posibles para una falta de persecución:**
1. La persona no está creciendo en la descripción del carácter de un discípulo, como se encuentra en las Bienaventuranzas.
2. La persona está viviendo demasiado segura en una burbuja cristiana.
3. Hay una temporada de paz sin persecución activa en ese lugar y durante ese tiempo (Hechos 2:46-47).

Otra pregunta que vale la pena hacer y una que me hago con más frecuencia en estos días: "¿Cuánto estoy dispuesto a sufrir por su causa?" Jesús nos dijo que recordemos a los profetas...y muchos de ellos fueron asesinados. ¿Entonces cuánto estoy dispuesto a sufrir? Cuando vemos a los grandes héroes de la fe en las Escrituras, en la historia de la iglesia, y en los ejemplos contemporáneos en nuestro mundo, ¡vemos a tantos que han estado dispuestos a perder todo por el Nombre de Jesús! ¿Pero qué hay de mí?

Debemos considerar que en algunos lugares el riesgo de seguir a Jesús es un daño físico o incluso la muerte, pero en otros lugares la persecución puede ser más sutil. Podría suponer cosas como ser excluido de un grupo, ser causa de burla, o no ser tomado en cuenta para una promoción en el trabajo. Evalúe el costo en su contexto cultural y piense en su disposición a pagar ese precio. Si su contexto cultural no implica peligro físico, piense en su disposición a pagar el precio si estuviera en esos contextos. Ojalá Dios nos dé la valentía a pesar de nuestro contexto: *Pues no me avergüenzo de la Buena Noticia acerca de Cristo, porque es poder de Dios en acción para salvar a todos los que creen* (Romanos 1:16a).

**IV. Escribe** nuevas ideas aprendidas o nuevas preguntas que tengas:

_____
_____
_____
_____
_____
_____
_____
_____

_____
_____
_____
_____
_____
_____
_____
_____
_____
_____
_____
_____
_____
_____
_____
_____
_____
_____
_____
_____
_____

**V. Memorice Versículos:** _____

**VI. Ore** (postrado de rodillas con la cara hacia el suelo): Agradezca a Dios y pídale por la sabiduría y fuerza para aplicar lo que ha aprendido.

**Oración:** Jesús, mi amado Rey, por favor, ayúdame a no tener miedo o vergüenza, sino a confiar en ti en todas las cosas. Señor, ayúdame a ver que Tú eres digno. Ayúdame a no quedar paralizado por el miedo o el afecto por este mundo. Señor, la cantidad de sacrificio que me pedirás es desconocida, pero Señor, mira mi corazón delante de ti. Por favor cambia lo que necesita ser cambiado para que yo pueda decir sinceramente que estoy en Tus manos y que estoy dispuesto a entregar todo a Ti. Por favor llévame a ese lugar...ese lugar de máxima rendición, paz, y libertad. En Tu Nombre Jesús humildemente Te pido que me ayudes, amén.

**VII. Vaya** y recuerde que a pesar del costo, ¡Jesús vale la pena!

**Día 6:** Mateo 5:13-16
**Tema del pasaje:** Ser sal y luz
**Rasgo de carácter destacado:** Pureza de corazón

**I. Ore** con la cara cerca al suelo: pídale a Dios que le revele la verdad sobre Él mismo y sobre usted.

**II. Lea** el pasaje en voz alta, y de pie.

*13 »Vosotros sois la sal de la tierra; pero si la sal pierde su sabor, ¿con qué será salada? No sirve más para nada, sino para ser echada fuera y pisoteada por los hombres. 14 »Vosotros sois la luz del mundo; una ciudad asentada sobre un monte no se puede esconder. 15 Ni se enciende una luz y se pone debajo de una vasija, sino sobre el candelero para que alumbre a todos los que están en casa. 16 Así alumbre vuestra luz delante de los hombres, para que vean vuestras buenas obras y glorifiquen a vuestro Padre que está en los cielos.*

- Mateo 5:13-16

**III. Lea** los siguientes apuntes.

**La sal tiene tres propósitos principales:**

1. Es un conservador que posibilita que la comida dura más tiempo antes de pudrirse.
2. Es un condimento y mejora el sabor de nuestra comida.
3. Es un nutriente que da vida - sin la sal no podrían existir los humanos.

**Jesús espera que Sus discípulos sean la sal espiritual de la tierra.** Los discípulos de Jesús deben preservar lo que es bueno, añadir sabor (la esperanza, el amor, la fe, el gozo, la paciencia, etc.), y dar vida a través del Evangelio de Jesús.

**¿Cómo pierde el sabor la sal?** Sabemos científicamente que la sal es uno de los compuestos más estables en la tierra. No es que Jesús no conozca esto. Si tomamos a Jesús en serio, significa creer que Él es Él que mantiene unido todo, incluso la estructura molecular de la sal (Colosenses 1:15-18). Sin embargo, la sal puede volverse insípida por ser mixta con otras sustancias. Alguna sal en el mundo natural no es apta para usar con la comida porque es tan corrupta por otras cosas. "La sal insípida" se usaba para echar en las calles y los caminos para prevenir crecer la vegetación y se la pisoteaba. Jesús nos está enseñando que si Sus discípulos se caen en el pecado, la gente de este mundo ve esta hipocresía. El mundo verá a los hipócritas y a su mensaje como inútiles...pisoteándolos justo como la sal insípida en un camino.

Debemos darnos cuenta que no es Jesús que está pisoteando al creyente hipócrita. Aquí tenemos la consistencia de lo que vemos a través el Nuevo Testamento: la salvación eterna del creyente está segura por causa de lo que hizo Jesús en la cruz...el Espíritu Santo se da como una garantía (2 Cor. 1:21, 22), y las promesas de Dios son irrevocables. Sin embargo, el testimonio y la utilidad de un creyente para el Reino de Dios pueden ser perdidos si el mundo ya no escuchará a esa persona. Necesitamos recordar la máxima que dice que toma una persona mucho tiempo para desarrollar una buena reputación, pero la buena reputación de esa misma persona se puede perder en un momento.

**La luz:** *14 »Vosotros sois la luz del mundo; una ciudad asentada sobre un monte no se puede esconder. 15 Ni se enciende una luz y se pone debajo de una vasija, sino sobre el candelero para que alumbre a todos los que están en casa. 16 Así alumbre vuestra luz delante de los hombres, para que vean vuestras buenas obras y glorifiquen a vuestro Padre que está en los cielos.* - Mateo 5:14-16

Jesús continúa esta llamada para un corazón puro mientras se refiere a Sus discípulos como la luz del mundo. El propósito de la luz es mostrar el camino. Cuando todo está oscuro la gente no puede ver el camino. Los seguidores de Jesús no son la fuente de la brillantez, sino la Luz de Jesús debe brillar a través de nosotros para el beneficio del mundo. Jesús es la Luz máxima, verdad, y autónoma (Juan 1:1-9). Es nuestro gozo y privilegio brillar Su luz en este mundo. De esta manera, todos los seguidores de Jesús tienen el privilegio y la responsabilidad de jugar el papel de Juan el Bautista - haciendo un camino recto e iluminando ese camino para que otros puedan ver al Salvador.

¿Cómo dejamos que nuestra luz brille a la vista de todos? Nuestra luz brilla cuando estamos haciendo buenas obras en nuestro mundo. No debemos hacer buenas obras para que otras personas nos vean y nos alaben, sino que vean y **alaben a su Padre celestial.** Mostrar el amor y la verdad de Dios a otros debe ser el "por qué" para todo lo bueno que estamos tratando de hacer. Cuando nos damos cuenta de que nuestro papel es reflejar la Luz de Jesús para el propósito de dar gloria al Padre, tenemos el potencial de mantener una posición de amor y humildad entre nuestros prójimos. Si nos hacemos humildes y mantenemos la perspectiva correcta, evitaremos la trampa más peligrosa que cada uno de nosotros enfrenta - nuestro orgullo personal.

**Una ciudad en lo alto de una colina:** Cuando una comunidad de creyentes está viviendo como la luz en su comunidad, iluminarán su entero área. La iglesia en Tesalónica es un ejemplo poderoso de cómo puede ser esto. *Porque partiendo de vosotros ha sido divulgada la palabra del Señor; y no sólo en Macedonia y Acaya, sino que también en todo lugar vuestra fe en Dios se ha extendido, de modo que nosotros no tenemos necesidad de hablar nada.* (1 Tesalonicenses 1:8).

**Un camino hacia adelante como sal y luz:** Jesús ha descrito hermosamente y poderosamente a Sus seguidores como sal y luz. Cuando vivimos según las expectativas que Jesús tiene para nosotros en cuanto a nuestro carácter, somos la sal y la luz en un mundo muy oscuro y no muy sazonado.

**IV. Escribe** nuevas ideas aprendidas o nuevas preguntas que tengas:

_____

_____

_____

_____

_____

_____

_____

_____

_____

_____

_____

_____

_____

_____

_____

_____

_____

_____

**V. Memorice Versículos:** _____

**VI. Ore** (postrado de rodillas con la cara hacia el suelo): Agradezca a Dios y pídale por la sabiduría y fuerza para aplicar lo que ha aprendido.

**Oración:** Padre Dios, me has dado una sola vida para vivir para Ti. Ojalá que se viva como la sal y la luz en un mundo impuro y oscuro. Por favor proteja mi mente y mi corazón de la corrupción del mundo mientras vivo en él. Ayúdame a ser una persona que preserva, añade sabor, y comparte vida. Lo mejor que tengo para compartir es Tu Hijo Jesús. Por favor fortaléceme a vivir con la ayuda de Su vida y poder...a reflejar Su luz - Su vida, Su amor, Su justicia, Su compasión, Su santidad, y Su sacrificio - en las vidas de los en mi alrededor y en cualquier lugar que Tu Espíritu me guía. Ojalá que se haga todo esto con el propósito de que más gente Te glorifique por unirse a Tu familia por creer en Tu Hijo, Jesucristo. En Tu Nombre Rey Jesús, pido todo esto, amén.

**VII. Vaya** y sea una luz brillante para la gloria de Dios.

**Día 7:** Mateo 5:17-20
**Tema del pasaje:** La ley y las exigencias de los profetas en relación con Jesús
**Rasgo de carácter destacado:** Tener hambre y sed de justicia

**I. Ore** con la cara cerca al suelo: pídale a Dios que le revele la verdad sobre Él mismo y sobre usted.

**II.Lea** el pasaje en voz alta, y de pie.

[17] *"No penséis que he venido a abolir la Ley o los Profetas; no he venido a abolir, sino a cumplir, 18 porque de cierto os digo que antes que pasen el cielo y la tierra, ni una jota ni una tilde pasará de la Ley, hasta que todo se haya cumplido. 19 De manera que cualquiera que quebrante uno de estos mandamientos muy pequeños y así enseñe a los hombres, muy pequeño será llamado en el reino de los cielos; pero cualquiera que los cumpla y los enseñe, éste será llamado grande en el reino de los cielos.*
*20 »Por tanto, os digo que si vuestra justicia no fuera mayor que la de los escribas y fariseos, no entraréis en el reino de los cielos.*

- Mateo 5:17-20

Jesús nos enseña sobre Su relación con la ley de Moises y las exigencias de los profetas, sobre Sus expectativas para los que harán discípulos, y sobre la justicia.

**III. Escriba Sus Observaciones:**
   1. ¿Cuál es la diferencia entre Jesús aboliendo la ley y cumpliendo la ley?
   2. ¿Cómo es la relación del creyente con la ley de Moisés?

_____
_____
_____
_____
_____
_____
_____
_____
_____
_____
_____
_____

No penséis que he venido a abolir la Ley o los Profetas; no he venido a abolir, sino a cumplir,

- Jesús el Rey  (Mateo 5:17)

## IV. Escriba Sus Aplicaciones:

1. ¿Cómo nuestra justicia puede superar la de los fariseos?

2. ¿Cuál es la expectativa de Jesús para nosotros si buscamos hacer discípulos de otras personas?

_____

_____

_____

_____

_____

_____

_____

_____

_____

_____

_____

_____

_____

_____

_____

_____

_____

_____

_____

_____

_____

_____

_____

_____

## V. Memorice Versículos: _____

**VI. Ore** postrado de rodillas con la cara hacia el suelo: Agradezca a Dios y pídale por la sabiduría y fuerza para aplicar lo que ha aprendido.

**VII. Vaya** y qué tenga un día estupendo y busque aplicar por lo menos una cosa que ha aprendido del pasaje de hoy.

**Día 8:** Mateo 5:17-20
**Tema del pasaje:** La ley y las exigencias de los profetas en relación con Jesús
**Rasgo de carácter destacado:** Tener hambre y sed de justicia

**I. Ore** con la cara cerca al suelo: pídale a Dios que le revele la verdad sobre Él mismo y sobre usted.

**II.Lea** el pasaje en voz alta, y de pie.

*17 "No penséis que he venido a abolir la Ley o los Profetas; no he venido a abolir, sino a cumplir, 18 porque de cierto os digo que antes que pasen el cielo y la tierra, ni una jota ni una tilde pasará de la Ley, hasta que todo se haya cumplido. 19 De manera que cualquiera que quebrante uno de estos mandamientos muy pequeños y así enseñe a los hombres, muy pequeño será llamado en el reino de los cielos; pero cualquiera que los cumpla y los enseñe, éste será llamado grande en el reino de los cielos.*
*20 »Por tanto, os digo que si vuestra justicia no fuera mayor que la de los escribas y fariseos, no entraréis en el reino de los cielos.*

*- Mateo 5:17-20*

**III. Lea** los siguientes apuntes.

Jesús expone claramente Su propósito de cumplir la ley de Moisés y los escritos de los profetas. Su propósito no era destruir la ley o los profetas porque si lo hizo, entonces Jesús estaría destrozando las Escrituras que predijeron Su venida y Su propósito. Jesús les dijo a los fariseos, *Ustedes estudian las Escrituras a fondo porque piensan que ellas les dan vida eterna. ¡Pero las Escrituras me señalan a mí! 40 Sin embargo, ustedes se niegan a venir a mí para recibir esa vida.* (Juan 5:39-40). Jesucristo es el cumplimiento de la ley y los profetas. Él es el Salvador; es Él que da vida - la vida eterna a todos los que vienen a Él.

**Cualquier de nosotros que enseña a otros debe tomar estas palabras de Jesús muy seriamente,** *Entonces, si no hacen caso al más insignificante mandamiento y les enseñan a los demás a hacer lo mismo, serán llamados los más insignificantes en el reino del cielo; pero el que obedece las leyes de Dios y las enseña será llamado grande en el reino del cielo.* (Mateo 5:19). Las palabras de Jesús son repetidas por Santiago, *Amados hermanos, no muchos deberían llegar a ser maestros en la iglesia, porque los que enseñamos seremos juzgados de una manera más estricta.* (Santiago 3:1). Cómo vive un maestro a diario es tan importante como lo que se enseña. Jesús da un alto nivel de responsabilidad a los que enseñan porque la gente sí mira y escucha. Si la gente se engaña y son guiados lejos de Jesús, el maestro se hace responsable. Las personas son preciosas a Jesús entonces los que enseñan a otros deben tomar esa responsabilidad con seriedad extrema.

Los fariseos (maestros religiosos) muchas veces tomaban una estrategia superficial hacia el texto de la ley y los profetas en sus propias vidas. Estaban más interesados en sus propias reglas y costumbres que en la palabra de Dios. Jesús es serio con los que enseñan a otros - tanto en la calidad de sus vidas como en la calidad de sus enseñanzas. Jesús no toma la hipocresía a la ligera. Imagínese la conmoción de Su audiencia cuando escuchó que a menos que su justicia superara a la de los maestros de la ley religiosa y a la de los fariseos que no entraría en el reino del cielo. Por decir esto públicamente, Jesús dio un aviso a los escribas y a los fariseos que la mayoría de ellos no estaban bien con Dios y no estaban en el camino que culmina en la vida eterna. Podemos estar seguros de que Jesús no ganó amigos entre la comunidad religiosa con este mensaje. Por supuesto sabemos que Jesús nunca esperaba que a todos les gustara a Él. Jesús desea que Le sigamos, pero seguir a Jesús es en Sus términos y no los de nadie más. Para que el camino de justicia nos ayude en lo más mínimo, tenemos que entrarlo por fe en Jesús y caminarlo en obediencia humilde a Él.

**¿Ahora cómo se aplica esto a los que no son maestros?** Primero necesitamos ser claros que Jesús espera que Sus discípulos hagan discípulos de otras personas - en este sentido cada creyente eventualmente debe estar enseñando a otros cómo ser discípulos muchas veces esto ocurre a través de una amistad de uno en uno. También tomamos decisiones en cuanto a quién pedimos y permitimos a discipularnos. ¿Entonces qué busca en alguien que le ayudará a parecerse más a Jesús?

1. Alguien que tiene una relación real con Jesús
2. Alguien que demuestra madurez y que continúa a crecer
3. Alguien que tiene una alta perspectiva de las Escrituras

**Un camino hacia adelante:** para los que tienen hambre y sed de justicia, este pasaje es buenas noticias. Para los que quieren jugar juegos religiosos es malas noticias. Dios conoce nuestros corazones y lidiará con cada uno como corresponde.

**IV. Escribe** nuevas ideas aprendidas o nuevas preguntas que tengas:

_____

_____

_____

_____

_____

_____

_____

_____

_____

_____

_____

_____

_____

_____

_____

_____

_____

**V. Memorice Versículos:** _____

**VI. Ore** (postrado de rodillas con la cara hacia el suelo): Agradezca a Dios y pídale por la sabiduría y fuerza para aplicar lo que ha aprendido.

**Oración:** Querido Padre, por favor aumenta en mí un hambre y una sed de justicia. Quiero desear estas cosas porque creo Tu promesa que seré saciado. Por favor remueve la hipocresía y la insinceridad de mí. Por favor ten misericordia sobre mis faltas internas y externas, y sobre todo que podría pedir que Tú hagas por mí - por favor moldea mi corazón de una manera que Te complace. En Tu Nombre Jesús lo pido. ¡Amén!

**VII. Vaya** y tenga hambre y sed de justicia.

**Día 9:** Mateo 5:21-26
**Tema del pasaje:** Cómo ser un Pacificador (un discípulo que busca la paz)
**Rasgo de carácter destacado:** Pacificador (perseguir activamente la paz)

**I. Ore** con la cara cerca al suelo: pídale a Dios que le revele la verdad sobre Él mismo y sobre usted.

**II.Lea** el pasaje en voz alta, y de pie.

*21 »Oísteis que fue dicho a los antiguos: "No matarás", y cualquiera que mate será culpable de juicio. 22 Pero yo os digo que cualquiera que se enoje contra su hermano, será culpable de juicio; y cualquiera que diga "Necio" a su hermano, será culpable ante el Concilio; y cualquiera que le diga "Fatuo", quedará expuesto al infierno de fuego. 23 »Por tanto, si traes tu ofrenda al altar y allí te acuerdas de que tu hermano tiene algo contra ti, 24 deja allí tu ofrenda delante del altar y ve, reconcíliate primero con tu hermano, y entonces vuelve y presenta tu ofrenda. 25 Ponte de acuerdo pronto con tu adversario, entre tanto que estás con él en el camino, no sea que el adversario te entregue al juez, y el juez al guardia, y seas echado en la cárcel. 26 De cierto te digo que no saldrás de allí hasta que pagues el último cuadrante.*

- Mateo 5:21-26

**Muy importante:** Jesús da lecciones prácticas sobre cómo transformar su carácter para ser un discípulo maduro que será sal y luz en el mundo. Reconocer el patrón que usa Jesús es esencial para entender cómo desarrollar las disciplinas espirituales de un discípulo. El patrón que reconoce la mayoría de los lectores consta de 2 partes:
    1. "Han oído la ley que dice…"
    2. "Pero yo digo…"
Muchas personas luego siguen leyendo "algunas otras enseñanzas de Jesús" antes de llegar a la próxima sección de dos partes. Sin embargo éstas "otras" no son unas enseñanzas distintas, sino las aplicaciones que transforman y los resultados de la obediencia o desobediencia de estas enseñanzas. Hoy este patrón ya se completa para usted como un ejemplo de cómo usar esta herramienta durante los próximos días.[1]

---

[1] Nota al pie: [1] Doy el crédito a Glen Stassen de mover mi entendimiento de un método doble a un método tripartito con el énfasis en la tercera parte, lo que él llamó: "iniciativas que transforman." He añadido la cuarta parte (los resultados) en el método de Jesús para una esquema cuádruple.

**Aquí está el patrón que usaremos con frecuencia:**

## III. Escriba Sus Observaciones:

| | |
|---|---|
| **La enseñanza o cultura del Antiguo Testamento** | Versículo 21: No asesine...asesinar le sujeta a juicio. |
| **El estándar superior de Jesús:** | Versículo 22: No se enoje con su hermano (sin causa). Un discípulo debe tener sus emociones bajo control. |
| **Aplicación(es) que transforma(n)** | Versículos 22-25a.<br>1. Controle su lengua.<br>2. Reconcíliese con su hermano antes de presentar su ofrenda.<br>3. Reconcíliese con su adversario antes de que se intensifique la situación. |
| **Resultados de la obediencia o la desobediencia** | Versículos 25b-26: Podría haber consecuencias reales y negativas si no se busca diligentemente (o intencionalmente) la paz en situaciones de conflicto. Puede que las consecuencias de hoy sean diferentes que durante el tiempo de Jesús, pero no son menos reales. |

1. Cuáles características de un discípulo (Mateo 5:3-10) se relacionan con este tema del enojo?
2. ¿Cuáles tipos de enojo distingue Jesús?
3. ¿Cuál es la solución que da Jesús para el enojo injusto?
4. ¿Cuál es el resultado de no buscar la paz con su hermano o hermana?
5. ¿Algunas otras observaciones?

## IV. Escriba Sus Aplicaciones:

1. ¿Tiene usted un adversario con quien necesita tratar de reconciliarse? Describa la situación.

2. ¿Qué hará hoy para tomar el primer paso hacia la paz?

3. ¿Algunas otras aplicaciones?

_____

_____

_____

_____

_____

_____

_____

_____

_____

_____

_____

_____

_____

_____

_____

_____

_____

_____

_____

_____

_____

_____

_____

_____

_____

_____

_____

_____

_____

_____

_____
_____
_____
_____
_____
_____
_____
_____
_____
_____
_____
_____
_____
_____
_____
_____
_____
_____
_____
_____
_____
_____
_____
_____
_____
_____
_____
_____
_____
_____
_____
_____

**V. Memorice Versículos:** _____

**VI. Ore** postrado de rodillas con la cara hacia el suelo: Agradezca a Dios y pídale por la sabiduría y fuerza para aplicar lo que ha aprendido.

**VII. Vaya** y sea un pacificador hoy.

**Día 10:** Mateo 5:21-26
**Tema del pasaje:** Cómo ser un pacificador
**Rasgo de carácter destacado:** Pacificador (Perseguir activamente la paz)

**I. Ore** con la cara cerca al suelo: pídale a Dios que le revele la verdad sobre Él mismo y sobre usted.

**II.Lea** el pasaje en voz alta, y de pie.

*21 »Oísteis que fue dicho a los antiguos: "No matarás", y cualquiera que mate será culpable de juicio. 22 Pero yo os digo que cualquiera que se enoje contra su hermano, será culpable de juicio; y cualquiera que diga "Necio" a su hermano, será culpable ante el Concilio; y cualquiera que le diga "Fatuo", quedará expuesto al infierno de fuego. 23 »Por tanto, si traes tu ofrenda al altar y allí te acuerdas de que tu hermano tiene algo contra ti, 24 deja allí tu ofrenda delante del altar y ve, reconcíliate primero con tu hermano, y entonces vuelve y presenta tu ofrenda. 25 Ponte de acuerdo pronto con tu adversario, entre tanto que estás con él en el camino, no sea que el adversario te entregue al juez, y el juez al guardia, y seas echado en la cárcel. 26 De cierto te digo que no saldrás de allí hasta que pagues el último cuadrante.*

- Mateo 5:21-26

### III. Lea los siguientes apuntes.

**Expectativas:** Jesús tiene muy altas expectativas para Sus discípulos. Él espera mucho más de nosotros que simplemente no asesinar a otros. Jesús nos espera que tengamos nuestras emociones bajo control. Sí, muchas personas en nuestro mundo son gobernadas por sus emociones. Debemos tener control sobre nuestra ira. No creo que la ira descrita aquí sea estar ligeramente enfadado, pero que podríamos describir más exactamente como la desilusión o la frustración. Esta ira tiene una ferocidad. Este tipo de ira es al asesinato como la lujuria es al adulterio en la próxima sección. Este tipo de ira es el tipo que podría conducir al asesinato físico si la persona pensara que podría salirse con la suya. Conduce a pensamientos de lo que usted o yo haríamos si no habrían consecuencias.

Afortunadamente, Jesús no solo nos da expectativas. Sino también nos da instrucciones prácticas que son alcanzables para nosotros. Debo iniciar la reconciliación, reconociendo que el problema entre yo y la otra persona no solamente afecta a los dos de nosotros - sino también afecta a mi relación con Dios y a las vidas de otros. El pecado de una persona no solamente le afecta a si mismo.

| La enseñanza o cultura del Antiguo Testamento | Versículo 21: No asesine...asesinar le sujeta a juicio. |
|---|---|
| El estándar superior de Jesús: | Versículo 22: No se enoje con su hermano (sin causa). Un discípulo debe tener sus emociones bajo control. |
| Aplicación(es) que transforma(n) | Versículos 22-25a.<br>1. Controle su lengua.<br>2. Reconcíliese con su hermano antes de presentar su ofrenda.<br>3. Reconcíliese con su adversario antes de que se intensifique la situación. |
| Resultados de la obediencia o la desobediencia | Versículos 25b-26: Podría haber consecuencias reales y negativas si no se busca diligentemente (o intencionalmente) la paz en situaciones de conflicto. Puede que las consecuencias de hoy sean diferentes que durante el tiempo de Jesús, pero no son menos reales. |

## Examinemos 3 ejemplos prácticos que Jesús da:

1. El control de la lengua: el primer paso que el discípulo toma para controlar su ira es aprender cómo controlar su lengua. "Raca" era un término peyorativo en arameo (el idioma local) que significaba algo parecido a "cabeza vacía." Era un insulto a la inteligencia de la persona. El término "necio" en este contexto es más fuerte y socava la imagen divina de Dios que se pone en esa persona. Esta actitud podría indicar la falta de una relación con Dios. Para un estudio más extenso sobre controlar la lengua, podemos estudiar el libro de Santiago capítulo 3.

2. Participar en la adoración colectiva debe ser un chequeo de responsabilidad para mis relaciones personales. No estoy libre de participar en la adoración colectiva ni ofrecer mi ofrenda a Dios sin primero hacer lo que está en mi poder de buscar la paz con mi hermano. Ahora imagínese si nuestros líderes de las iglesias por todas partes empezaran a predicar esto, "Si está en conflicto, por favor no tome el pan y la copa hasta que se haya reconciliado con su hermano o hermana. No traiga su ofrenda hasta que haya perseguido la paz con su hermano o hermana. Primero vaya y haga lo que está en su poder para reconciliarse y luego da su ofrenda." ¡Eso sería poderoso! Pero en las iglesias nuestros estándares y expectativas muchas veces están demasiados bajos. El miedo de la confrontación, de perder a personas, y de perder dinero muchas veces no deja que las verdaderas expectativas de los discípulos de Jesús sean explicadas y esperadas.

3. Con nuestros adversarios en el mundo, debemos tomar una posición humilde. Debemos ser los que están persiguiendo la paz. Hemos aceptado voluntariamente que vivamos de los estándares de Jesús y no de los estándares de este mundo. Debemos tener cuidado de no ir más allá de lo que Jesús está enseñando en esta sección. No debemos comprometer la verdad de las Escrituras y acobardarnos ante la cultura para evitar la persecución...esto no es lo que se trata en este pasaje. Lo que se trata son los conflictos normales que los humanos tienen entre ellos como miembros de la misma familia, vecinos, y relaciones de trabajo/negocios etc. Debemos estar dispuestos a perder estos tipos de disputas para que mantengamos una buena conciencia y reputación como discípulos de Jesús.

**Consecuencias:**

1. La consecuencia de usar el insulto "Raca" se ejercería en la comunidad de fe. Jesús espera que Sus discípulos estén sujetos a la autoridad de otros quienes les harán responsables.

2. La consecuencia de usar el insulto "necio" es "peligro de caer en los fuegos del infierno." Algunos puntos aquí. Primero, Jesús siempre habla sobre el infierno como una consecuencia real para los que no están bien con Dios. Segundo, las personas que no respetan la imagen de Dios en otros posiblemente no son discípulos de Jesús desde el principio...eso es el peligro...si la ira resulta en la

degradación de otro ser humano, tenemos que preguntar la pregunta seria, "He nacido de nuevo?" El Apóstol Juan escribe lo siguiente:

*Sin embargo, también es un mandamiento nuevo. Jesús vivió la verdad de este mandamiento, y ustedes también la viven. Pues la oscuridad está desapareciendo, y ya brilla la luz verdadera. ⁹ Si alguien afirma: «Vivo en la luz», pero odia a otro creyente, esa persona aún vive en la oscuridad. ¹⁰ El que ama a otro creyente[b] vive en la luz y no hace que otros tropiecen; ¹¹ pero el que odia a otro creyente todavía vive y camina en la oscuridad. No sabe por dónde ir, pues la oscuridad lo ha cegado.* (1 Juan 2:8-11).

*¹⁵ Todo el que odia a un hermano, en el fondo de su corazón es un asesino, y ustedes saben que ningún asesino tiene la vida eterna en él.* (1 Juan 3:15).

*²⁰ Si alguien dice: «Amo a Dios», pero odia a otro creyente, esa persona es mentirosa pues, si no amamos a quienes podemos ver, ¿cómo vamos a amar a Dios, a quien no podemos ver?* (1 Juan 4:20).

3. La consecuencia de no reconciliarse con un adversario: Jesús sabía que en muchos casos Sus discípulos no estarían en la posición de poder. Es mejor humildemente buscar una resolución que sufrir por causa de la ira. Los seguidores de Jesús deben reconocer que hay mucho más en juego que simplemente el orgullo de uno. El Nombre de Jesús y Su Reino siempre deben ser nuestras prioridades más altas. También debemos notar que si por casualidad el discípulo tiene el poder posicional y la autoridad, no se deben abusar. Somos recordados que el Rey que tiene todo el poder y toda la autoridad está mirándonos y nos hará responsable. Independientemente de dónde está nuestra posición en la sociedad, nuestra humildad debe ser obvia.

**¿Hay un lugar para la cólera justificada?** Hay un lugar para la cólera justificada sobre el pecado y la maldad en nuestro mundo, pero aún la ira sobre la injusticia se debe mantener dentro de los límites que honran al Señor (Efesios 4:26). Jesús ciertamente experimentaba la cólera justificada, *profundamente entristecido por la dureza de su corazón* (Marcos 3:5). Y Jesús definitivamente estaba enojado con los hipócritas religiosos que guiaban a otros a la destrucción (Mateo 23) y con los que buscan usar la religión como una herramienta para hacerse ricos (Mateo 21:12-13). Pero en esto tenemos que tener cuidado que mientras debemos odiar lo que Dios odia (la maldad), no debemos deshumanizar a otras personas en el proceso. Todavía tenemos que buscar y orar por su reconciliación con Dios.

**Desarrollo del carácter:** La conclusión es que los seguidores de Jesús deben ser personas que correctamente ven a otros humanos como hechos en la imagen de Dios, que persiguen la paz, y que caminan en humildad ante Dios y otros humanos.

**IV. Escribe** nuevas ideas aprendidas o nuevas preguntas que tengas:

_____
_____
_____
_____
_____
_____
_____
_____
_____
_____
_____
_____
_____
_____
_____
_____
_____
_____
_____
_____
_____
_____
_____
_____
_____
_____
_____
_____
_____
_____
_____
_____
_____

_____
_____
_____
_____
_____
_____
_____
_____
_____
_____
_____
_____
_____
_____
_____
_____
_____
_____
_____
_____
_____
_____
_____
_____

**V. Memorice Versículos:** _____

**VI. Ore** (postrado de rodillas con la cara hacia el suelo): Agradezca a Dios y pídale por la sabiduría y fuerza para aplicar lo que ha aprendido.

**Oración:** Padre, Tú conoces mi corazón. Conoces toda mi ira. Por favor revela en mí lo que es bueno y lo que es malo a Tu vista. Por favor ayúdame a dejar mi ira injusta para que no sea un cáncer dentro de mí. Por favor ayúdame a valorar a otras personas como hechas en Tu imagen aún cuando hacen cosas contra mí o contra Tus maneras. Padre, admito que no puedo hacer esto sólo. Por favor ayúdame por el poder del Espíritu Santo para que yo no erre en la ira injusta, en mis palabras, o en acción. En Tu Nombre Jesús lo pido. Amén.

**VII. Vaya** y tenga un día estupendo y busque aplicar por lo menos una cosa que ha aprendido del pasaje de hoy.

**Día 11:** Mateo 5:27-32
**Tema del pasaje:** Tomarse en serio el pecado y el compromiso
**Rasgo de carácter destacado:** Los que tienen corazones puros y los que procuran la paz

**I. Ore** con la cara cerca al suelo: pídale a Dios que le revele la verdad sobre Él mismo y sobre usted.

**II. Lea** el pasaje en voz alta, y de pie.

*27 »Oísteis que fue dicho: "No cometerás adulterio." 28 Pero yo os digo que cualquiera que mira a una mujer para codiciarla, ya adulteró con ella en su corazón.*
*29 »Por tanto, si tu ojo derecho te es ocasión de caer, sácalo y échalo de ti, pues mejor te es que se pierda uno de tus miembros, y no que todo tu cuerpo sea arrojado al infierno. 30 Y si tu mano derecha te es ocasión de caer, córtala y échala de ti, pues mejor te es que se pierda uno de tus miembros, y no que todo tu cuerpo sea arrojado al infierno. 31 »También fue dicho: "Cualquiera que repudie a su mujer, déle carta de divorcio." 32 Pero yo os digo que el que repudia a su mujer, a no ser por causa de fornicación, hace que ella adultere, y el que se casa con la repudiada, comete adulterio.*

*- Mateo 5:27–32*

**Jesús** nos habla acerca del deseo, el amor, el adulterio, el divorcio, y el compromiso. Por favor complete los dos patrones en esta sección y escriba sus pensamientos basado en lo que le llama la atención en el pasaje.

Si usted está divorciado, por favor anímese que el divorcio no siempre es un pecado. Si la otra persona rompe el compromiso del matrimonio, esto no es el pecado suyo (de usted). Pero si usted sí pecó en las etapas que llevó al divorcio o en el divorcio mismo, el perdón está disponible en Jesús. Dios no solo perdona nuestro pecado, sino también nos limpia del pecado. ¡Podemos proceder en la gracia y el amor de Dios! (Más notas sobre este tema difícil serán compartidas el próximo día.)

## III. Escriba Sus Observaciones:

| La enseñanza o cultura del Antiguo Testamento | Versículo 27: |
|---|---|
| El estándar superior de Jesús: | Versículo 28: |
| Aplicación(es) que transforma(n) | Versículos 29-30a: |
| Resultados de la obediencia o la desobediencia | Versículo 30: |

| La enseñanza o cultura del Antiguo Testamento | Versículo 31: |
|---|---|
| El estándar superior de Jesús: | Versículo 32: |
| Aplicación(es) que transforma(n) | Implicd: |
| Resultados de la obediencia o la desobediencia | Versículo 32: |

1. ¿Cuáles características de un discípulo (Mateo 5:3-10) se relacionan con estos temas del deseo, el adulterio, el divorcio y el compromiso?

2. ¿Cuán seriamente debemos considerar el pecado de deseo?

3. ¿Cuál es el resultado de no procurar tener un corazón puro?

_____
_____
_____
_____
_____
_____
_____
_____
_____
_____
_____
_____
_____
_____
_____
_____
_____
_____
_____
_____
_____
_____
_____
_____
_____
_____
_____
_____
_____
_____

> *Si decimos que no tenemos pecado, nos engañamos a nosotros mismos y la verdad no está en nosotros. 9 Si confesamos nuestros pecados, él es fiel y justo para perdonar nuestros pecados y limpiarnos de toda maldad.*
>
> — 1 Juan 1:8-9

## IV. Escriba Sus Aplicaciones:

1. ¿Cuáles pecados sexuales necesito confesar ahora mismo?
2. ¿Qué pasos prácticos necesito tomar para luchar contra el deseo en mi vida?
3. Si usted es casado/casada: ¿Es necesario reconciliarse con su esposo/esposa? ¿Cómo buscará la reconciliación?

_____
_____
_____
_____
_____
_____
_____
_____
_____
_____
_____
_____
_____
_____
_____
_____
_____
_____
_____
_____

_____

_____

_____

_____

_____

_____

_____

_____

_____

_____

_____

_____

_____

_____

_____

_____

_____

_____

_____

_____

_____

_____

_____

**V. Memorice Versículos:** _____

**VI. Ore** postrado de rodillas con la cara hacia el suelo: Agradezca a Dios y pídale por la sabiduría y fuerza para aplicar lo que ha aprendido.

**VII. Vaya** en la gracia de Dios.

> *Ahora, pues, ninguna condenación hay para los que están en Cristo Jesús, los que no andan conforme a la carne, sino conforme al Espíritu*
>
> **- Romanos 8:1**

**Día 12:** Mateo 5:27-30
**Tema del pasaje:** Tomarse en serio el pecado
**Rasgo de carácter destacado:** Pureza de corazón

**I. Ore** con la cara cerca al suelo: pídale a Dios que le revele la verdad sobre Él mismo y sobre usted.

**II.Lea** el pasaje en voz alta, y de pie.

*27 »Oísteis que fue dicho: "No cometerás adulterio." 28 Pero yo os digo que cualquiera que mira a una mujer para codiciarla, ya adulteró con ella en su corazón. 29 »Por tanto, si tu ojo derecho te es ocasión de caer, sácalo y échalo de ti, pues mejor te es que se pierda uno de tus miembros, y no que todo tu cuerpo sea arrojado al infierno. 30 Y si tu mano derecha te es ocasión de caer, córtala y échala de ti, pues mejor te es que se pierda uno de tus miembros, y no que todo tu cuerpo sea arrojado al infierno.*

- Mateo 5:27-30

**III. Lea** los siguientes apuntes.

**Instrucción:** El mandato del Antiguo Testamento de no cometer adulterio era muy bueno y muy útil para los individuos, las familias, y la sociedad. Pero obviamente les costaba obedecerlo - aún el Rey David. El adulterio es grave porque toma para el placer de uno algo que se ha confiado a otra persona. El adulterio es por definición el hurto egoísta.

Pero Jesús eleva el estándar más alto cuando instruye a Sus discípulos a no lujuriar. Ahora la lujuria es un pecado con igualdad de oportunidades...seguramente todos los que han pasado por la pubertad han cometido este pecado. Parece que Jesús está pidiéndonos hacer lo imposible. Pero sabemos que Jesús es realista en cuanto a nuestra condición humana: lo que somos capaces de hacer por nosotros mismos en nuestra lucha contra el pecado y lo que somos capaces de hacer cuando Él es Rey de nuestros corazones son dos cosas completamente diferentes. Cuando estamos viviendo en Su amor y poder, la victoria es más que posible. La victoria en Cristo es normal.

Porque Jesús desea que Sus discípulos tengan pureza de corazón, cada vez que lujuriamos es un pecado contra Jesús. No podemos caminar con Jesús y lujuriar a la misma vez. Estas dos cosas son incompatibles.

| La enseñanza o cultura del Antiguo Testamento | Versículo 27: No cometas adulterio |
|---|---|
| El estándar superior de Jesús: | Versículo 28: No mires a una persona |
| Aplicación(es) que transforma(n) | Versículos 29-30a: Tómate en serio la lujuria y remuévete de situaciones tentadoras. |
| Resultados de la obediencia o la desobediencia | Versículo 27: Cometer el pecado de la lujuria nos hace culpables ante Dios. Versículo 30b: La persona que está reticente a dejar su pecado probablemente no se ha reconciliado con Dios en primer lugar. |

Todos los académicos serios están de acuerdo de que Jesús no está pidiendo literalmente que Sus discípulos se deslumbren a sí mismos o cieguen a sí mismos. Uno no necesita manos ni ojos para cometer el pecado de la lujuria en su corazón o su mente. Una estrategia hiper-literal básicamente llevaría a la mutilación de masas y potencialmente al suicidio en masa. ¿Quién podría vivir con ese estándar? Jesús quiere que tomemos la lujuria muy en serio y que seamos sabios mientras luchamos contra ella. Vemos esta lección en la vida del Rey David. Era el momento de que los reyes salieran a la guerra...pero en vez de salir con sus hombres, David decidió relajarse. Se le presentó la tentación mientras caminaba en su azotea y miró a Betsabé. El primer error de David fue agravado por su segundo. Aún después de averiguar y enterarse de que Betsabé era una mujer casada, él no dejó sino continuó en el camino de destrucción. Su pecado llevó a consecuencias terribles para él mismo y muchos otros (2 Samuel 11).

Sabemos la lección en nuestras mentes, pero es posible que nuestras iglesias tienen muchas personas que miran y justifican todo tipo de pornografía - desde la pornografía sutil a la más abierta. Necesitamos hacernos preguntas serias acerca de cómo son nuestros estándares ante un Dios santo.

¿Pues por qué Jesús no quiere que seamos lujuriosos? Porque la lujuria en sí nos daña como individuos y daña a nuestras comunidades. Cuando nuestros corazones están llenos de la lujuria, no podemos ver a nosotros mismos y a otros como personas preciosas hechas en la imagen de Dios. Las personas por quienes Jesús murió pierden su verdadero valor en nuestros ojos y son deshumanizadas.

Jesús quiere que tomemos el tema de la lujuria en nuestros corazones y mentes tan en serio porque los asuntos en riesgo son enormes: Su lugar como Rey de nuestros corazones, y el entendimiento de nosotros mismos y de otros como hechos en la imagen de Dios. Cuando retrocedemos y tenemos una visión más amplia, debemos ver claramente que no podemos dejar que la lujuria reine en nuestros corazones. Mejor, debemos *huir de todo lo que estimule las pasiones juveniles* (2 Timoteo 2:22). Job es un gran ejemplo para nosotros de un hombre que hizo un gran esfuerzo de no lujuriar.

## Desarrollo del carácter a través de la aplicación práctica:

1. Desarrollar buenos hábitos de aporte positivo - tiempo de reflexión, oración, comunidad, y ministerio práctico
2. Eliminar distracciones obvias - lugares, medios de comunicación, y hábitos que nos tientan y que podemos controlar.
3. Adquirir monitoreo que le protege. Ejemplo: Si tiene problemas con el cómo usa la internet, la aplicación "Covenant Eyes" combinada con un compañero con quien rendir cuentas puede ayudarle obtener la victoria.

*Hice pacto con mis ojos, ¿cómo, pues, había yo de mirar a una virgen? 2 Porque ¿qué galardón Dios me daría desde arriba? ¿Qué heredad el Omnipotente desde las alturas? 3 ¿Es que no hay desgracia para el malvado, infortunio para los que hacen iniquidad? 4 ¿Acaso él no ve mis caminos y cuenta todos mis pasos?*

*- Job 31:1-4*

**IV. Escribe** nuevas ideas aprendidas o nuevas preguntas que tengas:

_____
_____
_____
_____
_____
_____
_____
_____
_____
_____
_____
_____
_____
_____
_____
_____
_____
_____
_____
_____
_____
_____
_____
_____
_____
_____
_____
_____
_____
_____
_____
_____
_____
_____
_____
_____

_____
_____
_____
_____
_____
_____
_____
_____
_____
_____
_____
_____
_____
_____
_____
_____
_____
_____
_____
_____
_____

**V. Memorice Versículos:** _____

**VI. Ore** (postrado de rodillas con la cara hacia el suelo): Agradezca a Dios y pídale por la sabiduría y fuerza para aplicar lo que ha aprendido.

**Oración:** Querido Padre, me diste orejas para oír y ojos para ver. Por favor ayúdame a usar mis orejas para oír Tu instrucción...a no lujuriar y a tener cuidado con mis propias vulnerabilidades. Por favor dame ojos para ver Tu gloria. Por favor dame ojos para ver a otros como Tú los ves. El orgullo precede a la caída y das la gracia a los que son humildes. Por favor nunca me dejes engañarme a mí mismo a pensar que yo no podría tropezarme. Jesús, Tú eres digno...digno de que Tus discípulos busquen la pureza. No podemos hacerlo sintigo, Jesús - aparte de Ti no podemos hacer nada. Por favor ayúdame Jesús a permanecer en Ti - en Tu amor y en Tu estilo de vida - y ayúdame a ser liberado de la tentación. Y cuando la tentación viene, por favor dame el poder del Espíritu Santo para ser fuerte y huir rápidamente. En Tu Nombre, Jesús, lo pido - ¡Amén!

**VII. Vaya**, sea humilde, y recurra a Jesús.

**Día 13:** Mateo 5:31-32
**Tema del pasaje:** Cumplir su promesa
**Rasgo de carácter destacado:** Pureza de corazón y Pacificador

**I. Ore** con la cara cerca al suelo: pídale a Dios que le revele la verdad sobre Él mismo y sobre usted.

**II. Lea** el pasaje en voz alta, y de pie.

*También fue dicho: "Cualquiera que repudie a su mujer, déle carta de divorcio." 32 Pero yo os digo que el que repudia a su mujer, a no ser por causa de fornicación, hace que ella adultere, y el que se casa con la repudiada, comete adulterio.*

*- Mateo 5:31-32*

**III. Lea** los siguientes apuntes.

Jesús nos habla sobre el divorcio y el compromiso. Podemos ver cómo la lujuria puede conducir al adulterio y luego al divorcio. Jesús cita la Ley de Moisés (Deuteronomio 24). Sabemos que desde el principio Dios tenía planeado que un hombre se une con su esposa, "y los dos se convierten en uno solo." Pero desde que el pecado entró en el mundo, la relación entre el esposo y la esposa es bajo creciente presión.

Sabemos de Mateo 19 que los fariseos querían expandir las razones para el divorcio además de la inmoralidad sexual. Querían tener una interpretación muy liberal de la declaración de Moisés: *...pero ella no le agrada. Resulta que él encuentra algo reprochable en ella...* (Deuteronomio 24:1). Porque Él tiene muchos temas para abordar, Jesús no entra en detalles sobre este tema en este mensaje. Pero dice suficiente para crear el contraste entre la postura expresivamente legal y tolerante de la cultura predominante y el asunto del corazón y los motivos de uno. La implicación para los oyentes es clara: **Reconciliarse con su esposa, y no buscar divorciarse de ella.**

Mateo 19 es muy útil para nosotros porque hay enseñanzas abundantes de Jesús sobre el tema. Jesús sostiene que hay muy pocas razones para divorciarse, y que era permitido en la ley de Moisés por la dureza de sus corazones. El divorcio se permite para asuntos de la inmoralidad sexual pero no se requiere...y divorciarse de su esposa y casarse de nuevo por cualquier otra razón que su infidelidad sexual es cometer el adulterio.

| La enseñanza o cultura del Antiguo Testamento | Versículo 31: Si se divorcia de ella, entréguele un documento de divorcio. (Deut. 24) |
|---|---|
| El estándar superior de Jesús: | Versículo 32: El divorcio causa el adulterio (excepto los casos en que una persona ya ha quebrado el compromiso matrimonial (a través de la inmoralidad sexual). |
| Aplicación(es) que transforma(n) | Implícito: Reconcíliese con su esposo/esposa |
| Resultados de la obediencia o la desobediencia | Versículo 32: El divorcio tiene implicaciones serias para los que están involucrados. |

*Entonces se le acercaron los fariseos, tentándolo y diciéndole: —¿Está permitido al hombre repudiar a su mujer por cualquier causa? 4 Él, respondiendo, les dijo: —¿No habéis leído que el que los hizo al principio, "hombre y mujer los hizo", 5 y dijo: "Por esto el hombre dejará padre y madre, y se unirá a su mujer, y los dos serán una sola carne"? 6 Así que no son ya más dos, sino una sola carne; por tanto, lo que Dios juntó no lo separe el hombre. 7 Le dijeron: —¿Por qué, pues, mandó Moisés darle carta de divorcio y repudiarla? 8 Él les dijo: —Por la dureza de vuestro corazón, Moisés os permitió repudiar a vuestras mujeres; pero al principio no fue así. 9 Y yo os digo que cualquiera que repudia a su mujer, salvo por causa de fornicación, y se casa con otra, adultera; y el que se casa con la repudiada, adultera* (Mateo 19:3-9).

Ahora es normal preguntar aquí, ¿debería la esposa divorciarse de su esposo si ella está siendo golpeada o maltratada? Necesitamos recordar que en el contexto cultural en el que Jesús habla, las mujeres no tenían el poder de obtener un divorcio unilateral. Tenían opciones limitadas - muchas veces era posible para la esposa volver a la casa de sus padres (separación - más sobre la separación en un momento) pero no era posible obtener un divorcio oficial. Jesús dice a los esposos que sean los tipos que aman a sus esposas y les tratan bien. Jesús está abordando la raíz del problema - la cual típicamente es el corazón del hombre. Ciertamente es muy raro que el esposo le trate con amor a su esposa y luego ella le desprecia y le pone cuernos o lo abusa de otra manera. Dios se toma en serio que los esposos amen y respeten a sus esposas...*para que nada estorbe las oraciones de ustedes* (1 Pedro 3:7). Dios ni siquiera oirá las oraciones de un esposo que no está honrando a su esposa.

Ahora para contestar la pregunta sobre la violencia y otras formas del abuso en nuestro contexto. La separación todavía es una opción viable. Es posible que una orden de alejamiento sea necesaria. En esos casos el esposo que está causando los problemas usualmente hará uno de las siguientes cosas: (A.) arrepentirse de pecado, creer, cambiar, y buscar la reconciliación. (B.) cometer el pecado del adulterio de este modo liberando a ella del compromiso. (C.) divorciarse de ella, de este modo liberando a ella del compromiso. (Este párrafo es mi entendimiento del pasaje. Si estoy equivocado oro que Dios me lo revele.)

Cuando pensamos en el divorcio no debemos pensar que el divorcio es un pecado imperdonable. Ni Jesús ni los Apóstoles lo consideraban así. Hay muchas situaciones en las que alguien es divorciado y él o ella no es la parte culpable - sino inocente en la situación. Pero aún para los que son culpables hay grandes posibilidades para ser perdonados:

1.  El no creyente se divorcia y más tarde se convierte en un creyente de Jesús - esta persona es una nueva creación - la vida antigua ha pasado y una nueva vida ha comenzado.
2.  El creyente se divorcia y lleva por lo menos alguna porción de la culpabilidad. 1 Juan 1:9 todavía aplica, "pero si confesamos nuestros pecados a Dios, él es fiel y justo para perdonarnos nuestros pecados y limpiarnos de toda maldad."

En ninguna parte Jesús enseña que el divorcio es imperdonable. Pero hoy en día cuando el divorcio es tan común, Jesús habla la verdad a nosotros acerca de la infraestructura del matrimonio. El matrimonio debe ser "hasta que la muerte nos separe."

*Maridos, amad a vuestras mujeres, así como Cristo amó a la iglesia y se entregó a sí mismo por ella.*

*- Efesios 5:25*

**IV. Escribe** nuevas ideas aprendidas o nuevas preguntas que tengas:

_____
_____
_____
_____
_____
_____
_____
_____
_____
_____
_____
_____
_____
_____
_____
_____
_____
_____
_____

**V. Memorice Versículos:** _____

**VI. Ore** (postrado de rodillas con la cara hacia el suelo): Thank God and ask for the wisdom and strength to apply what you have learned.

**Oración:** Padre, sabemos que has dado a la humanidad el regalo del matrimonio. En las primeras páginas de Génesis, nos dices Tus expectativas para nosotros. Sabemos que el enemigo busca robar y destruir. Entonces buscamos Tu ayuda. Padre, oramos que protejas los matrimonios de Tu pueblo, y oramos por los matrimonios en nuestra comunidad. Oramos que ellos estén fuertes y encuentren gozo y amor y propósito en Ti. Señor, oramos por los que se han puesto los cuernos, por los que se han lastimado. Pedimos que Te encuentres con ellos en su necesidad. Señor, oramos por los que son solteros y no quieren ser así. Pedimos que Tú les des paciencia, que proveas por ellos, y que Tu elección del momento oportuno tenga control. Señor, oramos que en estos tiempos confusos en los que el matrimonio es atacado por todos lados...que Tú, Dios, nos mantenga firmes por Tu gloria y nuestro bueno. Gracias por amarnos. Por favor ayúdanos. En el precioso Nombre de Jesús lo pedimos.

**VII. Vaya** y camine en el poder del Espíritu Santo.

**Día 14:** Mateo 5:33-37
**Tema del pasaje:** Cumplir su palabra y no manipular
**Rasgo de carácter destacado:** Pureza de corazón

**I. Ore** con la cara cerca al suelo: pídale a Dios que le revele la verdad sobre Él mismo y sobre usted.

**II. Lea** el pasaje en voz alta, y de pie.

*Además habéis oído que fue dicho a los antiguos: "No jurarás en falso, sino cumplirás al Señor tus juramentos." 34 Pero yo os digo: No juréis de ninguna manera: ni por el cielo, porque es el trono de Dios; 35 ni por la tierra, porque es el estrado de sus pies; ni por Jerusalén, porque es la ciudad del gran Rey. 36 Ni por tu cabeza jurarás, porque no puedes hacer blanco o negro un solo cabello. 37 Pero sea vuestro hablar: "Sí, sí" o "No, no" porque lo que es más de esto, de mal procede.*

*- Mateo 5:33–37*

**III. Escriba Sus Observaciones**:

| | |
|---|---|
| **La enseñanza o cultura del Antiguo Testamento** | Versículo 33: |
| **El estándar superior de Jesús:** | Versículo 34: |
| **Aplicación(es) que transforma(n)** | Versículo 37a: |
| **Resultados de la obediencia o la desobediencia** | Versículo 37b: |

1. ¿Por cuáles cosas hacían juramentos las personas en el tiempo de Jesús?
2. Usualmente, ¿Cuál es la motivación por la que una persona jura que algo es verdad, o que va a hacer algo en particular?

_____
_____
_____
_____
_____
_____
_____
_____
_____
_____
_____
_____
_____
_____
_____
_____
_____
_____
_____
_____
_____
_____

## IV. Escriba Sus Aplicaciones:

1. ¿Qué usan las personas en el contexto suyo para jurar algo (prometerle algo a alguien)?
2. ¿Por qué es importante que los discípulos de Jesús cumplan su palabra?

_____
_____
_____
_____
_____
_____

> *Por lo cual también nosotros damos gracias a Dios sin cesar,*
> *porque cuando recibisteis la palabra de Dios que oísteis de nosotros,*
> *la recibisteis no como palabra de hombres, sino según es en verdad,*
> *la palabra de Dios, la cual actúa en vosotros los creyentes.*
>
> — 1 Tesalonicenses 2:13

_____
_____
_____
_____
_____
_____
_____
_____
_____
_____
_____
_____
_____
_____
_____
_____
_____
_____
_____
_____
_____
_____

**V. Memorice Versículos:** _____

**VI. Ore** postrado de rodillas con la cara hacia el suelo: Agradezca a Dios y pídale por la sabiduría y fuerza para aplicar lo que ha aprendido.

**VII. Vaya** y termine con un "Sí" que todavía no se ha hecho.

**Día 15:** Mateo 5:33-37
**Tema del pasaje:** Simplemente diga "Sí, lo haré," o "No, no lo haré."
**Rasgo de carácter destacado:** Pureza de corazón

**I. Ore** con la cara cerca al suelo: pídale a Dios que le revele la verdad sobre Él mismo y sobre usted.

**II. Lea** el pasaje en voz alta, y de pie.

*Además habéis oído que fue dicho a los antiguos: "No jurarás en falso, sino cumplirás al Señor tus juramentos." 34 Pero yo os digo: No juréis de ninguna manera: ni por el cielo, porque es el trono de Dios; 35 ni por la tierra, porque es el estrado de sus pies; ni por Jerusalén, porque es la ciudad del gran Rey. 36 Ni por tu cabeza jurarás, porque no puedes hacer blanco o negro un solo cabello. 37 Pero sea vuestro hablar: "Sí, sí" o "No, no" porque lo que es más de esto, de mal procede.*

*- Mateo 5:33-37*

**III. Lea** los siguientes apuntes.

**Jesús nos enseña a cumplir nuestra palabra.** ¡Cumplir nuestra palabra es esencial para **cada** aspecto de la vida de **cada** discípulo! El hábito de los seres humanos es intentar manipular a la gente y las situaciones para obtener un resultado más favorable. Esto es especialmente verdad cuando uno está bajo presión. Jurar por algo mayor que uno mismo se usa como una gran táctica de manipulación. Cuando alguien jura por el cielo o la tierra o por la tumba de su abuelita, se hace un intento de obtener la confianza de la otra persona. "Porque él lo juró, ciertamente no me está mintiendo." Muchas veces la otra persona será persuadido de decir que sí al dinero, el tiempo, la información, o cualquier otra cosa se le pide.

Jesús pone toda la humanidad en su lugar y les avisa. Nos manda a no jurar en absoluto y nos dice el por qué. Dios es grande y somos pequeños. No tenemos ningún derecho real sobre cualquier cosa por la que juraríamos. ¡Todo le pertenece a Dios! Es la creación Suya, y Jesús nos llama a reconocer nuestro lugar en él. Dios puede mandar que el universo exista, pero no podemos hacer que ninguno de nuestros cabellos se vuelva blanco o negro. Sí, podemos manipular la apariencia del cabello actual por pintarlo, pero no podemos cambiarlo en esencia.

| La enseñanza o cultura del Antiguo Testamento | Versículo 33: No rompas tus juramentos; debes cumplir con los juramentos que le haces al Señor. (Vea Lev. 19:12, Zac. 5:4) |
|---|---|
| El estándar superior de Jesús: | Versículo 34: No hagas juramentos. |
| Aplicación(es) que transforma(n) | Versículo 37a: Simplemente di: "Sí, lo haré" o "No, no lo haré". |
| Resultados de la obediencia o la desobediencia | Versículo 37b: Manipular a otras personas a través de juramentos es participar en los planes del maligno. |

Jesús nos está enseñando a ser auténticos y a dejar de intentar a manipular a las personas y las situaciones. Debemos ser gente que simplemente dicen la verdad con amor, "simplemente di 'Sí, lo haré' o 'No, no lo haré'." Si decimos "sí" o "no" y luego no cumplimos nuestras palabras, entonces por lo menos no estamos agravando el problema por haber jurado, y evitamos un juicio más severo. Evitamos un juicio más severo. Dios honrará el hecho de que estamos rehusando jugar los juegos de manipulación que vienen del maligno. Debemos considerar cuánto dolor y sufrimiento son causados en nuestro mundo cuando la gente no cumple su palabra. Relaciones entre amigos, familias, y naciones se desmoronan. Considere toda la paz que se ha perdido en su vida por su falta y la falta de otros de seguir estas instrucciones.

**Aplicación práctica:** Los seguidores de Jesús lo representan en todo - y especialmente en nuestra "Sí" y nuestra "No." El cumplir nuestra palabra es una parte esencial de nuestro testimonio. El mundo es muy conocido por el mentir, el manipular, el decir algo y hacer algo diferente. La gente de Dios debe ser mejor que eso. Tenemos que servir de un contraste a la sociedad. La gente debe saber que pueden confiar en los seguidores de Jesús en sus comunidades. Es increíblemente refrescante y hermoso vivir entre personas quienes realmente cumplen sus promesas. ¡Nuestra reputación en esta área debe ser sólida! ¿Soy conocido en la comunidad por ser una persona confiable? ¿Pienso que Dios estaría de acuerdo con su evaluación? Obedecer a estas enseñanzas es sumamente importante para nuestro trabajo y testimonio en este mundo.

## IV. Escribe usando las siguientes preguntas:

1. ¿Para usted, cuándo es más difícil ser una persona de palabra?
2. ¿Cómo querría Jesús que usted responda en esa situación?
3. ¿Cómo es su reputación en su comunidad?
4. ¿Si Dios le diera una evaluación de su honradez, qué cree usted que serían los resultados?

_____

_____

_____

_____

_____

_____

_____

_____

_____

_____

_____

_____

_____

_____

_____

_____

_____

_____

_____

_____

_____

_____

_____

_____

_____

_____

_____

_____

_____

_____

_____
_____
_____
_____
_____
_____
_____
_____
_____
_____
_____
_____
_____
_____
_____
_____
_____
_____
_____
_____
_____
_____
_____
_____

**V. Memorice Versículos:** _____

**VI. Ore** (postrado de rodillas con la cara hacia el suelo): Agradezca a Dios y pídale por la sabiduría y fuerza para aplicar lo que ha aprendido.

**Oración:** Querido Padre, por favor ayúdame a cumplir mis promesas. Por favor ayúdame a no ser una persona que intenta manipular a otros a través de juegos tontos. Por favor ayúdame a acordarme y cumplir mi promesa cuando digo que haré algo - especialmente cuando le digo a alguien que oraré por él/ella. Por favor ayúdame a no olvidarme de tales cosas. Tú sabes que puedo ser muy fácilmente distraído por la próxima cosa. Por favor dame sabiduría para dar seguimiento de lo que he dicho que haré y cumplir mis promesas para Tu gloria. En Tu Nombre Jesús oro - ¡Amén!

**VII. Vaya** y cumpla una promesa.

**Día 16:** Mateo 5:38-48
**Tema del pasaje:** Tratar el conflicto con amor para todos
**Rasgo de carácter destacado:** La mansedumbre y la perseverancia durante persecución
**I. Ore** con la cara cerca al suelo: pídale a Dios que le revele la verdad sobre Él mismo y sobre usted.

**II. Lea** el pasaje en voz alta, y de pie.

*Oísteis que fue dicho: "Ojo por ojo y diente por diente." 39 Pero yo os digo: No resistáis al que es malo; antes, a cualquiera que te hiera en la mejilla derecha, vuélvele también la otra; 40 al que quiera ponerte a pleito y quitarte la túnica, déjale también la capa; 41 a cualquiera que te obligue a llevar carga por una milla, ve con él dos. 42 Al que te pida, dale; y al que quiera tomar de ti prestado, no se lo niegues. Oísteis que fue dicho: "Amarás a tu prójimo y odiarás a tu enemigo." 44 Pero yo os digo: Amad a vuestros enemigos, bendecid a los que os maldicen, haced bien a los que os odian y orad por los que os ultrajan y os persiguen, 45 para que seáis hijos de vuestro Padre que está en los cielos, que hace salir su sol sobre malos y buenos y llover sobre justos e injustos. 46 Si amáis a los que os aman, ¿qué recompensa tendréis? ¿No hacen también lo mismo los publicanos? 47 Y si saludáis a vuestros hermanos solamente, ¿qué hacéis de más? ¿No hacen también así los gentiles? 48 Sed, pues, vosotros perfectos, como vuestro Padre que está en los cielos es perfecto.*

- Mateo 5:38–48

**III. Escriba Sus Observaciones**:

Las enseñanzas de Jesús sobre cómo tratar a los enemigos es revolucionaria. Por favor complete la siguiente tabla y escriba sus pensamientos:

*Bienaventurados los que padecen persecución por causa de la justicia, porque de ellos es el reino de los cielos.*

- Jesús el Rey (Mt. 5:10)

| | |
|---|---|
| **La enseñanza o cultura del Antiguo Testamento** | Versículo 38: |
| **El estándar superior de Jesús:** | Versículo 39a: |
| **Aplicación(es) que transforma(n)** | Versículos 39b-41: |
| **Resultados de la obediencia o la desobediencia** | |

| | |
|---|---|
| **La enseñanza o cultura del Antiguo Testamento** | Versículo 43: |
| **El estándar superior de Jesús:** | Versículo 44a: |
| **Aplicación(es) que transforma(n)** | Versículo 44b: |
| **Resultados de la obediencia o la desobediencia** | Versículo 45-48: |

1. ¿Cómo compararía y contrastaría usted la enseñanza del Antiguo Testamento a la que Jesús hace referencia con Sus enseñanzas sobre el tema?

2. ¿Cuáles son las expectativas de Jesús sobre cómo tratamos a los que se oponen a nosotros?

_____
_____
_____
_____
_____
_____
_____
_____
_____
_____
_____
_____
_____
_____
_____
_____
_____
_____
_____
_____
_____
_____
_____
_____
_____
_____
_____
_____
_____
_____

## IV. Escriba Sus Aplicaciones:

1. Si tiene o ha tenido a un enemigo, ¿qué estrategia usó? ¿Cómo le funcionó?

2. ¿Piensa que es posible poner en práctica las enseñanzas de Jesús que encontramos en este pasaje? ¿Cómo (en el contexto suyo) podría ponerlas en práctica?

_____

_____

_____

_____

_____

_____

_____

_____

_____

_____

_____

_____

_____

_____

_____

_____

_____

_____

_____

_____

## V. Memorice Versículos: _____

**VI. Ore** postrado de rodillas con la cara hacia el suelo: Agradezca a Dios y pídale por la sabiduría y fuerza para aplicar lo que ha aprendido.

**VII. Vaya** y bendiga a un enemigo hoy.

**Día 17:** Mateo 5:38-42

**Tema del pasaje:** Una manera diferente de encargarse del conflicto

**Rasgo de carácter destacado:** La mansedumbre y la perseverancia

**I. Ore** con la cara cerca al suelo: pídale a Dios que le revele la verdad sobre Él mismo y sobre usted.

**II. Lea** el pasaje en voz alta, y de pie.

*Oísteis que fue dicho: "Ojo por ojo y diente por diente." 39 Pero yo os digo: No resistáis al que es malo; antes, a cualquiera que te hiera en la mejilla derecha, vuélvele también la otra; 40 al que quiera ponerte a pleito y quitarte la túnica, déjale también la capa; 41 a cualquiera que te obligue a llevar carga por una milla, ve con él dos. 42 Al que te pida, dale; y al que quiera tomar de ti prestado, no se lo niegues.*

**- Mateo 5:38-42**

**III. Lea** los siguientes apuntes.

| | |
|---|---|
| **La enseñanza o cultura del Antiguo Testamento** | Versículo 38: "Ojo por ojo, y diente por diente" (Levítico 24, Éxodo 21, Deut. 19) |
| **El estándar superior de Jesús:** | Versículo 39a: No resistir a una persona mala. |
| **Aplicación(es) que transforma(n)** | Versículos 39b-41: 1. Ofrece la otra mejilla 2. Déle a él que está intentando a robarle a usted 3. Romperse el lomo 4. Déles a los que le pidan 5. Preste a los que le pidan prestado |
| **Resultados de la obediencia o la desobediencia** | Negativo: Participar en un ciclo creciente del interés propio y la violencia. Positivo: Es posible que el ciclo del interés propio y la violencia termine. |

**Las enseñanzas de Jesús** en esta sección son muy radicales, pero podemos entenderlas en su contexto y aplicarlas prácticamente. Antes de tratar los detalles de cada aplicación que presenta Jesús, vamos a repasar la ley y luego el estándar más alto de nuestro Rey.

**Primero** necesitamos entender y respetar la Ley del Antiguo Testamento:
La ley de Moisés que daba castigo proporcional al crimen era revolucionaria para la humanidad. Los seres humanos han deseado por bastante tiempo venganza por los delitos. A menos que seamos el infractor o seamos familiares con el infractor, usualmente queremos el pago con intereses. Sabemos que esto es particularmente verdad si somos él que fue lastimado o si tenemos conexión con la persona que fue herida. Aún una pelea entre dos niños en un parque infantil usualmente intensifica de empujones ligeros a empujones más fuertes y luego puñetazos y luego más. La ley de "ojo por ojo y diente por diente" fue dada para parar un ciclo creciente de la violencia.

**El estándar superior de Jesús:** Ahora Jesús está subiendo la apuesta. Él enseña a Sus seguidores a soportar adversidades y estar dispuestos a ser dañados. **"Pero yo digo: no resistas a la persona mala."** Jesús nos enseña cómo usar un ataque subversivo contra el Reino de la Oscuridad. En lugar de la manera humana normal de contraatacar (la fuerza), es una guerra no convencional al extremo. El seguidor de Jesús debe mostrar la mansedumbre (el control del poder) a su enemigo. Los ejemplos prácticos en esta sección están en los contextos de la ley de Moisés, las costumbres judías, y la ley Romana (Israel estaba ocupado por el Imperio Romano en ese tiempo). Vamos a examinarlos para averiguar qué sabiduría podemos obtener de ellos.

**Aplicaciones prácticas:**

**Dado una bofetada en la mejilla derecha. Debemos ofrecer también la otra mejilla.** La bofetada aquí es un insulto...no un puñetazo que pone en riesgo la vida. Normalmente la persona dando la bofetada sería la persona dominante. Necesitamos imaginar cómo parece esto. Es mejor pararse e imaginar un maniquí parado directamente enfrente de usted.

¿Ahora cómo daría una bofetada a la mejilla derecha del maniquí? Bueno tiene dos opciones:

1. Usar el reverso de su mano derecha
2. Usar la palma abierta de su mano izquierda

En la cultura de los Hebreos en el Antiguo Testamento, vemos que la mano derecha es la mano del respeto y honor. Por ejemplo cuando Jacobo pone sus manos sobre las cabezas de los hijos de José, cruza sus manos para dar la bendición más grande al hijo menor. Hasta hoy en la cultura de Oriente Medio una mano izquierda no se extendería para un apretón de manos. Entonces usar la mano izquierda sería extremadamente irrespetuoso. Podemos decir casi con certeza que en el dibujo que Jesús hace con Sus palabras, el reverso de la mano derecha se usa en la bofetada inicial.

Ahora imagine que el maniquí le ha ofrecido la mejilla izquierda para una bofetada también. Usted (el atacante) tiene algunas opciones:

1. Dar una bofetada con el reverso de la mano izquierda, lo cual sería una indicación de irrespeto extremo. Creo que se podría sostener que se está convirtiendo desde una actitud de "Raca" en una actitud de "necio" en el corazón del atacante si hace esto.

2. Usar la palma abierta de la mano derecha o el puño cerrado de la mano derecha. En cualquier caso el atacante está incrementando a más violencia. Si hay testigos de este abuso del poder, la reputación del atacante se daña. La gente generalmente no está impresionada cuando alguien abusa de una persona que no está resistiéndose. Hay cierta fuerza interior que se muestra por estar dispuesto a ser abofeteado otra vez. Las enseñanzas específicas de Jesús aquí tienen que ver con bofetadas y no una golpiza despiadada. Sin embargo, otros han tomado estas enseñanzas y han estado dispuestos a aplicarlas al punto de la muerte para subvertir el abuso de los poderosos y para cambiar los corazones de los testigos. Debemos mantener eso en mente.

3. El atacante puede humildemente echarse atrás del uso de fuerza contra la otra persona. Por supuesto esto es lo que esperamos porque es el camino más rápido a la paz.

Lo encuentro interesante que Jesús terminó la cita del Antiguo Testamento "ojo por ojo y diente por diente" así. Cada uno de los tres pasajes en el Antiguo Testamento que da esta ley continúa el concepto de "vida por vida." Jesús no enseñó a Sus seguidores a simplemente permitir que alguien les mate por cualquier razón. Hay un mundo de diferencia entre ser un mártir en nombre de Jesús y morirse porque alguien quiere el dinero en su bolsillo. Jesús no está enseñando que tenemos que permitir que alguien nos asesine por cualquier razón - podemos huir o usar tan poca fuerza que es necesaria para escaparnos de la situación.

Lo que es más importante, tampoco tenemos el derecho de forzar a otra persona que ofrezca la otra mejilla - especialmente los que son débiles físicamente, los niños, y los ancianos. Los que puedan deben ayudar a los que no tienen el poder de resistir a una persona mala aún si intentaran. Jesús no está proponiendo que haga nada si la vida de otra persona está en riesgo. Sin embargo, Jesús nos pide que vivamos en una manera tan radical que la gente no tenga ninguna razón buena para atacarnos o buscar causarnos daño. Si nos intentan dañar, lo harían porque están tan esclavizados al pecado que están más allá que la consciencia. Si otras personas nos odian, debe ser por el Nombre de Jesús y no por ninguna parte de nosotros.

**Si alguien quiere demandarle a usted y quitarle su camisa, déle su abrigo también.** La subversión de Jesús va aún más allá...si alguien quería quitarle la camisa, pues Jesús dice que Su discípulo debe darle a esa persona el abrigo también. Ahora antes de continuar necesitamos entender la importancia del abrigo. El abrigo era más que una prenda de vestir. Era muchas veces una posesión necesaria para evitar el sufrimiento cuando uno dormía durante noches frías. El abrigo era tan valioso a la vida de una persona que según la ley de Moisés, si un prestamista lo usaba como garantía para el préstamo, el prestamista tenía que devolverlo al deudor para usar durante la noche (Éxodo 22:26-27;

Deuteronomio 24:12-13). Pero Jesús anima a un discípulo que está siendo demandado a dar no simplemente lo que es requerido pero aún más. Recordamos la instrucción previa de Jesús a proseguir la paz con un adversario rápidamente, porque es mejor ser dañado voluntariamente que enfrentar una consecuencia severa. También es posible que la persona que está demandando luego examine su propio corazón en la situación. Con la prenda interior (camisa) y la prenda exterior (abrigo) removidas, la persona que está siendo demandada estaría desnuda. Sabemos que en la cultura judía el responsable de descubrir la desnudez de alguien tenía más de qué avergonzarse que el que estaba desnudo. (Noé en Génesis 9 es un ejemplo). Otra vez, la meta aquí se resume por el Apóstol Pablo, "No dejen que el mal los venza, más bien venzan el mal haciendo el bien." (Romanos 12:21).

**Si un soldado te exige que lleves su equipo por un kilómetro, llévalo dos.** En los días de Jesús, un soldado romano podría obligar a un hombre judío a llevar su equipo por una milla. Jesús enseña a Sus seguidores a mostrar que son parte de un reino diferente por hacer lo impensable - ofrecerse para ayudar a la fuerza ocupante por llevar el equipo por una milla adicional. Jesús dijo a Sus discípulos que hagan algo muy contrario a la práctica común del día. Se entiende que la gente judía les mandaba a sus hijos a las cimas de las colinas y a lo más alto de los árboles. Cuando veían a los soldados romanos acercándose, corrían y avisaban a los adultos. Los que trabajaban en los campos y los que vivían cerca a los caminos huían y se escondían para que no pudieran ser obligados a llevar el equipo de un soldado. Ahora imagine la sorpresa del soldado con el hombre que no ha huído ni se ha escondido y alegremente lleva la carga por una milla. Al fin el soldado le descarga de su obligación, pero en vez de volVersículo dice, "Llevaré su equipo por una milla más." Bueno ahora el soldado está sorprendido o posiblemente está en apuros porque tiene miedo de que será acusado de quebrantar la ley. Pero la victoria más grande sería si el soldado le preguntara, "¿Por qué está haciendo esto?" Imagine que el oprimido dice con gozo, "Porque el Mesías me dijo."

**"Dales a los que te pidan,"** de todos los ejemplos prácticos que Jesús espera de Sus discípulos, es posible que esto es lo más confundido. Todos sabemos de personas que pedirán con malas intenciones (para emborracharse o drogarse o peor). Otra vez, pienso que tenemos que mantener en mente el contexto del sermón entero. Luego tenemos que chequear y comparar nuestro entendimiento con el resto de las Escrituras. Creo que podemos llegar a algunas conclusiones. Primero, Jesús quiere que tengamos "pureza de corazón" y un corazón puro es un corazón generoso. Un corazón puro no puede ser un corazón tacaño. Un corazón puro no puede estar enfocado en la acumulación de posesiones y riqueza para el único propósito de acumular posesiones y riqueza (más sobre eso en el capítulo 6). Segundo, Jesús no espera que demos lo que no tenemos. Sin embargo, aún los que son pobres muchas veces tienen algo que pueden compartir. He tenido el privilegio de estar abrumado por la generosidad de creyentes muy pobres. Es una cosa hermosa, ciertamente. Tercero, no creo que Jesús querría que le demos algo a alguien que probablemente le haría daño. No compraríamos drogas para un drogadicto y luego usar estas palabras de Jesús para justificarlo.

**Y no des la espalda a quienes te pidan prestado.** Otra vez creo que los mismos principios se aplican aquí que en la sección previa. Es una situación en la que una necesidad legítima se encuentra con un recurso legítimo para un resultado potencialmente bueno.

¿Hay tiempos en los que Dios nos pide dar y prestar cuando no tiene sentido para nosotros pero sabemos que Dios quiere que lo hagamos de todos modos? ¡Absolutamente! Recuerde la fe y el corazón generoso de la viuda que dio las dos monedas. Fue todo lo que tenía. Fue ilógico. Fue hermoso. Fue dentro de la voluntad de Dios y honró a Dios. A la misma vez, no se debe concluir que la viuda daba todo lo que tenía cada vez que lo tenía. Pero obviamente estaba dispuesta y sensitiva al trabajo del Espíritu Santo en su vida. Tenía un corazón puro y generoso, y Jesús quiere que cada uno de Sus discípulos tenga ese mismo corazón puro y generoso dentro de nosotros.

**Conclusión:** Seguir las enseñanzas de Jesús de este pasaje no necesariamente cambiará los corazones de la gente a mi alrededor, pero mi propio corazón sin duda será cambiado.

**IV. Escribe** nuevas ideas aprendidas o nuevas preguntas que tengas:

_____
_____
_____
_____
_____
_____
_____
_____
_____
_____
_____
_____
_____
_____
_____
_____
_____
_____
_____
_____
_____
_____
_____
_____
_____
_____
_____
_____
_____
_____
_____
_____
_____
_____
_____

_____

_____

_____

_____

_____

_____

_____

_____

_____

_____

_____

_____

_____

_____

_____

_____

_____

_____

**V. Memorice Versículos:** _____

**VI. Ore** (postrado de rodillas con la cara hacia el suelo): Agradezca a Dios y pídale por la sabiduría y fuerza para aplicar lo que ha aprendido.

**Oración:** Querido Padre, por favor ayúdame a ser humilde. Ayúdame a estar dispuesto a sufrir pérdida por el bien de Tu Nombre, tanto si es la pérdida del orgullo o la pérdida de posesiones. Pero Señor por favor no me consideres egoísta, cuando Te pido proteger las vidas de los inocentes y las vidas de los que yo amo. Preferiríamos morir como un mártir en vez de morir por el deseo que alguien tiene por nuestras posesiones temporales. Por favor protégenos de la maldad aparentemente aleatoria que abunda en nuestro mundo. Ayúdame oh Señor a vivir en una manera que es subversiva - que muestra la realidad de Tu Reino - ¡y que invita a otros a participar en él! Por favor dame la sabiduría de saber qué debo dar, a quién debo dárselo, y cuándo debo darlo. Reconozco que todo lo que tengo pertenece a Ti. En Tu Nombre Jesús, humildemente me rindo a Ti. Amén.

**VII. Vaya** y busque vivir en paz con otros.

**Día 18:** Mateo 5:43-48

**Tema del pasaje:** Amor para todos

**Rasgo de carácter destacado:** Pureza de corazón y perseverancia durante la persecución

**I. Ore** con la cara cerca al suelo: pídale a Dios que le revele la verdad sobre Él mismo y sobre usted.

**II. Lea** el pasaje en voz alta, y de pie.

*Oísteis que fue dicho: "Amarás a tu prójimo y odiarás a tu enemigo." 44 Pero yo os digo: Amad a vuestros enemigos, bendecid a los que os maldicen, haced bien a los que os odian y orad por los que os ultrajan y os persiguen, 45 para que seáis hijos de vuestro Padre que está en los cielos, que hace salir su sol sobre malos y buenos y llover sobre justos e injustos. 46 Si amáis a los que os aman, ¿qué recompensa tendréis? ¿No hacen también lo mismo los publicanos? 47 Y si saludáis a vuestros hermanos solamente, ¿qué hacéis de más? ¿No hacen también así los gentiles? 48 Sed, pues, vosotros perfectos, como vuestro Padre que está en los cielos es perfecto.*

- Mateo 5:43-48

**III. Lea los siguientes apuntes.**

Ame a su prójimo es un mandato de Dios. Y Jesús nos dice que eso es la segunda cosa más importante que podemos hacer...justo atrás de amar a Dios (Mateo 22:34-40). La idea de odiar al enemigo de uno es una condición humana natural, pero está a años luz de las enseñanzas del Antiguo Testamento sobre el tema. Casi todas de las referencias del Antiguo Testamento relativo al tema del odio se pueden poner en 4 categorías:

1. Los que odian a Dios
2. Los que odian a la gente de Dios
3. Los que a Dios odia por su maldad
4. Acciones que Dios odia - ejemplo: la adoración falsa

| La enseñanza o cultura del Antiguo Testamento | La Ley de Moisés dice, "Ama a tu prójimo como a ti mismo." Levítico 19:18. Y no hay instrucción en el Antiguo Testamento para ningún individuo o nación a odiar a su enemigo. Este "Han oído la ley que dice" debe hacer referencia a la norma cultural/tradicional que determinaba cómo pensaba la mayoría de la gente en Israel ocupada en tiempos de Jesús. |
|---|---|
| El estándar superior de Jesús: | Versículo 44a: Pero yo digo, ama a tus enemigos |
| Aplicación(es) que transforma(n) | Versículo 44b:<br>1. Bendigan a quienes los maldicen.<br>2. Haga el bien a los que le odian.<br>3. Oren por aquellos que los lastiman y los persiguen. |
| Resultados de la obediencia o la desobediencia | Versículos 45-48 nos muestran cómo el Padre es cariñoso a todos - incluso a los que se han hecho enemigos de Dios.<br>Si seguimos este ejemplo los resultados para nosotros son:<br>1. Serán verdaderos hijos de su Padre en el cielo<br>2. Pero deben ser perfectos (completos)...así como su Padre en el cielo es perfecto. |

En las Escrituras del Antiguo Testamento leemos que los israelíes eran, de vez en cuando, instruidos a defenderse de sus enemigos o a luchar contra un enemigo por el juicio de Dios;sin embargo, nunca fueron instruidos a odiar a la gente. La naturaleza humana siendo la naturaleza humana, estaríamos sorprendidos si muchos de los israelíes realmente no odiaban a sus enemigos. Podemos ver esa actitud aún en el profeta Jonás. Pero el libro de Jonás también nos muestra el corazón y deseo de Dios para los malvados arrepentirse de su maldad.

Poseyendo el mismo corazón que el Padre, Jesús nos da Sus enseñanzas radicalmente subversivas a amar a nuestros enemigos como una expectativa clara para Sus discípulos. Pero debemos odiar todo pecado y maldad. "Odia el pecado, pero ama al pecador," es un buen resúmen de cómo debe ser nuestra actitud.

**¿Entonces cómo ponemos en práctica el amar a nuestros enemigos?**
Versículo 44 nos da tres claves:

**1. Por bendecir a los que nos maldicen:** Proverbios 15:1 nos enseña que, "La respuesta apacible desvía el enojo,
   pero las palabras ásperas encienden los ánimos."

**2. Por hacer bien a los que nos odian:** Romanos 12:19-21 es una explicación detallada de este concepto: *¹⁹ Queridos amigos, nunca tomen venganza. Dejen que se encargue la justa ira de Dios. Pues dicen las Escrituras: "Yo tomaré venganza; yo les pagaré lo que se merecen," dice el Señor. ²⁰ En cambio, "Si tus enemigos tienen hambre, dales de comer. Si tienen sed, dales de beber. Al hacer eso, amontonarás carbones encendidos de vergüenza sobre su cabeza." ²¹ No dejen que el mal los venza, más bien venzan el mal haciendo el bien.* El Apóstol Pablo nos dice que dejemos que Dios sea el que se encargue del juicio de los que nos odian. Luego cita Proverbios 25:21-22 sobre darles de comer y de beber a su enemigo. La parte de "amontonar carbones encendidos sobre su cabeza" no es una manera de ejercer el dolor sobre su enemigo. La referencia es hacia una buena obra con una buena meta. Salomón escribió el proverbio, y él habría sido muy consciente de una costumbre egipcia en esos días. La costumbre era que cuando alguien quería mostrar remordimiento, ponía un sartén de carbones literales sobre su cabeza y se arrodillaba ante la persona ofendida. El calor del sartén causaba incomodidad y mostraba al ofendido que el infractor tenía verdadero remordimiento. Pablo nos dice que los resultados de no tomar venganza son o (A.) Dios administrará justicia o (B.) su enemigo le pedirá perdón y ya no será su enemigo. Porque Dios ha sido compasivo con nosotros, debemos orar y esperar por la opción B.

**3. Por orar por los que intentan a usarnos y nos persiguen:** Es difícil orar por alguien y a la misma vez activamente odiar a esa persona. Orar por ellos puede transformar nuestros corazones a tener más odio de la maldad real y sus terribles consecuencias y a tener más amor por nuestro enemigo. ¡Ahora eso es radical!

**Jesús destaca la gracia común de Dios en un esfuerzo en persuadirnos para que cambiemos nuestra perspectiva.** "Pues él da la luz de su sol tanto a los malos como a los buenos y envía la lluvia sobre los justos y los injustos por igual." Jesús usa la lógica para decir que aún "los cobradores de impuestos" aman a quienes los aman. Si queremos ser diferentes, si queremos convertirnos en discípulos maduros, si queremos parecernos más a Jesús y menos al mundo, pues debemos practicar las enseñanzas de Jesús que ayudan a nuestros corazones y actitudes a parecer más a los Suyos. Tenemos que amar a los que son difíciles de amar. ¿Y cómo hacemos esto? Jesús da un ejemplo aquí: ¡Saluden a otros! (Sean amables) vs 47. Este saludo (o ser amable) significa que respetamos la imagen de Dios en cada persona y que somos bastante cercanos a esa persona para saludarlos de hecho. Jesús era despreciado porque saludaba y pasaba tiempo enseñando la verdad a los pecadores de mala fama - como Mateo el publicano (cobrador de impuestos) y los en su casa (Mateo 9).

Claro que hay algunas precauciones de sentido común. Jesús no nos espera que mandemos a nuestros hijos a saludar a alguien que está activamente buscando dañarles o matarles. Porque son ejemplos, Jesús no está intentando contestar el qué debemos hacer en cada situación. Los discípulos siempre necesitarán el discernimiento, pero no podemos ser como los fariseos y intentar a justificar una falta de obediencia por centrarnos en las situaciones excepcionales. La pregunta es, "¿Cómo es mi corazón?"

**¿Voy a ser "perfecto"?** Algunas traducciones usan la palabra "perfecto" aquí, pero la idea es más algo como "completo y maduro." Los discípulos de Jesús no serán perfectos y sin pecado hasta que Lo veamos cara a cara, pero podemos ser completos con nuestra identidad arraigada firmemente en Cristo. Como Santiago escribió, *Amados hermanos, cuando tengan que enfrentar cualquier tipo de problemas, considérenlo como un tiempo para alegrarse mucho, ³ porque ustedes saben que, siempre que se pone a prueba la fe, la constancia tiene una oportunidad para desarrollarse. ⁴ Así* *que dejen que crezca, pues una vez que su constancia se haya desarrollado plenamente, serán perfectos y completos, y no les faltará nada.* (Santiago 1:2-4). No he encontrado todavía un discípulo de Jesús con madurez espiritual significativa que la obtuvo sin enfrentar la adversidad y aprender a enfrentarla bien.

**IV. Escribe** nuevas ideas aprendidas o nuevas preguntas que tengas:

_____
_____
_____
_____
_____
_____
_____
_____
_____
_____
_____
_____
_____
_____
_____
_____
_____
_____
_____
_____
_____
_____
_____
_____
_____
_____
_____
_____
_____

_____
_____
_____
_____
_____
_____
_____
_____
_____
_____
_____
_____
_____
_____
_____
_____
_____
_____
_____
_____
_____
_____
_____

**V. Memorice Versículos** _____

**VI. Ore** (postrado de rodillas con la cara hacia el suelo): Agradezca a Dios y pídale por la sabiduría y fuerza para aplicar lo que ha aprendido.

**Oración:** Querido Jesús, me amabas cuando era Tu enemigo. Moriste en la cruz para pagar mi deuda y ofrecerme reconciliación. El precio era alto - Tu sangre derramada por mi. ¡Gracias que me amabas cuando todavía era pecador! ¡Gracias Jesús! Señor, que mis gracias vengan más que de mis labios...sino que también de mi corazón, mi actitud, mis acciones. Jesús, por favor ayúdame a amar a los que encuentro difíciles de amar...los enojados, los manipulativos, y los que buscan hacer la maldad. Señor ayúdame a amar a los que me han hecho daño. Para Tu gloria y Tu Nombre, ¡Oh Altísimo Rey de todos los reyes! ¡Amén!

**VII. Vaya** y ame a otros - aún enemigos.

**Día 19: Reflexión**

**I. Ore** con la cara cerca al suelo: pídale a Dios que le revele la verdad sobre Él mismo y sobre usted.

**II. Lea** Mateo capítulo 5 en el Apéndice A.

**III. Escriba Sus Observaciones:**
    1. ¿Qué fue lo que más le impactó del capítulo 5?
    2. ¿Cuáles son las preguntas más importantes que aún le quedan sin responder?

## IV.  Escriba Sus Aplicaciones:

1. ¿Cuál es la aplicación más importante del capítulo 5 que necesita poner en práctica?

_____

_____

_____

_____

_____

_____

_____

_____

_____

_____

_____

_____

_____

_____

_____

_____

_____

_____

_____

_____

_____

_____

_____

## V.  Memorice Versículos: _____

**Preguntas de reflexión:** ¿Cómo le va en la memorización de Escritura hasta ahora? ¿Cuál estrategia le ha funcionado mejor y cuál no? ¿Qué piensa que le ayudaría a que su memorización fuese más efectiva?

**VI. Ore** postrado de rodillas con la cara hacia el suelo: Agradezca a Dios y pídale por la sabiduría y fuerza para aplicar lo que ha aprendido.

**VII. Vaya** y qué tenga un día estupendo y busque aplicar por lo menos una cosa que el Espíritu Santo ponga en su corazón.

**Día 20:** Mateo 6:1-4
**Tema del pasaje:** La motivación al dar
**Rasgo de carácter destacado:** Pureza de corazón

**I. Ore** con la cara cerca al suelo: pídale a Dios que le revele la verdad sobre Él mismo y sobre usted.

**II. Lea** Mateo capítulo 6 en el Apéndice A. Y luego continúe con los versículos 1-4.

*Guardaos de hacer vuestra justicia delante de los hombres para ser vistos por ellos; de otra manera no tendréis recompensa de vuestro Padre que está en los cielos. 2 Cuando, pues, des limosna, no hagas tocar trompeta delante de ti, como hacen los hipócritas en las sinagogas y en las calles, para ser alabados por los hombres; de cierto os digo que ya tienen su recompensa. 3 Pero cuando tú des limosna, no sepa tu izquierda lo que hace tu derecha, 4 para que sea tu limosna en secreto; y tu Padre, que ve en lo secreto, te recompensará en público.*

- Mateo 6:1–4

En Mateo 6 las enseñanzas de Jesús cambian el enfoque del carácter y las acciones de un discípulo en el mundo exterior por la devoción interior y superior del discípulo que se muestra en dar, orar y ayunar. En los primeros 4 versículos del capítulo 6, Jesús enfatiza nuestra actitud y acciones con respecto a dar.

*6 Pero esto digo: El que siembra escasamente, también segará escasamente; y el que siembra generosamente, generosamente también segará. 7 Cada uno dé como propuso en su corazón: no con tristeza ni por obligación, porque Dios ama al dador alegre. 8 Y poderoso es Dios para hacer que abunde en vosotros toda gracia, a fin de que, teniendo siempre en todas las cosas todo lo necesario, abundéis para toda buena obra;*

- 2 Corintios 9:6-8

## III. Escriba Sus Observaciones:

| | |
|---|---|
| **La enseñanza o cultura del Antiguo Testamento** | Versículos 1-2: |
| **El estándar superior de Jesús:** | Versículos 1-4: |
| **Aplicación(es) que transforma(n)** | Versículo 3: |
| **Resultados de la obediencia o la desobediencia** | Versículo 4: |

**Necesitamos reconciliar** lo que Jesús enseñó en Mateo 5:16 con lo que ahora estamos leyendo en Mateo 6:1-4.

1. ¿Qué es igual?
2. ¿Qué es diferente?
3. ¿Por qué es diferente?

_____

_____

_____

_____

_____

_____

_____

_____

> Los discípulos de Jesús deben enfocarse en la gloria de Dios y no en la suya - especialmente en el dar, orar y ayunar.

## IV. Escriba Sus Aplicaciones:

1. ¿Cuáles son sus motivaciones al dar?
2. ¿Cuando da con un corazón puro, qué recibe?

_____

_____

_____

_____

_____

_____

_____

_____

_____

_____

_____

_____

_____

_____

_____

_____

_____

_____

_____

_____

_____

_____

_____

## V. Memorice Versículos: _____

**VI. Ore** postrado de rodillas con la cara hacia el suelo: Agradezca a Dios y pídale por la sabiduría y fuerza para aplicar lo que ha aprendido.

**VII. Vaya** y sea generoso para la gloria de Dios y no la nuestra.

**Día 21:** Mateo 6:1-4
**Tema del pasaje:** La motivación al dar
**Rasgo de carácter destacado:** Pureza de corazón

**I. Ore** con la cara cerca al suelo: pídale a Dios que le revele la verdad sobre Él mismo y sobre usted.

**II. Lea** el pasaje en voz alta, y de pie.

*Guardaos de hacer vuestra justicia delante de los hombres para ser vistos por ellos; de otra manera no tendréis recompensa de vuestro Padre que está en los cielos. 2 Cuando, pues, des limosna, no hagas tocar trompeta delante de ti, como hacen los hipócritas en las sinagogas y en las calles, para ser alabados por los hombres; de cierto os digo que ya tienen su recompensa. 3 Pero cuando tú des limosna, no sepa tu izquierda lo que hace tu derecha, 4 para que sea tu limosna en secreto; y tu Padre, que ve en lo secreto, te recompensará en público.*

- Mateo 6:1–4

**III. Lea los siguientes apuntes.**

| La enseñanza o cultura del Antiguo Testamento | Versículos 1-2: El dar de caridad para recibir gloria de otras personas. Esto era la expectativa cultural, no una enseñanza del Antiguo Testamento. |
|---|---|
| El estándar superior de Jesús: | Versículos 1-4: No busquen la gloria del hombre, sino hagan sus buenas obras para una audiencia de Uno - Su Padre en el cielo |
| Aplicación(es) que transforma(n) | Versículo 3: Sea discreto al dar. |
| Resultados de la obediencia o la desobediencia | Versículo 4: Si da en secreto, su Padre le recompensará. |

**El contexto de este pasaje tiene que ver con cómo se hacía el dar en las sinagogas y el templo, contrastado con los que Jesús espera de Sus discípulos.** En esos días, la gente rica se jactaba de sus contribuciones generosas por tocar trompetas. Hacían esto por la razón obvia de obtener el elogio de otra gente. Era una muestra pecaminosa del orgullo. Jesús enseña a Sus discípulos a evitar llamar la atención a sí mismos cuando dan.

**¿Entonces qué hacemos con Mateo 5:16?** Jesús ha acabado decirles, "De la misma manera, dejen que sus buenas acciones brillen a la vista de todos, para que todos alaben a su Padre celestial." ¿Se está contradiciendo a sí mismo Jesús? Se le olvidó lo que acaba a decir unos párrafos atrás? Para nada. Los dos pasajes se ajustan bien uno con el otro. En los dos pasajes el enfoque es la gloria de Dios y no la nuestra. En Mateo 5:16 somos animados a vivir en una manera tan piadosa y cariñosa que **el mundo** en nuestro alrededor no puede sino ver que vivimos según estándares diferentes y para un propósito diferente. Una persona que consistentemente busca vivir según las enseñanzas de Jesús será observada en el mundo. El contraste será evidente. En la **comunidad de fe** usualmente tenemos la habilidad de ser más discretos con nuestro dar si queremos. En ambos casos no debemos hacer cosas por nuestro propio egoísmo o ser motivados por la posibilidad de recibir el elogio de otras personas.

> *⁶ Pero esto digo: El que siembra escasamente, también segará escasamente; y el que siembra generosamente, generosamente también segará. 7 Cada uno dé como propuso en su corazón: no con tristeza ni por obligación, porque Dios ama al dador alegre. 8 Y poderoso es Dios para hacer que abunde en vosotros toda gracia, a fin de que, teniendo siempre en todas las cosas todo lo necesario, abundéis para toda buena obra;*
>
> *- 2 Corintios 9:6-8*

**Las palabras griegas** usadas en Mateo 5:16 y aquí en Mateo 6:1-4 también son diferentes y dan más prueba del punto.

| Comparamos los textos: | Mateo 5:16 | Mateo 6:1-4 |
|---|---|---|
| **El griego literal** | kalos ergon | Eleemosyne (4x) |
| **La traducción literal** | Buenas obras | La limosna (4x) |
| **Reina-Valera RV1960, 1995** | Buenas obras | hacer vuestra justicia (vs 1), limosna (vs 2), limosna (vs 3), limosna (vs 4) |
| **La Biblia de las Américas** | buenas acciones | practicar vuestra justicia (vs 1), limosna (vs 2), limosna (vs 3), limosna (vs 4) |
| **Nueva Versión Internacional (NVI)** | Buenas obras | Obras de justicia (vs 1), cuando des a los necesitados (vs 2), cuando des a los necesitados (vs 3), limosna (vs 4). |
| **Nueva Traducción Viviente (NTV)** | buenas acciones | buenas acciones (versículo 1), Cuando le des a alguien que pasa necesidad (2x en versículos 2-3), Entrega tu ayuda (versículo 4). El NTV crea confusión innecesaria en el versículo 1. |

**Expectativas:** Debemos entender que Jesús no dice "si lo hace" sino "cuando lo hace." La expectativa es que los discípulos de Jesús buscarán ser compasivos hacia otros a través de la generosidad. Las personas compasivas son conectadas al corazón de Dios. Aprender a ser generoso es un camino clave hacia la madurez. El dar con un corazón puro quita el foco de atención de nosotros y lo dirige hacia Dios y la gente que necesita ayuda.

**¿Jesús espera a los que no tienen mucho para dar que den de todos modos?** Las multitudes están escuchando mientras Jesús enseña a Sus discípulos. Entre los que estaban escuchando a Jesús, se puede decir con seguridad que algunos eran pobres, algunos eran ricos, y algunos estaban en el medio. Los discípulos quienes fueron llamados a seguir a Jesús también venían de varios niveles de ingresos. Todos excepto los que literalmente tienen nada para dar deben dar algo...hasta un centavo...es bueno para el alma. En los Estados Unidos el cristiano corriente da aproximadamente 2.5% de sus ingresos. Aparte de la gente más rica en el país, los pobres dan el porcentaje más alto de su dinero. Las iglesias locales también necesitan priorizar el dar para la Gran Comisión. Un pequeño porcentaje de lo que reciben las iglesias se dedica a alcanzar a los que no han oído el evangelio. ¿Podría ser que las iglesias que no son generosas están produciendo a discípulos que tampoco son generosos?

**El Padre le recompensará,** Jesús no es específico en cuanto al tipo de re compensa que recibirá un discípulo que da en secreto. Podría ser una recompensa en la eternidad, o podría ser algo en esta vida. Podría ser espiritual, o podría ser físico. Pero debe ser obvio a todos que a Dios le importa nuestros motivos. Si el motivo para el dar es intentar a engañarse a Dios a darle una bendición financiera, pues eso es ciertamente un turno insensato. Dios es bueno, y no necesitamos jugar.

**La pregunta clave** que mi corazón tiene que contestar: "¿Quiero recibir la gloria de otros humanos o la aprobación de mi Padre Celestial?" Que Dios nos de la sabiduría y la fuerza para reconocer cuando nuestros deseos son inapropiados y que seamos humildes para Su gloria. Como mis hermanos y hermanas en México me han enseñado, "Gloria a Dios" debería ser la respuesta rápida cuando se me dan elogios.

**IV. Escribe** nuevas ideas aprendidas o nuevas preguntas que tengas:

_____
_____
_____
_____
_____
_____
_____
_____
_____
_____
_____
_____
_____
_____
_____
_____
_____
_____
_____
_____
_____
_____
_____

**V. Memorice Versículos:** _____

**VI. Ore** (postrado de rodillas con la cara hacia el suelo): Agradezca a Dios y pídale por la sabiduría y fuerza para aplicar lo que ha aprendido.

**Oración:** Padre, por favor muéstrame mi corazón y cambia cualquier cosa en mi que no busca Tu gloria. Por favor lléname con la misericordia y el deseo de hacer el bien a otros. Has sido tan generoso hacia mi. Por favor lléname con la generosidad. En Tu Nombre Jesús, lo pido. Amén.

**VII. Vaya** y alégrese en la generosidad.

**Día 22:** Mateo 6:5-15
**Tema del pasaje:** Cómo orar
**Rasgo de carácter destacado:** Pobre en espíritu, tener hambre y sed de justicia

**I. Ore** con la cara cerca al suelo: pídale a Dios que le revele la verdad sobre Él mismo y sobre usted.

**II. Lea** el pasaje en voz alta, y de pie.

»*Cuando ores, no seas como los hipócritas, porque ellos aman el orar de pie en las sinagogas y en las esquinas de las calles para ser vistos por los hombres; de cierto os digo que ya tienen su recompensa. 6 Pero tú, cuando ores, entra en tu cuarto, cierra la puerta y ora a tu Padre que está en secreto; y tu Padre, que ve en lo secreto, te recompensará en público. 7 »Y al orar no uséis vanas repeticiones, como los gentiles, que piensan que por su palabrería serán oídos. 8 No os hagáis, pues, semejantes a ellos, porque vuestro Padre sabe de qué cosas tenéis necesidad antes que vosotros le pidáis. 9 Vosotros, pues, oraréis así:*

»*"Padre nuestro que estás en los cielos, santificado sea tu nombre.*
*10 Venga tu Reino. Hágase tu voluntad, como en el cielo, así también en la tierra.*
*11 El pan nuestro de cada día, dánoslo hoy.*
*12 Perdónanos nuestras deudas, como también nosotros perdonamos a nuestros deudores.*
*13 No nos metas en tentación, sino líbranos del mal,*
*porque tuyo es el Reino, el poder y la gloria, por todos los siglos. Amén".*
*14 »Por tanto, si perdonáis a los hombres sus ofensas, os perdonará también a vosotros vuestro Padre celestial; 15 pero si no perdonáis sus ofensas a los hombres, tampoco vuestro Padre os perdonará vuestras ofensas.*

- Mateo 6:5–15

**Jesús** nos lleva de la disciplina espiritual del dar a la disciplina espiritual de la oración. Es importante entender que "el Padre Nuestro" es un modelo para cómo debemos orar, y no debe convertirse en otra "repetición vana" ("parlotear en una manera interminable").

## III. Escriba Sus Observaciones:

| | |
|---|---|
| **La enseñanza o cultura del Antiguo Testamento** | Versículos 5&7: |
| **El estándar superior de Jesús:** | Versículos 6&8: |
| **Aplicación(es) que transforma(n)** | Versículos 9-13: |
| **Resultados de la obediencia o la desobediencia** | Versículo 14: |

> *Confesaos vuestras ofensas unos a otros y orad unos por otros, para que seáis sanados. La oración eficaz del justo puede mucho.*
>
> **- Santiago 5:16**

1. En sus propias palabras, describa brevemente el orden que Jesús nos da en Su oración modelo.

2. ¿Cómo se relaciona el perdón a la oración?

_____

_____

_____

_____

_____

_____

_____

_____

_____

_____

_____

_____

_____

_____

_____

_____

_____

_____

_____

_____

_____

_____

_____

_____

_____

## IV. Escriba Sus Aplicaciones:

1. ¿Cómo describiría su propia vida de oración en relación con las enseñanzas de Jesús?

2. ¿Alguna parte del modelo de oración de Jesús le llama la atención como algo que falta en sus propias oraciones?

_____

_____

_____

_____

_____

_____

_____

_____

_____

_____

_____

_____

_____

_____

_____

_____

_____

_____

_____

_____

_____

_____

_____

_____

_____

## V. Memorice Versículos: _____

**VI. Ore** postrado de rodillas con la cara hacia el suelo: Agradezca a Dios y pídale por la sabiduría y fuerza para aplicar lo que ha aprendido.

**VII. Vaya** y ore durante el día.

**Día 23:** Mateo 6:5-15
**Tema del pasaje:** Cómo orar
**Rasgo de carácter destacado:** Pobre en espíritu, tener hambre y sed de la justicia

**I. Ore** con la cara cerca al suelo: pídale a Dios que le revele la verdad sobre Él mismo y sobre usted.

**II. Lea** el pasaje en voz alta, y de pie.

*»Cuando ores, no seas como los hipócritas, porque ellos aman el orar de pie en las sinagogas y en las esquinas de las calles para ser vistos por los hombres; de cierto os digo que ya tienen su recompensa. 6 Pero tú, cuando ores, entra en tu cuarto, cierra la puerta y ora a tu Padre que está en secreto; y tu Padre, que ve en lo secreto, te recompensará en público. 7 »Y al orar no uséis vanas repeticiones, como los gentiles, que piensan que por su palabrería serán oídos. 8 No os hagáis, pues, semejantes a ellos, porque vuestro Padre sabe de qué cosas tenéis necesidad antes que vosotros le pidáis. 9 Vosotros, pues, oraréis así:*
*»"Padre nuestro que estás en los cielos, santificado sea tu nombre.*
*10 Venga tu Reino. Hágase tu voluntad, como en el cielo, así también en la tierra.*
*11 El pan nuestro de cada día, dánoslo hoy.*
*12 Perdónanos nuestras deudas, como también nosotros perdonamos a nuestros deudores.*
*13 No nos metas en tentación, sino líbranos del mal,*
*porque tuyo es el Reino, el poder y la gloria, por todos los siglos. Amén".*
*14 »Por tanto, si perdonáis a los hombres sus ofensas, os perdonará también a vosotros vuestro Padre celestial; 15 pero si no perdonáis sus ofensas a los hombres, tampoco vuestro Padre os perdonará vuestras ofensas.*

- Mateo 6:5–15

*Pues si vosotros, siendo malos, sabéis dar buenas cosas a vuestros hijos, ¿cuánto más vuestro Padre que está en los cielos dará buenas cosas a los que le pidan?*

- Mateo 7:11

**III. Lea** los siguientes apuntes.

| La enseñanza o cultura del Antiguo Testamento | Versículos 5 y 7: La gente oraba públicamente con oraciones repetitivas e intelectuales para mostrar cuán religiosos eran. |
|---|---|
| El estándar superior de Jesús: | Versículos 6 y 8: Ore al Padre en privado y sin repeticiones vanas. ¡Nuestras oraciones deben reflejar que Dios sabe todo y que Él es bueno! |
| Aplicación(es) que transforma(n) | Versículos 9-13: Ore según los temas que Jesús nos dio...pero en sus propias palabras desde su propio corazón y mente. |
| Resultados de la obediencia o la desobediencia | Versículo 14: Nuestra actitud acerca del perdón puede llevar al éxito o al fracaso nuestra comunión con Dios. |

**Jesús da un aviso -** Jesús empieza por avisar a Sus discípulos a no orar con el propósito de ser visto por otros (vs. 5). La oración de Jesús conocida como "El Padre Nuestro" nos da un patrón para orar. Nunca era planeado por Jesús que Sus seguidores lo repitieran palabra por palabra sin pensar, "no parlotees de manera interminable" (vs 7). Vamos a estudiarlo para ver los elementos claves:

**Oración modelo:** Trabajamos sobre la oración para ver los elementos claves.

**Padre nuestro que estás en los cielos:** Jesús nos enseña que la práctica normal de la oración es orar al Padre. La referencia al cielo nos recuerda que Su lugar está arriba, Su poder es ilimitado, y Su posición es el Dios Todopoderoso.

**Santificado sea tu nombre:** Es el equivalente de decir, "¡Su nombre es santo!" Es un recuerdo que debemos orar con reverencia para Dios. Su Nombre nunca debe ser usado en vano, frívolamente, o en broma. Debemos amar a Dios, y respetar Su nombre es una parte importante de amar a Dios.

**Venga tu Reino. Hágase tu voluntad, como en el cielo, así también en la tierra:** En esta oración simple, algunas verdades importantes se nos enseñan.

1. Debemos buscar la voluntad de Dios por encima de la nuestra. En el Jardín de Getsemaní, Jesús pidió que Dios le quitara la copa de sufrimiento, sin embargo oró, "quiero que se haga Su voluntad, no la mía."

2. No todo está como debiera ser. Nuestro mundo roto no combina la perfección del cielo. Todo pecado es rebelión contra Dios. Estamos en una guerra espiritual y estamos orando que se haga justicia. Los que tienen hambre y sed de justicia son los que quieren que se haga la voluntad de Dios en sus propias vidas y en el mundo.

**El pan nuestro de cada día, dánoslo hoy:** Los discípulos de Jesús no se deben consumir en hacerse ricos sino deben confiar que el Señor satisfacerá nuestras necesidades. Aunque el contexto inmediato es físico, la aplicación va más allá que eso a cada aspecto de nuestras vidas: espiritual, emocional, mental, y físico.

**Perdónanos nuestras deudas:** En cada una de nuestras oraciones hay una oportunidad de confesar nuestros pecados. **Como también nosotros perdonamos a nuestros deudores:** Jesús supone que si Lo seguimos en serio, no les achacaremos las deudas de pecado contra otros.

**No nos metas en tentación, sino líbranos del mal:** El primer paso para evitar el pecado es evitar la tentación. Debemos orar y pedir a Dios que nos proteja de la tentación. Por supuesto eso debe causar que consideremos si estamos haciéndonos innecesariamente vulnerables a la tentación por nuestras propias elecciones. Cuando somos tentados estamos pidiendo a Dios que nos rescate de los trucos y las trampas del maligno. Debemos considerar a José en el libro de Génesis, quien literalmente huyó de una situación tentadora.

**Porque tuyo es el Reino, el poder y la gloria, por todos los siglos. Amén:** Justo como empezamos nuestra oración por el recuerdo de que Dios es santo, debemos recordar algunas cosas cuando terminamos nuestra oración. El reino pertenece a Dios, y somos Sus sirvientes. El poder pertenece a Dios, y podemos tener confianza en pedir en Su Nombre. Y en toda cosa buena, ¡la gloria debe pertenecer a Dios por siempre!

**¿Qué de orar en el Nombre de Jesús?** ¿Dado que Jesús no dijo que hagamos eso aquí cuando da la oración modela, debemos hacer eso? En el contexto, debemos acordarnos que estas instrucciones fueron dadas durante el principio del ministerio de Jesús, y los discípulos todavía están aumentando su entendimiento de la divinidad de Jesús. Cuando Jesús dijo a Sus discípulos más acerca de orar, les dijo cinco veces a orar y pedir en Su Nombre (Juan 14:13-14, 15:16, 16:23-24). Lo hacemos a través del poder y la dirección del Espíritu Santo (Efesios 6:17-19, Judas 1:20, Romanos 8:26). Tenemos el privilegio de orar en el Nombre de Jesús. Disfrutemos de ese privilegio.

**La importancia del perdón:** *[14] Si perdonas a los que pecan contra ti, tu Padre celestial te perdonará a ti; [15] pero si te niegas a perdonar a los demás, tu Padre no perdonará tus pecados.* (Mt. 6:14-15). Recordemos unos puntos claves.

1. Tenemos que perdonar a las personas. Hemos sido perdonados de mucho por un Dios santo quien tiene todo derecho de castigarnos. Somos recipientes de mucha misericordia y gracia. Por lo tanto, debemos ser prestos para perdonar a otros. Pero, el perdonar muchas veces es contraria a los deseos de nuestra carne. Nuestra carne quiere guardarles rencor contra otros. Solo podemos ser gente que perdona por el poder de Dios que actúa en nosotros.

2. El asunto aquí no tiene que ver con nuestra salvación (aunque una consistente falta de deseo de perdonar podría indicar que la regeneración espiritual no ha ocurrido) sino The issue here is not about our salvation (though a consistent lack of desire to forgive may indicate that spiritual regeneration has not taken place) sin con nuestra hermandad con Dios. La falta de perdón entorpece nuestra relación con Dios.

3. El perdonar no significa olvidar o someternos a la misma posición vulnerable. En algunos casos estamos obligados a darle al infractor otra chance. En otros casos eso sería muy imprudente. Necesitamos distinguir la diferencia a través de la oración y el consejo sabio.

**IV. Escribe** nuevas ideas aprendidas o nuevas preguntas que tengas

_____

_____

_____

_____

_____
_____
_____
_____
_____
_____
_____
_____
_____
_____
_____
_____
_____
_____
_____
_____
_____
_____
_____
_____
_____
_____
_____
_____

**V. Memorice Versículos:** _____

**VI. Ore** (postrado de rodillas con la cara hacia el suelo): Agradezca a Dios y pídale por la sabiduría y fuerza para aplicar lo que ha aprendido.

**Oración:** Esto sería una buena oportunidad de usar la oración modelo que Jesús nos dio, en nuestras propias palabras. La oración habla en términos generales, pero cuando tomamos el tiempo para orar de paso, muchas veces estaremos orando por cosas específicas. Un diario de oración es una buena manera de dar seguimiento de súplicas y anotar respuestas a nuestras oraciones.

**VII. Vaya** y alégrese con la comunión con Dios durante el día.

**Día 24:** Mateo 6:16-18
**Tema del pasaje:** El ayuno
**Rasgo de carácter destacado:** Tener hambre y sed de justicia

**I. Ore** con la cara cerca al suelo: pídale a Dios que le revele la verdad sobre Él mismo y sobre usted.

**II. Lea** el pasaje en voz alta, y de pie.

*»Cuando ayunéis, no pongáis cara triste, como los hipócritas que desfiguran sus rostros para mostrar a los hombres que ayunan; de cierto os digo que ya tienen su recompensa. 17 Pero tú, cuando ayunes, unge tu cabeza y lava tu rostro, 18 para no mostrar a los hombres que ayunas, sino a tu Padre que está en secreto; y tu Padre, que ve en lo secreto, te recompensará en público.«<*

*- Mateo 6:16-18*

**Jesús** nos enseña como Sus discípulos deben ayunar. La definición bíblica de ayunar es abstenerse de comer por un período de tiempo (solamente agua). Es posible que necesitemos abstenernos de otras cosas por un período de tiempo (la televisión, redes sociales, etc.), pero necesitamos entender que el ayuno bíblico tiene que ver específicamente con la comida. La finalidad del ayuno es someter el cuerpo al negarle una necesidad básica como la comida para poder enfocarnos en dedicar tiempo y atención en nuestra vida espiritual con Dios.

*14 Entonces se le acercaron los discípulos de Juan y le preguntaron: —¿Por qué nosotros y los fariseos ayunamos muchas veces, y tus discípulos no ayunan? 15 Jesús les dijo: —¿Acaso pueden los que están de bodas tener luto entre tanto que el esposo está con ellos? Pero vendrán días cuando el esposo les será quitado, y entonces ayunarán.*

*- Mateo 9:14-15*

## III. Escriba Sus Observaciones:

| La enseñanza o cultura del Antiguo Testamento | Versículo 16: |
|---|---|
| El estándar superior de Jesús: | Versículo 17: |
| Aplicación(es) que transforma(n) | Versículo 18: |
| Resultados de la obediencia o la desobediencia | Versículo 18: |

1. ¿Según Jesús, qué clase de cosas debe hacer y no hacer un discípulo mientras ayuna?

_____

_____

_____

_____

_____

_____

_____

_____

_____
_____
_____
_____
_____
_____
_____
_____
_____
_____
_____
_____
_____
_____
_____

## IV. Escriba Sus Aplicaciones:

1. ¿Qué papel tiene el ayuno en su camino con Jesús?

2. Desde cualquier lugar en el que se encuentre actualmente con el ayuno: ¿cree que comenzar a ayunar o ayunar más constantemente sería eficaz en ayudarle ser un discípulo de Jesús más maduro? ¿Por qué sí o por qué no?

3. ¿Hay otras cosas a las que debería renunciar (al menos por un período de tiempo) para ayudarme a concentrarme en crecer como discípulo?

_____
_____
_____
_____
_____
_____
_____
_____
_____
_____
_____
_____
_____
_____

_____
_____
_____
_____
_____
_____
_____
_____
_____
_____
_____
_____
_____
_____
_____
_____
_____
_____
_____
_____
_____
_____
_____
_____
_____
_____
_____
_____
_____
_____
_____
_____

**Considere** escoger un día para ayunar durante este desafío de 40 días. Si tiene una condición médica que podría ser afectada por ayunar, por favor consulte a su doctor antes de intentar ayunar.

**V. Memorice Versículos:** _____

**VI. Ore** postrado de rodillas con la cara hacia el suelo: Agradezca a Dios y pídale por la sabiduría y fuerza para aplicar lo que ha aprendido.

**VII. Vaya** en la fuerza del Señor y no en la suya.

**Día 25:** Mateo 6:16-18
**Tema del pasaje:** El ayunar
**Rasgo de carácter destacado:** Tener hambre y sed de la justicia

**I. Ore** con la cara cerca al suelo: pídale a Dios que le revele la verdad sobre Él mismo y sobre usted.

**II. Lea** el pasaje en voz alta, y de pie.

»*Cuando ayunéis, no pongáis cara triste, como los hipócritas que desfiguran sus rostros para mostrar a los hombres que ayunan; de cierto os digo que ya tienen su recompensa. 17 Pero tú, cuando ayunes, unge tu cabeza y lava tu rostro, 18 para no mostrar a los hombres que ayunas, sino a tu Padre que está en secreto; y tu Padre, que ve en lo secreto, te recompensará en público.*«

*- Mateo 6:16-18*

**III. Lea** los siguientes apuntes.

| | |
|---|---|
| **La enseñanza o cultura del Antiguo Testamento** | Versículo 16: Era la norma cultural que la persona quien estaba ayunando exageraba su sufrimiento para gloria personal. |
| **El estándar superior de Jesús:** | Versículo 18: Ayune para aumentar la comunión con el Padre. |
| **Aplicación(es) que transforma(n)** | Versículo 17: Haga lo que pueda para que otros no sepan que está en ayuno.<br>1. Úngase la cabeza<br>2. Lávese la cara<br>3. No diga nada acerca de su ayuno |
| **Resultados de la obediencia o la desobediencia** | Versículo 18: El ayunar con los motivos correctos será recompensado por Dios. |

**El ayuno hipócrita y el ayuno puro:** El tipo de ayuno que Jesús nos dice que no hagamos se centra en recibir la atención de otros. El tipo de ayuno que Jesús espera de Sus discípulos se centra en Dios. Hay algunos propósitos del ayuno:

1. Hacernos más conscientes de nuestra dependencia de Dios.
2. Ayudarnos a tener hambre y sed de justicia (justicia en nuestros propios corazones y también en este mundo).
3. Ayudarnos a centrarnos en una necesidad - mientras lamentamos el quebranto (el deterioro) de este mundo o una situación específica.
4. Ayudarnos a discernir la voluntad del Señor.
5. Pedir que la misión de Dios sea realizada.

¿Debemos siempre ayunar individualmente? En el Nuevo Testamento vemos ocasiones cuando la gente del Señor ayunaba junta:

1. Esposos y esposas - abstenerse de la comida y las relaciones íntimas por un período de tiempo para que puedan concentrarse en la oración (1 Corintios 7).
2. La iglesia local - los líderes de la iglesia de Antioquía ayunaron y oraron antes de que el Señor apartara a Pablo y Bernabé para el trabajo misionero. Parece que ayunaron y oraron otra vez antes de enviarlos. (Hechos 13:1-3).
3. Pablo y Bernabé oraron y ayunaron mientras nombraron ancianos en las nuevas iglesias locales (Hechos 14:21-28).

**Conclusión:** Tanto si es el discípulo individual, una pareja casada, o un segmento de o toda la iglesia, se debe ayunar como Jesús ordenó: sin que el mundo lo sepa, haciendo todo lo que podemos para mantener apariencias normales, con la oración y un propósito. No podemos evitar ver cómo Jesús conecta el dar, el orar, y el ayunar. Jesús esperaba que Sus primeros discípulos (y nosotros por extensión) diéramos, oráramos, y ayunáramos. El foco de atención de su ayuno ocurriría después de Su salida (Mateo 9:14-17). El ayunar es bueno para nosotros mientras buscamos caminar de una manera digna de nuestro llamado y anticipamos el regreso del Rey.

> *Entonces se le acercaron los discípulos de Juan y le preguntaron:—*
> *¿Por qué nosotros y los fariseos ayunamos muchas veces, y tus*
> *discípulos no ayunan? Jesús les dijo:—¿Acaso pueden los que están*
> *de bodas tener luto entre tanto que el esposo está con ellos? Pero*
> *vendrán días cuando el esposo les será quitado, y entonces*
> *ayunarán.*
>
> *- Mateo 9:14-15*

**IV. Escribe** nuevas ideas aprendidas o nuevas preguntas que tengas:

_____
_____
_____
_____
_____
_____
_____
_____
_____
_____
_____
_____
_____
_____
_____
_____
_____
_____
_____
_____
_____
_____
_____

**V. Memorice Versículos:** _____

**VI. Ore** (postrado de rodillas con la cara hacia el suelo): Agradezca a Dios y pídale por la sabiduría y fuerza para aplicar lo que ha aprendido.

**Oración:** Padre, que nuestros corazones por Ti sean apasionados. Por favor ayúdanos a buscar Tu rostro. Por favor ayúdanos a hacer las cosas difíciles para acercarnos más a Ti, a ver nuestro propio pecado más claramente, a lamentar por nuestro mundo, a conocer más claramente Tu voluntad específica, y a ver Tu evangelio avanzar con poder. Tú eres digno, O Dios, de todo lo que soy. En Tu Nombre Jesús, ¡Amén!

**VII. Quédese** en un estado de dependencia del amor, la gracia y el poder de Dios.

**Día 26:** Mateo 6:19-24

**Tema del pasaje:** Lo que atesora mi corazón

**Rasgo de carácter destacado:** Tener hambre y sed de justicia

**I. Ore** con la cara cerca al suelo: pídale a Dios que le revele la verdad sobre Él mismo y sobre usted.

**II. Lea** el pasaje en voz alta, y de pie.

*»No os hagáis tesoros en la tierra, donde la polilla y el moho destruyen, y donde ladrones entran y hurtan; 20 sino haceos tesoros en el cielo, donde ni la polilla ni el moho destruyen, y donde ladrones no entran ni hurtan, 21 porque donde esté vuestro tesoro, allí estará también vuestro corazón. 22 »La lámpara del cuerpo es el ojo; así que, si tu ojo es bueno, todo tu cuerpo estará lleno de luz; 23 pero si tu ojo es maligno, todo tu cuerpo estará en tinieblas. Así que, si la luz que hay en ti es tinieblas, ¿cuántas no serán las mismas tinieblas? 24 »Ninguno puede servir a dos señores, porque odiará al uno y amará al otro, o estimará al uno y menospreciará al otro. No podéis servir a Dios y a las riquezas.*

*- Mateo 6:19–24*

**Jesús** nos enseña a poner en perspectiva nuestras necesidades diarias.

*Pero gran ganancia es la piedad acompañada de contentamiento, 7 porque nada hemos traído a este mundo y, sin duda, nada podremos sacar...10 porque raíz de todos los males es el amor al dinero, el cual codiciando algunos, se extraviaron de la fe y fueron atormentados con muchos dolores.*

*- 1 Timoteo 6:6-7, 10*

> *El que fue sembrado entre espinos es el que oye la palabra, pero las preocupaciones de este siglo y el engaño de las riquezas ahogan la palabra, y se hace infructuosa.*
>
> - Jesus (Mateo 13:22)

| | |
|---|---|
| **La enseñanza o cultura del Antiguo Testamento** | Versículo 19: |
| **El estándar superior de Jesús:** | Versículo 20: |
| **Aplicación(es) que transforma(n)** | Versículos 20-21: |
| **Resultados de la obediencia o la desobediencia** | Versículo 19, 20 & 24 |

## III. Escriba Sus Observaciones:

1. ¿Qué nos enseña Jesús acerca de nuestras prioridades financieras?
2. ¿Qué nos enseña Jesús acerca de la conexión entre nuestra perspectiva de la riqueza y nuestros corazones?
3. ¿Qué pasa cuando no tenemos la perspectiva del dinero que Jesús quiere que tengamos?

_____

_____

_____

_____

_____

_____

_____

_____

_____

_____

_____

_____

_____

_____

_____

_____

_____

_____

_____

_____

_____

_____

_____

_____

_____

## IV. Escriba Sus Aplicaciones:

1. ¿Mientras estamos aquí en la tierra, cómo podemos invertir en cosas celestiales?

2. ¿A cuál amo diría Jesús que está sirviendo usted?

_____

_____

_____

_____

_____

_____

_____

_____

_____

_____

_____

_____

_____

_____

_____

_____

_____

_____

_____

_____

_____

_____

_____

_____

_____

_____

## V. Memorice Versículos: _____

**VI. Ore** (postrado de rodillas con la cara hacia el suelo): Agradezca a Dios y pídale por la sabiduría y fuerza para aplicar lo que ha aprendido.

**VII. Vaya** y almacene tesoros en el cielo.

**Día 27:** Mateo 6:19-24

**Tema del pasaje:** Lo que atesora mi corazón

**Rasgo de carácter destacado:** Tener hambre y sed de la justicia

**I. Ore** con la cara cerca al suelo: pídale a Dios que le revele la verdad sobre Él mismo y sobre usted.

**II. Lea** el pasaje en voz alta, y de pie.

*»No os hagáis tesoros en la tierra, donde la polilla y el moho destruyen, y donde ladrones entran y hurtan; 20 sino haceos tesoros en el cielo, donde ni la polilla ni el moho destruyen, y donde ladrones no entran ni hurtan, 21 porque donde esté vuestro tesoro, allí estará también vuestro corazón. 22 »La lámpara del cuerpo es el ojo; así que, si tu ojo es bueno, todo tu cuerpo estará lleno de luz; 23 pero si tu ojo es maligno, todo tu cuerpo estará en tinieblas. Así que, si la luz que hay en ti es tinieblas, ¿cuántas no serán las mismas tinieblas? 24 »Ninguno puede servir a dos señores, porque odiará al uno y amará al otro, o estimará al uno y menospreciará al otro. No podéis servir a Dios y a las riquezas.*

- Mateo 6:19–24

**III. Lea los siguientes apuntes.**

| La cultura | Versículo 19: Atesore sus tesoros en la tierra. |
|---|---|
| El estándar superior de Jesús: | Versículo 20: Atesore sus tesoros en el cielo. |
| Aplicación(es) que transforma(n) | Versículos 20: De hecho ponga en práctica este principio en obediencia. |
| Resultados de la obediencia o la desobediencia | Versículo 19: Él que se centra en las riquezas temporales pierde. Versículo 20: Él que se centra en lo eterno hace una inversión segura. Versículo 24: Tendrá uno de 2 amos - o Dios o las cosas materiales - esta elección hace toda la diferencia. |

**Mateo 6:19-34 es una sola sección, pero para hoy nos concentramos en los versículos 19-24.** Mañana añadiremos los versículos 25-34. En las dos secciones hay una conexión entre los tesoros aquí en la tierra y la ansiedad.

**Jesús claramente nos dice que almacenemos nuestros tesoros en el cielo. ¿Cómo hacemos eso?** No podemos físicamente enviar nuestro dinero al cielo y Dios ciertamente no lo necesita. ¡Almacenamos tesoros por el dar! Damos para que el Evangelio pueda avanzar por todo el mundo, y damos para ayudar a los pobres.

**Jesús habla acerca de nuestro ojo siendo bueno o nuestro ojo siendo malo.** Jesús no nos está haciendo un examen físico de la vista. Su punto es simple - si nos centramos en lo terrenal y lo temporal, entonces por defecto no nos centraremos en lo eterno. Cada uno de nosotros necesita hacer la pregunta, "¿Mis prioridades se centrarán en lo temporal o lo permanente?"

**Cuando desconectamos nuestros corazones de un deseo dañino para la riqueza material...**otras buenas cosas ocurren también...más sobre eso en la próxima sección. Pero el punto clave que tenemos que decidir es: ¿Voy a servir a otra cosa, o voy a servir a Dios?

**¿Cómo relacionan las enseñanzas de Jesús con el Evangelio de Prosperidad que es tan popular hoy en día?** En realidad el Evangelio de Prosperidad es simplemente las enseñanzas financieras de los fariseos reempacadas para una audiencia moderna. Los fariseos creían que la riqueza era un indicio de intimidad con Dios. Creían que si era pobre, entonces era porque de algún modo estaba maldito y lejos de Dios. Obviamente tenían que ignorar mucho del Antiguo Testamento para llegar a esa conclusión. Recurrían a los reyes ricos de Israel como Salomón y olvidaban el resto.

En Lucas capítulo 16 Jesús enseñó extensivamente sobre el dinero. *Los fariseos, que amaban mucho su dinero, oyeron todo eso y se burlaron de Jesús. Entonces él les dijo: "A ustedes les encanta aparecer como personas rectas en público, pero Dios conoce el corazón. Lo que este mundo honra es detestable a los ojos de Dios.* (Lucas 16:14-15).

Jesús hizo lo inesperado con los fariseos. Aquellos que son generosos en esta vida

son aquellos que están viviendo en una manera que le agrada a Dios. Aquellos que acumulan la riqueza no le agradan a Dios. Es una cuestión del Evangelio porque en la parábola del sembrador algunas de las semillas son "desplazadas por el atractivo de la riqueza." El evangelio de prosperidad es una promesa falsa a los perdidos (especialmente la gente más pobre) y una distracción para los creyentes. Este evangelio se saca del Enemigo quien corrompe todo para no dejar entrar la gente al Reino.

**Conclusión:** Tanto si soy rico, pobre, o en el medio, el asunto clave es mi propio corazón.

**IV. Escribe** nuevas ideas aprendidas o nuevas preguntas que tengas:

_____
_____
_____
_____
_____
_____
_____
_____
_____
_____
_____
_____
_____
_____
_____
_____
_____
_____
_____
_____
_____
_____
_____
_____
_____
_____

_____
_____
_____
_____
_____
_____
_____
_____
_____
_____
_____
_____
_____
_____
_____
_____
_____
_____
_____
_____
_____
_____
_____

**V. Memorice Versículos:** _____

**VI. Ore (postrado de rodillas con la cara hacia el suelo):** Agradezca a Dios y pídale por la sabiduría y fuerza para aplicar lo que ha aprendido.

**Oración:** Padre, sabes todo sobre cómo me siento con respecto a las cosas materiales. Tú sabes lo bueno, lo malo, y lo feo. Por favor ayúdame a ver lo que ves y cámbiame para que pueda ver como Tú ves. Por favor pon en mí un corazón con más generosidad. Ayúdame a admitir y recordar que todo lo que tengo pertenece a Ti. Por favor ayúdame a vivir como un buen administrador de lo que me has encargado. Más que nada, ¡por favor ayúdame a ser Tu sirviente! En Tu poderoso Nombre, ¡lo pido amado Jesús! ¡Amén! Amen!

**VII. ¡Vaya** y busque primero el Reino!

**Día 28:** Mateo 6:25-34
**Tema del pasaje:** No se preocupen
**Rasgo de carácter destacado:** Tener hambre y sed de justicia / pureza de corazón

**I. Ore** con la cara cerca al suelo: pídale a Dios que le revele la verdad sobre Él mismo y sobre usted.

## II. Lea el pasaje en voz alta, y de pie.

*»Por tanto os digo: No os angustiéis por vuestra vida, qué habéis de comer o qué habéis de beber; ni por vuestro cuerpo, qué habéis de vestir. ¿No es la vida más que el alimento y el cuerpo más que el vestido? 26 Mirad las aves del cielo, que no siembran, ni siegan, ni recogen en graneros; y, sin embargo, vuestro Padre celestial las alimenta. ¿No valéis vosotros mucho más que ellas? 27 ¿Y quién de vosotros podrá, por mucho que se angustie, añadir a su estatura un codo? 28 Y por el vestido, ¿por qué os angustiáis? Considerad los lirios del campo, cómo crecen: no trabajan ni hilan; 29 pero os digo que ni aun Salomón con toda su gloria se vistió como uno de ellos. 30 Y si a la hierba del campo, que hoy es y mañana se quema en el horno, Dios la viste así, ¿no hará mucho más por vosotros, hombres de poca fe? 31 No os angustiéis, pues, diciendo: "¿Qué comeremos, o qué beberemos, o qué vestiremos?", 32 porque los gentiles se angustian por todas estas cosas, pero vuestro Padre celestial sabe que tenéis necesidad de todas ellas. 33 Buscad primeramente el reino de Dios y su justicia, y todas estas cosas os serán añadidas.*
*34 »Así que no os angustiéis por el día de mañana, porque el día de mañana traerá su propia preocupación. Basta a cada día su propio mal.*

- Mateo 6:25-34

*41 Respondiendo Jesús, le dijo: —Marta, Marta, afanada y turbada estás con muchas cosas. 42 Pero sólo una cosa es necesaria, y María ha escogido la buena parte, la cual no le será quitada.*

*- Jesús el Rey (Lucas 10:41b-42)*

## III. Escriba Sus Observaciones:

| | |
|---|---|
| **La enseñanza o cultura del Antiguo Testamento** | Versículos 24,25 & 32: |
| **El estándar superior de Jesús:** | Versículos 25-26: |
| **Aplicación(es) que transforma(n)** | Versículos 25-28 & 30: |
| **Resultados de la obediencia o la desobediencia** | Versículos 19,20. 24, 32-34: |

1. ¿Qué dice Jesús que nuestra ansiedad puede lograr?
2. ¿Cómo se relacionan el preocuparse y el confiar (o no confiar) en Dios?
3. ¿Qué cosas útiles nos pide Jesús que hagamos en vez de preocuparnos?

## IV. Escriba Sus Aplicaciones:

1. ¿Lucha usted con la ansiedad/preocuparse?
2. ¿De qué se preocupa y por qué?
3. ¿Cómo buscará hoy el reino de Dios por encima de lo demás?

_____
_____
_____
_____
_____
_____
_____
_____
_____
_____
_____
_____
_____
_____
_____
_____
_____
_____
_____
_____
_____
_____
_____
_____
_____
_____

## V. Memorice Versículos: _____

## VI. Ore (postrado de rodillas con la cara hacia el suelo): Thank God and ask for the wisdom and strength to apply what you have learned.

## VII. ¡Vaya y busque el reino por encima de lo demás!

**Día 29:** Mateo 6:25-34

**Tema del pasaje:** No se preocupe

**Rasgo de carácter destacado:** Tener hambre y sed de justicia / Pureza de corazón

**I. Ore** con la cara cerca al suelo: pídale a Dios que le revele la verdad sobre Él mismo y sobre usted.

**II. Lea** el pasaje en voz alta, y de pie.

*25 »Por tanto os digo: No os angustiéis por vuestra vida, qué habéis de comer o qué habéis de beber; ni por vuestro cuerpo, qué habéis de vestir. ¿No es la vida más que el alimento y el cuerpo más que el vestido? 26 Mirad las aves del cielo, que no siembran, ni siegan, ni recogen en graneros; y, sin embargo, vuestro Padre celestial las alimenta. ¿No valéis vosotros mucho más que ellas? 27 ¿Y quién de vosotros podrá, por mucho que se angustie, añadir a su estatura un codo? 28 Y por el vestido, ¿por qué os angustiáis? Considerad los lirios del campo, cómo crecen: no trabajan ni hilan; 29 pero os digo que ni aun Salomón con toda su gloria se vistió como uno de ellos. 30 Y si a la hierba del campo, que hoy es y mañana se quema en el horno, Dios la viste así, ¿no hará mucho más por vosotros, hombres de poca fe? 31 No os angustiéis, pues, diciendo: "¿Qué comeremos, o qué beberemos, o qué vestiremos?", 32 porque los gentiles se angustian por todas estas cosas, pero vuestro Padre celestial sabe que tenéis necesidad de todas ellas. 33 Buscad primeramente el reino de Dios y su justicia, y todas estas cosas os serán añadidas. 34 »Así que no os angustiéis por el día de mañana, porque el día de mañana traerá su propia preocupación. Basta a cada día su propio mal.*

- Mateo 6:25-34

### III. Lea los siguientes apuntes.

Jesús nos mandó que atesoremos tesoros en el cielo y no en la tierra. Cuando nuestro enfoque está en el aquí y ahora, tenemos dificultades en ver claramente, pero cuando nos centramos en Dios obtenemos una perspectiva clara. Cuando nuestro enfoque está fuera de lugar, solemos preocuparnos. Aprendamos más acerca de esta realidad del Gran Maestro.

| La enseñanza o cultura del Antiguo Testamento | Versículo 25: La mayoría de la gente vive una vida llena de preocupación sobre cosas materiales. Esto es un resultado de servir la riqueza (vs. 24). El deseo de ser rico y el acumular la riqueza es un amo cruel ciertamente. Así son las cosas en el mundo (vs 32). |
|---|---|
| El estándar superior de Jesús: | Versículos 25-26: No se preocupe por la vida diaria. Mejor, confíe en su Padre Celestial. Versículo 33: Busque el reino de Dios y Su justicia por encima de todo lo demás |
| Aplicación(es) que transforma(n) | Versículo 25: Disfrute una mejor perspectiva Versículo 26: Mire los pájaros y recuerde su valor intrínseco Versículo 27: Recuerde que el preocuparse no logra nada Versículo 28: Miren los lirios del campo. Versículo 30: Recuerde la bondad de Dios. Versículo 32: Recuerde que Dios sabe todas sus necesidades. Versículo 34: No se preocupe por el mañana. Viva un día a la vez. |
| Resultados de la obediencia o la desobediencia | Versículo 33: Sea obediente y "él les dará todo lo que necesitan." |

**Querido discípulo,** ¡Esto es enorme! Jesús nos dijo en el versículo 24 que tenemos que escoger el amo que vamos a servir - ¡o la riqueza o Dios! Ahora si decide ser un sirviente de Dios, ¿Quién es responsable de su vida? La respuesta es claramente ¡NO USTED! *¡Por eso les digo que no se preocupen por la vida diaria!* Ahora culturalmente si se vive en una sociedad individualista que prioriza la autonomía individual y la autodeterminación, este punto es difícil de entender para nosotros. Pero si pensamos en el contexto en que Jesús está hablando, entonces puede que podamos obtener una mejor perspectiva. Los sirvientes tenían responsabilidades - particularmente la responsabilidad de hacer lo que eran mandados. Rápidamente reconocemos eso. ¿Pero olvidamos que aquello que se sirve también tenía responsabilidades? El sirviente disfrutaba el cuidado y la protección de la autoridad a la que estaba sujeto. Entonces si usted es un discípulo de Jesús, ¿Quién es básicamente responsable de su vida? ¡La respuesta es no usted sino Dios! ¡Dios es responsable de las vidas de Sus sirvientes! Si usted es un discípulo buscando servir a Dios con todo, ¡pues su preocupación puede ser reemplazada por la paz! Jesús continúa la explicación lo siguiente:

**No se preocupen por la vida diaria** - luego Jesús explica que no debemos centrarnos en la comida, la bebida, y la ropa - la vida es más que eso - ¡tiene que ver con el reino de Dios!

**Usted tiene valor intrínseco** - Luego nos recuerda que miremos los pájaros. Dios les cuidará como cuida de ellos. "¿Y no son ustedes para él mucho más valiosos que ellos?" ¡No necesita preocuparse porque Dios valora a usted! Usted es hecho en Su imagen. Es entre lo más apreciado de Su creación.

**La ansiedad no puede lograr nada** - Parece que Jesús se divierte un poco con la pregunta en el versículo 27. Quizás la mejor traducción sería *¿Y quién de vosotros podrá, por mucho que se afane, añadir a su estatura un codo* (aproximadamente medio metro)*? (RVR 1960)* La traducción NTV es, *27 ¿Acaso con todas sus preocupaciones pueden añadir un solo momento a su vida?* En ambos casos, es obvio a nosotros que nadie se ha hecho más alto o ha añadido más tiempo a su vida por preocuparse. La ansiedad no logra nada bueno para nosotros, pero la ansiedad sí preocupa el alma y el cuerpo de uno.

**Miren cómo crecen los lirios** - Primero Jesús usó los pájaros y ahora usa los lirios del campo - recordándonos por segunda vez que es la responsabilidad de Dios cuidar de nosotros.

**No piensen como los no creyentes** - Aquí el término "los gentiles" (los incrédulos) se usa como una manera de describir la mayoría del mundo que no toma en cuenta a Dios. Por supuesto Jesús servía a los gentiles y vino para alcanzarlos. No debemos esperar que aquellos sin Dios piensen y obedezcan como si conocieran a Dios. También debemos esperar un contraste entre cómo viven los discípulos de Jesús y cómo vive el mundo.

**Su Padre Celestial ya conoce todas sus necesidades -** otra vez, su Padre Celestial es bueno entonces no tiene que preocuparse.

**Busque el reino de Dios por encima de todo lo demás** - Esa es nuestra primera responsabilidad. Si estamos cumpliendo con esa responsabilidad podemos confiar que Dios nos cuidará…"les dará todo lo que necesiten."

**No se preocupen por el mañana** - Jesús sabe que enfrentamos muchas pruebas y batallas en nuestras vidas. Solemos preocuparnos de cómo nos irá. Jesús nos anima a enfocarnos en las cosas que podemos hacer hoy, y a quedarnos tranquilo de que abordamos el día lo mejor que pudimos. Podemos descansar bien y confiar en Dios para los problemas del mañana.

**Recuerde el acuerdo:** Para asegurar que estamos claros, Dios está obligado a cuidarnos según la perspectiva de Dios de lo que es lo mejor para nuestras vidas, no la perspectiva nuestra. Tampoco podemos ser sirvientes desobedientes o perezosos y luego quejarnos de los resultados negativos de nuestras vidas. Usted y yo tenemos dos áreas de responsabilidad personal. Nuestra primera responsabilidad es sumisión a Dios. Y nuestra segunda responsabilidad es buscar el Reino de Dios y Su justicia por encima de todo lo demás. Dios es fiel.

**IV. Escribe** nuevas ideas aprendidas o nuevas preguntas que tengas:

_____

_____

_____

_____

_____

_____

_____

_____

_____

_____

_____

_____

_____

_____

_____

_____

_____

_____

_____

_____

_____

_____

_____

_____

_____

_____

_____

_____

_____

_____

_____

_____

_____

_____

_____

**V. Memorice Versículos:** _____

**VI. Ore** (postrado de rodillas con la cara hacia el suelo): Agradezca a Dios y pídale por sabiduría y fuerza para aplicar lo que ha aprendido.

**Oración:** Padre Dios, gracias por amarme y por darme la oportunidad de servirte con mi vida. Afirmo que soy Tu sirviente. Por favor dame hambre de hacer Tu voluntad. Aún cuando es difícil, pido que me ayudes a entregar mi ansiedad a Ti, a confiar en Ti, y a obedecerte. Ayúdame a cambiar la ansiedad por la pasión, y ayúdame a centrarme en lo bueno que se puede hacer por Tu Reino hoy en vez de lo que podría pasar mañana. No puedo hacer esto sin Tu trabajo en mí por el poder de Tu Espíritu Santo. Por favor ayúdame. En Tu Nombre Rey Jesús, lo pido. Amén.

**VII. Vaya** y confíe en su Padre Celestial - ¡Él es bueno!

### Día 30: Reflexión

**I. Ore** con la cara cerca al suelo: pídale a Dios que le revele la verdad sobre Él mismo y sobre usted.

**II. Lea** Mateo capítulo 6 desde el Apéndice A.

### III.  Escriba Sus Observaciones:
1. ¿Qué fue lo que más le impactó del capítulo 6?
2. ¿Cuáles son las preguntas más importantes que aún le quedan sin responder?

## IV. Escriba Sus Aplicaciones:

1. ¿Cuál es la aplicación más importante del capítulo 6 que necesita poner en práctica?

2. ¿Ya ha ayunado? ¿Si es así, qué experimentó/aprendió?

**V. Memorice Versículos**: _____

**Preguntas de reflexión:** ¿Cómo le va en la memorización de Escritura hasta ahora? ¿Cuál estrategia le ha funcionado mejor y cuál no? ¿Qué piensa que le ayudaría a que su memorización fuese más efectiva?

_____
_____
_____
_____
_____
_____
_____
_____
_____
_____
_____
_____
_____
_____
_____
_____
_____
_____
_____
_____
_____
_____
_____
_____
_____

**VI. Ore** postrado de rodillas con la cara hacia el suelo: Agradezca a Dios y pídale por la sabiduría y fuerza para aplicar lo que ha aprendido.

**VII. Vaya** y que tenga un día estupendo y busque aplicar por lo menos una cosa que ha aprendido del pasaje de hoy.

**Día 31:** Mateo 7:1-6
**Tema del pasaje:** No sea un hipócrita
**Rasgo de carácter destacado:** La misericordia

**I. Ore** con la cara cerca al suelo: pídale a Dios que le revele la verdad sobre Él mismo y sobre usted.

**II. Read** all of Mateo 7 out loud while standing and then focus on Versículos 1-6.

*»No juzguéis, para que no seáis juzgados, 2 porque con el juicio con que juzgáis seréis juzgados, y con la medida con que medís se os medirá. 3 ¿Por qué miras la paja que está en el ojo de tu hermano y no echas de ver la viga que está en tu propio ojo? 4 ¿O cómo dirás a tu hermano: "Déjame sacar la paja de tu ojo", cuando tienes la viga en el tuyo? 5 ¡Hipócrita! saca primero la viga de tu propio ojo, y entonces verás bien para sacar la paja del ojo de tu hermano. 6 »No deis lo santo a los perros, ni echéis vuestras perlas delante de los cerdos, no sea que las pisoteen y se vuelvan y os despedacen.*

-Mateo 7:1–6

**Mateo 7:1-6 contiene unas de las enseñanzas de Jesús más malinterpretadas y usadas incorrectamente.** Nuestro deseo es entenderlo correctamente para que podamos aplicarlo correctamente.

**Contexto:** Hasta ahora, Jesús ha dado aproximadamente 75% de su mensaje sobre las expectativas para Sus discípulos. Dado que Jesús conoce nuestros corazones, Él sabe que somos propensos a ser mucho más críticos de otros de lo que somos de nosotros mismos. Una actitud de orgullo podría fácilmente arraigarse en nuestros corazones. Jesús nos enseña como tener corazones humildes y compasivos. Tengamos eso en cuenta mientras tratamos de ayudar a otros, y seamos abiertos a permitirles a otros que nos saquen las astillas dañinas de nuestros ojos para que podamos parecernos más a Jesús.

## III. Escriba Sus Observaciones:

| La enseñanza o cultura del Antiguo Testamento | Implicado: |
|---|---|
| El estándar superior de Jesús: | Versículos 1-2: |
| Aplicación(es) que transforma(n) | Versículos 3&6: |
| Resultados de la obediencia o la desobediencia | Versículos 5&6: |

1. ¿Se refiere Jesús a juzgar de manera general o alguna manera de juzgar más específica?

2. ¿Puedo entender el versículo 6 en el contexto? ¿Qué significa y cómo debo aplicarlo?

_____
_____
_____
_____
_____
_____
_____
_____
_____
_____
_____
_____
_____
_____
_____
_____
_____
_____
_____
_____
_____
_____
_____
_____
_____
_____
_____
_____
_____
_____

## IV. Escriba Sus Aplicaciones:

1. ¿Qué tipos de juicio hipócrita soy propenso a hacer?
2. ¿Tengo algún tronco que necesita ser sacado de mi ojo antes de poder ayudar a mi hermano/hermana? Si es así, ¿cuáles son esos troncos?

_____
_____
_____
_____
_____
_____
_____
_____
_____
_____
_____
_____
_____
_____
_____
_____
_____
_____
_____
_____
_____
_____
_____
_____
_____
_____

## V. Memorice Versículos: _____

**VI. Ore** postrado de rodillas con la cara hacia el suelo: Agradezca a Dios y pídale por la sabiduría y fuerza para aplicar lo que ha aprendido.

**VII. ¡Vaya** en la gracia y la misericordia de Dios!

**Día 32:** Mateo 7:1-6
**Tema del pasaje:** No sea un hipócrita
**Rasgo de carácter destacado:** La misericordia

**I. Ore** con la cara cerca al suelo: pídale a Dios que le revele la verdad sobre Él mismo y sobre usted.

**II. Lea** el pasaje en voz alta, y de pie.

*»No juzguéis, para que no seáis juzgados, 2 porque con el juicio con que juzgáis seréis juzgados, y con la medida con que medís se os medirá. 3 ¿Por qué miras la paja que está en el ojo de tu hermano y no echas de ver la viga que está en tu propio ojo? 4 ¿O cómo dirás a tu hermano: "Déjame sacar la paja de tu ojo", cuando tienes la viga en el tuyo? 5 ¡Hipócrita! saca primero la viga de tu propio ojo, y entonces verás bien para sacar la paja del ojo de tu hermano. 6 »No deis lo santo a los perros, ni echéis vuestras perlas delante de los cerdos, no sea que las pisoteen y se vuelvan y os despedacen.*

-Mateo 7:1–6

## III. Lea los siguientes apuntes.

| | |
|---|---|
| **La enseñanza o cultura del Antiguo Testamento** | Implicado: Un estándar alto para todos los demás y un estándar bajo para uno mismo. Queremos el juicio para otros y la misericordia para nosotros mismos. |
| **El estándar superior de Jesús:** | Versículos 1-2: El criterio que use para juzgar a otros es el criterio con el que se le juzgará a usted. |
| **Aplicación(es) que transforma(n)** | Versículo 3: Saque el tronco de su propio ojo<br>Versículo 6: A veces no puede ayudar a alguien que rechaza ser ayudado. |
| **Resultados de la obediencia o la desobediencia** | Versículo 5: Obediencia - podrá ayudar a otros.<br>Versículo 6: Desobediencia - puede que sus esfuerzos sean pisoteados, y puede que usted sea atacado |

**Contexto:** Hasta ahora, Jesús ha dado aproximadamente 75% de su mensaje sobre las expectativas para Sus discípulos. Dado que Jesús conoce nuestros corazones, Él sabe que somos propensos a ser mucho más críticos de otros de lo que somos de nosotros mismos. Una actitud de orgullo podría fácilmente arraigarse en nuestros corazones. Jesús nos enseña como tener corazones humildes y compasivos.

**Conceptos claves:**

**No vive su vida con un espíritu crítico, despiadado, indiferente, severo (vs 1). Jesús no excluye todo tipo de juicio y las acciones del discernimiento -** por ejemplo en los próximos versículos los discípulos de Jesús se suponen ver la diferencia entre el pan y las piedras y entre el pescado y una serpiente (vs 9-10). Jesús nos dice que podremos distinguir entre los verdaderos y los falsos profetas por su fruto (vs 15-17). "¡La Biblia dice, 'No me juzgue!'" típicamente es una cortina de humo de aquellos que no quieren hacerse responsables.

**Si este pasaje se saca fuera del contexto, ningún creyente podría decir nada sobre el pecado.** Por ejemplo Juan el Bautista habría pecado por desafiar el pecado de Herodías de robar la esposa de su hermano (Marcos 6:16-18). Con esa interpretación, sería muy difícil compartir el Evangelio. El Evangelio empieza por examinarnos como malhechores.

**Jesús realmente está atacando la forma en que los fariseos típicamente juzgaban en esos días.** Es juzgar para el propósito de decir, "¡Soy mejor que tú!" A los fariseos les encantaba remarcar los pecados de los cobradores de impuestos y los pecadores de mala fama pero no tenían ningún deseo de ayudarlos. Antes de hacerse un discípulo, Mateo era uno de esos cobradores de impuestos. Mateo 9:9-13 perfectamente describe y prueba este punto.

**Entienda que si usted va a identificar los pecados de otros, se le usará el mismo criterio para juzgar a usted.** Esto es la hipocresía que hemos visto tantas veces en la política. Un político vapulea a otro político por algo que dijo o hizo y luego los pecados del político acusatorio se sacan a la luz y se muestran el mismo o peor (vs 3-5).

**Si quiere ayudar a su hermano o hermana, tiene que ocuparse de su propia vida primero (vs 5). ¡Quite el tronco!** Para ayudar a otros con sus vidas, tenemos que evaluar las nuestras. Muchas veces aquellos que son el liderazgo de una iglesia o que son considerados como más maduros están atrapados por sus propios pecados. Imagine un joven que recurre a alguien que respeta en la iglesia para pedir ayuda con su addicción a la pornografía. ¿Cuántas veces la persona más madura ha ofrecido consejos pero todo el tiempo espera haber escondido suficientemente bien su historial de internet. Si tenemos el pecado perdurando en nuestras propias vidas, tenemos que lamentar y confesarlo ante Dios para que podamos ser purificados y proceder en fe (1 Juan 1:9).

**Jesús realmente quiere que les removamos las astillas de los ojos uno al otro:  Gálatas 6:1-10 es una guía útil:** *Amados hermanos, si otro creyente está dominado por algún pecado, ustedes, que son espirituales, deberían ayudarlo a volver al camino recto con ternura y humildad. Y tengan mucho cuidado de no caer ustedes en la misma tentación. ² Ayúdense a llevar los unos las cargas de los otros, y obedezcan de esa manera la ley de Cristo. ³ Si te crees demasiado importante para ayudar a alguien, solo te engañas a ti mismo. No eres tan importante. ⁴ Presta mucha atención a tu propio trabajo, porque entonces obtendrás la satisfacción de haber hecho bien tu labor y no tendrás que compararte con nadie. ⁵ Pues cada uno es responsable de su propia conducta. ⁶ Los que reciben enseñanza de la palabra de Dios deberían proveer a las necesidades de sus maestros, compartiendo todas las cosas buenas con ellos. ⁷ No se dejen engañar: nadie puede burlarse de la justicia de Dios. Siempre se cosecha lo que se siembra. ⁸ Los que viven solo para satisfacer los deseos de su propia naturaleza pecaminosa cosecharán, de esa naturaleza, destrucción y muerte; pero los que viven para agradar al Espíritu, del Espíritu, cosecharán vida eterna. ⁹ Así que no nos cansemos de hacer el bien. A su debido tiempo, cosecharemos numerosas bendiciones si no nos damos por vencidos. ¹⁰ Por lo tanto, siempre que tengamos la oportunidad, hagamos el bien a todos, en especial a los de la familia de la fe.*

**¿Qué debemos pensar de los perros y los cerdos?** El versículo 6 es uno de los dichos difíciles de Jesús. Por su apariencia parece muy frío. ¿No debemos hacer todo el esfuerzo para dar lo santo a la gente? ¿Por qué Jesús nos dice que no lo hagamos en algunas situaciones? Porque no todos están listos para todas las buenas instrucciones que se nos han dado por Dios. Algunos no verán la sabiduría de Dios como buenas noticias para sus vidas. Se rebelarán porque sus corazones todavía están esclavizados al pecado, y puede que se hagan más reticentes al Evangelio. Necesitamos el discernimiento del Espíritu Santo en estas situaciones.

Ahora la pregunta que debemos hacer cuando leemos este texto es, "¿A quién refiere Jesús como cerdos y perros?" ¿Jesús se refiere a pecadores infames como los cobradores de impuestos y prostitutas? No, el ministerio de Jesús nos muestra algo diferente que eso. Jesús pasaba mucho tiempo con la gente a la que los líderes religiosos trabajaban muy duro de evitar. ¿Quién buscó pisotear y devorar a Jesús? ¿No fue la élite religiosa? Sabemos que Jesús también llamó a los fariseos y los escribas hijos de víboras (Mateo 23:31-35). Entonces en total Jesús los llama perros, cerdos, y una banda de serpientes. Todos estos eran animales impuros según la ley de Moisés. Los fariseos y los escribas no podrían haber sido descritos en términos que se habrían encontrado más detestables. El Apóstol Pablo retomó el mismo tema con respecto a la élite religiosa. Él sabía porque hubo un tiempo en que fue contado con ellos (Filipenses 3:1-11). Escribe, *Cuídense de esos "perros", de esa gente que hace lo malo…* El profeta Isaías escribió que Dios vio a las ofrendas de grano de los malos como si hubieran ofrecido la sangre de cerdo (Isaías 66:1-4). Otra vez en el mensaje de Jesús, los líderes religiosos son comparados a precisamente las cosas que ellos encuentran impuras y detestables.

**Conclusión:** Que Dios nos ayude a reconocer cuando estamos juzgando con un espíritu crítico para el propósito de reforzarnos a nosotros mismos por tirar abajo a otros. Que Dios saque de nosotros cualquier actitud crítica que simplemente está buscando algo que puede criticar. Que Dios nos ayude a no ser hipócritas sino ser compasivos. Que Dios purifique nuestros propios corazones para que podamos ayudar a otros. Que Dios nos ayude a tener discernimiento en todas las situaciones.

**IV. Escribe** nuevas ideas aprendidas o nuevas preguntas que tengas:

_____

_____

_____

_____

_____

_____

_____

_____

_____

1. *Jehová, tú me has examinado y conocido.*

*2 Tú has conocido mi sentarme y mi levantarme.*

*Has entendido desde lejos mis pensamientos.*

*3 Has escudriñado mi andar y mi reposo,*

*y todos mis caminos te son conocidos,*

*4 pues aún no está la palabra en mi lengua*

*y ya tú, Jehová, la sabes toda.*

*5 Detrás y delante me rodeaste,*

*y sobre mí pusiste tu mano.*

*6 Tal conocimiento es demasiado maravilloso para mí;*

*¡alto es, no lo puedo comprender!*

*7 ¿A dónde me iré de tu espíritu?*

*¿Y a dónde huiré de tu presencia?*

*23 Examíname, Dios, y conoce mi corazón;*

*pruébame y conoce mis pensamientos.*

*24 Ve si hay en mí camino de perversidad*

*y guíame en el camino eterno.*

**V. Memorice Versículos:** _____

**VI. Ore** (postrado de rodillas con la cara hacia el suelo): Agradezca a Dios y pídale por la sabiduría y fuerza para aplicar lo que ha aprendido.

**Oración:** ¡Examíname por Tu Espíritu, O Dios! Por favor purifícame y saca cualquier tronco de mi ojo. (Hay una buena oportunidad aquí para ser callado y escuchar…) ¡Purifícame! Ayúdame a ser compasivo, cariñoso, y servicial a otros. En Tu Nombre Jesús lo pido. ¡Amén!

**VII. Vaya** y sea compasivo y servicial.

**Día 33:** Mateo 7:7-12
**Tema del pasaje:** ¡Pida, busque, llame!
**Rasgo de carácter destacado:** Pobre en espíritu = Un discípulo es humilde
ante Dios

**I. Ore** con la cara cerca al suelo: pídale a Dios que le revele la verdad sobre Él mismo y sobre usted.

**II. Lea** el pasaje en voz alta, y de pie.

*7 »Pedid, y se os dará; buscad, y hallaréis; llamad, y se os abrirá, 8 porque todo aquel que pide, recibe; y el que busca, halla; y al que llama, se le abrirá. 9 ¿Qué hombre hay de vosotros, que si su hijo le pide pan, le dará una piedra? 10 ¿O si le pide un pescado, le dará una serpiente? 11 Pues si vosotros, siendo malos, sabéis dar buenas cosas a vuestros hijos, ¿cuánto más vuestro Padre que está en los cielos dará buenas cosas a los que le pidan? 12 Así que todas las cosas que queráis que los hombres hagan con vosotros, así también haced vosotros con ellos, pues esto es la Ley y los Profetas.*

- Mateo 7:7–12

**Jesús** quiere que veamos y pensemos claramente sobre nuestra perspectiva y relación diaria con nuestro Padre Celestial. Jesús nos enseña que nuestro Padre es quien da generosamente: Si los humanos pecadores saben dar buenos regalos, ¿Cuánto más nuestro Padre en el cielo les dará buenos regalos a los que Le pidan?

A medida que nos volvamos más como Jesús, nuestras peticiones estarán cada vez más de acuerdo a su voluntad. Naturalmente comenzaremos a desear más y más tener el mismo corazón que el Padre.

*Amados hermanos míos, no erréis. Toda buena dádiva y todo don perfecto desciende de lo alto, del Padre de las luces, en el cual no hay mudanza ni sombra de variación.*

-Santiago 1:16-17

## III. Escriba Sus Observaciones:

| | |
|---|---|
| **La enseñanza o cultura del Antiguo Testamento** | Implicado: |
| **El estándar superior de Jesús:** | Versículos 7-11: |
| **Aplicación(es) que transforma(n)** | Versículos 11,12: |
| **Resultados de la obediencia o la desobediencia** | Versículos 7-11: |

1. ¿Qué se les dice a los discípulos de Jesús que hagan?
2. ¿Qué ilustraciones terrenales usa Jesús para explicar Sus enseñanzas?

## IV. Escriba Sus Aplicaciones:

1. ¿Considero a mi Padre Celestial como tacaño o generoso?

2. ¿Cómo afecta mi perspectiva de mi padre terrenal positivamente o negativamente mi perspectiva de mi Padre Celestial? ¿Si mi perspectiva está nublada, qué he hecho o qué puedo hacer para ayudarme a ver a mi Padre Celestial en la misma manera que Jesús (el Hijo de Dios) ve a Su Padre?

3. Autoevaluación - ¿Cómo estoy viviendo "la regla de oro" del versículo 12?

_____

_____

_____

_____

_____

_____

_____

_____

_____

_____

_____

_____

_____

_____

_____

_____

_____

_____

_____

_____

_____

_____

_____

## V. Memorice Versículos: _____

**VI. Ore** postrado de rodillas con la cara hacia el suelo: Agradezca a Dios y pídale por la sabiduría y fuerza para aplicar lo que ha aprendido.

**VII. Vaya** con confianza en el amor y la generosidad de Dios el Padre.

**Día 34:** Mateo 7:7-12
**Tema del pasaje:** ¡Pida, busque, llame!
**Rasgo de carácter destacado:** Pobre en espíritu = Un discípulo es humilde
                                   ante Dios

**I. Ore** con la cara cerca al suelo: pídale a Dios que le revele la verdad sobre Él mismo y sobre usted.

**II. Lea** el pasaje en voz alta, y de pie.

*7 »Pedid, y se os dará; buscad, y hallaréis; llamad, y se os abrirá, 8 porque todo aquel que pide, recibe; y el que busca, halla; y al que llama, se le abrirá. 9 ¿Qué hombre hay de vosotros, que si su hijo le pide pan, le dará una piedra? 10 ¿O si le pide un pescado, le dará una serpiente? 11 Pues si vosotros, siendo malos, sabéis dar buenas cosas a vuestros hijos, ¿cuánto más vuestro Padre que está en los cielos dará buenas cosas a los que le pidan? 12 Así que todas las cosas que queráis que los hombres hagan con vosotros, así también haced vosotros con ellos, pues esto es la Ley y los Profetas.*

- Mateo 7:7–12

| La enseñanza o cultura del Antiguo Testamento | Implicado: Un alto estándar para todos los demás y un bajo estándar para uno mismo. Queremos el juicio para otros y la misericordia para nosotros mismos. |
|---|---|
| El estándar superior de Jesús: | Versículos 7-11: ¡Simplemente pida, busque, y llame porque su Padre en el cielo es bondadoso! |
| Aplicación(es) que transforma(n) | Versículo 12: Cumplir el sentido de la Ley y los Profetas Versículo 11: Cambiar su mente con respecto a cómo piensa en Dios. Versículo 12: Haga a los demás todo lo que quiere que le hagan a usted. |
| Resultados de la obediencia o la desobediencia | Versículos 7-11: Recibirá lo que pide, encontrará, la puerta se le abrirá, y las buenas cosas de Dios se le proporcionarán. |

### III. Lea los siguientes aptness.

### ¿Cuál está más cerca de su perspectiva de Dios?

1.  Un tirano exigente que simplemente está buscando una excusa para castigar a usted.
2.  Un extravagante dador de regalos que desea bendecir a usted.

Jesús nos enseña que nuestro Padre es el Gran Dador: Si los humanos pecaminosos saben dar buenos regalos, cuánto más nuestro Padre en el cielo dará buenos regalos a los que le piden?

### 5 cosas que necesitamos saber sobre el pedir:

1.  **Necesitamos pedir por lo que es bueno según la voluntad de Dios:** *Y estamos seguros de que él nos oye cada vez que le pedimos algo que le agrada* (1 Juan 5:14).

2.  **Necesitamos vivir por Sus propósitos**: *Y recibiremos de él todo lo que le pidamos porque lo obedecemos y hacemos las cosas que le agradan.* (1 Juan 3:22).

3.  **Necesitamos pedir en el nombre de Jesús:** *Pueden pedir cualquier cosa en mi nombre, y yo la haré, para que el Hijo le dé gloria al Padre.* (Juan 14:13). *No lo han hecho antes. Pidan en mi nombre y recibirán y tendrán alegría en abundancia.* (Juan 16:24).

4.  **Necesitamos ser persistentes en lo que pedimos.** Jesús da la misma instrucción sobre el pedir, el buscar, y el llamar en Lucas 11:9-13. Pero escuche las palabras que Jesús habló justo antes en los versículos 5-8, *Luego utilizó la siguiente historia para enseñarles más acerca de la oración: "Supongan que uno de ustedes va a la casa de un amigo a medianoche para pedirle que le preste tres panes. Le dices:* ⁶ *"Acaba de llegar de visita un amigo mío y no tengo nada para darle de comer".* ⁷ *Supongan que ese amigo grita desde el dormitorio: "No me molestes. La puerta ya está cerrada, y mi familia y yo estamos acostados. No puedo ayudarte".* ⁸ *Les digo que, aunque no lo haga por amistad, si sigues tocando a la puerta el tiempo suficiente, él se levantará y te dará lo que necesitas debido a tu audaz insistencia.*

5. **Necesitamos recordar que si estamos pidiendo con motivos egoístas, no debemos esperar recibir nada.** *¿Qué es lo que causa las disputas y las peleas entre ustedes? ¿Acaso no surgen de los malos deseos que combaten en su interior? [2] Desean lo que no tienen, entonces traman y hasta matan para conseguirlo. Envidian lo que otros tienen, pero no pueden obtenerlo, por eso luchan y les hacen la guerra para quitárselo. Sin embargo, no tienen lo que desean porque no se lo piden a Dios. [3] Aun cuando se lo piden, tampoco lo reciben porque lo piden con malas intenciones: desean solamente lo que les dará placer. [4] ¡Adúlteros! ¿No se dan cuenta de que la amistad con el mundo los convierte en enemigos de Dios? Lo repito: si alguien quiere ser amigo del mundo, se hace enemigo de Dios. [5] ¿Acaso piensan que las Escrituras no significan nada? Ellas dicen que Dios desea fervientemente que el espíritu que puso dentro de nosotros le sea fiel. [6] Y él da gracia con generosidad. Como dicen las Escrituras: "Dios se opone a los orgullosos pero da gracia a los humildes" [7] Así que humíllense delante de Dios. Resistan al diablo, y él huirá de ustedes. [8] Acérquense a Dios, y Dios se acercará a ustedes. Lávense las manos, pecadores; purifiquen su corazón, porque su lealtad está dividida entre Dios y el mundo. [9] Derramen lágrimas por lo que han hecho. Que haya lamento y profundo dolor. Que haya llanto en lugar de risa y tristeza en lugar de alegría. [10] Humíllense delante del Señor, y él los levantará con honor.* (Santiago 4:1-10)

**La Regla de Oro:** Está dentro de este contexto de pedir y recibir buenas cosas de Dios que "La Regla de Oro" se nos ha dado. **12** *Haz a los demás todo lo que quieras que te hagan a ti. Esa es la esencia de todo lo que se enseña en la ley y en los profetas.* **Debemos esperar que nuestro Padre sea bueno y generoso hacia nosotros, y Jesús espera que Sus discípulos sean buenos y generosos hacia otros.** ¿Qué significa que esto es la Ley y los Profetas? Significa que esto es el meollo de las enseñanzas del Antiguo Testamento - amar a Dios y amar a la gente. Vea en los siguientes versículos del Antiguo y del Nuevo Testamento los temas comunes:

*[8] ¡No! Oh pueblo, el Señor te ha dicho lo que es bueno, y lo que él exige de ti: que hagas lo que es correcto, que ames la compasión*
   *y que camines humildemente con tu Dios. - Miqueas 6:8*

*"¡Lávense y queden limpios! Quiten sus pecados de mi vista. Abandonen sus caminos malvados. Aprendan a hacer el bien. Busquen la justicia y ayuden a los oprimidos. Defiendan la causa de los huérfanos y luchen por los derechos de las viudas." - Isaías 1:16-17*

*[17] Recuerden que es pecado saber lo que se debe hacer y luego no hacerlo. -* Santiago 4:17

*[15] Asegúrense de que ninguno pague mal por mal, más bien siempre traten de hacer el bien entre ustedes y a todos los demás. -* I Tesalonicenses 5:15

*Por lo tanto, por medio de Jesús, ofrezcamos un sacrificio continuo de alabanza a Dios, mediante el cual proclamamos nuestra lealtad a su nombre. [16] Y no se olviden de hacer el bien ni de compartir lo que tienen con quienes pasan necesidad. Estos son los sacrificios que le agradan a Dios. -* Hebreos 13:15-16

La vida de un discípulo debe estar llena de tanta bondad que no hay razón para dudar de nuestra sinceridad. Claro, la mejor cosa que podemos compartir con otros es las Buenas Noticias de Jesús! Hablaremos más de eso en el Día 40. Pero por el momento, enfoquémonos en los ajustes que necesitamos hacer:

1.  ¿Cómo este pasaje cambia o reafirma mi perspectiva de Dios el Padre?
2.  ¿Cómo este pasaje afecta mi perspectiva sobre vivir según La Regla de Oro?
3.  ¿Estarían de acuerdo mis colegas, miembros de la familia, otros en la comunidad, y my familia de la iglesia en que vivo según La Regla de Oro: Casi siempre, A veces, o Raramente?

**IV. Escribe** nuevas ideas aprendidas o nuevas preguntas que tengas:

_____
_____
_____
_____
_____
_____
_____
_____
_____
_____
_____
_____
_____
_____
_____

_____
_____
_____
_____
_____
_____
_____
_____
_____
_____
_____
_____
_____
_____
_____
_____
_____
_____
_____
_____
_____
_____
_____
_____
_____

**V. Memorice Versículos:** _____

**VI. Ore** (postrado de rodillas con la cara hacia el suelo): Agradezca a Dios y pídale por la sabiduría y fuerza para aplicar lo que ha aprendido.

**Oración:** Padre, por favor cambie mis deseos a parecer más a Tus deseos. Justo como Tú eres bueno y generoso, por favor ayúdame a ser bueno y generoso. ¡Para Tu honra y para Tu gloria! En el Nombre de Jesús, ¡Amén!

**VII. Vaya** y tenga un día estupendo y busque aplicar por lo menos una cosa que ha aprendido del pasaje de hoy.

**Día 35:** Mateo 7:13-23
**Tema del pasaje:** La puerta angosta y los falsos profetas
**Rasgo de carácter destacado:** Pobre en espíritu

**I. Ore** con la cara cerca al suelo: pídale a Dios que le revele la verdad sobre Él mismo y sobre usted.

**II. Lea** el pasaje en voz alta, y de pie.

*13 »Entrad por la puerta angosta, porque ancha es la puerta y espacioso el camino que lleva a la perdición, y muchos son los que entran por ella; 14 pero angosta es la puerta y angosto el camino que lleva a la vida, y pocos son los que la hallan. 15 »Guardaos de los falsos profetas, que vienen a vosotros vestidos de ovejas, pero por dentro son lobos rapaces. 16 Por sus frutos los conoceréis. ¿Acaso se recogen uvas de los espinos o higos de los abrojos? 17 Así, todo buen árbol da buenos frutos, pero el árbol malo da frutos malos. 18 No puede el buen árbol dar malos frutos, ni el árbol malo dar frutos buenos. 19 Todo árbol que no da buen fruto, es cortado y echado en el fuego. 20 Así que por sus frutos los conoceréis. 21 »No todo el que me dice: "¡Señor, Señor!", entrará en el reino de los cielos, sino el que hace la voluntad de mi Padre que está en los cielos. 22 Muchos me dirán en aquel día: "Señor, Señor, ¿no profetizamos en tu nombre, y en tu nombre echamos fuera demonios, y en tu nombre hicimos muchos milagros?" 23 Entonces les declararé: "Nunca os conocí. ¡Apartaos de mí, hacedores de maldad!"*

*- Mateo 7:13-23*

*Jesús da una serie de avisos e instrucciones. Él es el Rey y Sus enseñanzas se deben tomar en serio.*

> *El que en él cree no es condenado; pero el que no cree ya ha sido condenado, porque no ha creído en el nombre del unigénito Hijo de Dios. 19 Y ésta es la condenación: la luz vino al mundo, pero los hombres amaron más las tinieblas que la luz, porque sus obras eran malas,*
>
> *- Juan 3:18-19*

## III. Escriba Sus Observaciones:

| | |
|---|---|
| **La enseñanza o cultura del Antiguo Testamento** | Implied from Versículos 13 & 14: |
| **El estándar superior de Jesús:** | Versículo 14: |
| **Aplicación(es) que transforma(n)** | Versículo 13: |
| **Resultados de la obediencia o la desobediencia** | Versículos 13, 14: |

| La enseñanza o cultura del Antiguo Testamento | Implied from Versículo15: |
|---|---|
| El estándar superior de Jesús: | Versículos 21-23: |
| Aplicación(es) que transforma(n) | Versículos 16-20:<br><br><br><br><br><br>Application will be continued in Versículos 24-29. |
| Resultados de la obediencia o la desobediencia | Versículos 21-23: |

1. ¿Cuál era la expectativa cultural que hizo que estas enseñanzas acerca de las puertas anchas y angostas fueran necesarias?
2. ¿Cómo podemos identificar a falsos maestros y predicadores?
3. ¿Qué pasará con los falsos maestros?

_____

_____

_____

_____

_____

_____

_____

_____

_____

_____

_____

_____

_____

_____

_____

_____

_____

_____

_____

_____

_____

_____

_____

_____

_____

_____

_____

_____

_____

_____

_____

_____

_____

_____

_____

## IV. Escriba Sus Aplicaciones:

1. ¿Qué diría Jesús a la mayoría de las personas en su contexto cultural con respecto a cómo ven la vida después de la muerte física?

2. ¿Está seguro de que está en el camino angosto? ¿En quién se basa su confianza?

3. ¿Cómo puede protegerse y proteger a otros de los falsos maestros?

_____
_____
_____
_____
_____
_____
_____
_____
_____
_____
_____
_____
_____
_____
_____
_____
_____
_____
_____
_____
_____
_____
_____
_____

## V. Memorice Versículos: _____

**VI. Ore** postrado de rodillas con la cara hacia el suelo: Agradezca a Dios y pídale por la sabiduría y fuerza para aplicar lo que ha aprendido.

**VII. Vaya** y siga a Jesús hoy.

**Día 36:** Mateo 7:13-23
**Tema del pasaje:** La puerta angosta y los falsos profetas
**Rasgo de carácter destacado:** Pobre en espíritu

**I. Ore** con la cara cerca al suelo: pídale a Dios que le revele la verdad sobre Él mismo y sobre usted.

**II. Lea** el pasaje en voz alta, y de pie..

*13 »Entrad por la puerta angosta, porque ancha es la puerta y espacioso el camino que lleva a la perdición, y muchos son los que entran por ella; 14 pero angosta es la puerta y angosto el camino que lleva a la vida, y pocos son los que la hallan. 15 »Guardaos de los falsos profetas, que vienen a vosotros vestidos de ovejas, pero por dentro son lobos rapaces. 16 Por sus frutos los conoceréis. ¿Acaso se recogen uvas de los espinos o higos de los abrojos? 17 Así, todo buen árbol da buenos frutos, pero el árbol malo da frutos malos. 18 No puede el buen árbol dar malos frutos, ni el árbol malo dar frutos buenos. 19 Todo árbol que no da buen fruto, es cortado y echado en el fuego. 20 Así que por sus frutos los conoceréis. 21 »No todo el que me dice: "¡Señor, Señor!", entrará en el reino de los cielos, sino el que hace la voluntad de mi Padre que está en los cielos. 22 Muchos me dirán en aquel día: "Señor, Señor, ¿no profetizamos en tu nombre, y en tu nombre echamos fuera demonios, y en tu nombre hicimos muchos milagros?" 23 Entonces les declararé: "Nunca os conocí. ¡Apartaos de mí, hacedores de maldad!"*

*- Mateo 7:13-23*

**III. Lea** los siguientes apuntes.

**Empecemos** con Mateo 7:13-14

**La norma cultural -** ¡Todos van a estar bien! Recuerde que en el contexto, la audiencia en su mayoría judía asume que ser un descendiente de Abraham, Isaac, y Jacob obtendría el reino para todos excepto los peores pecadores.

**Juan el Bautista había advertido:** *⁹ No se digan simplemente el uno al otro: "Estamos a salvo porque somos descendientes de Abraham". Eso no significa nada, porque les digo que Dios puede crear hijos de Abraham de estas piedras.* (Mateo 3:9).

**Jesús hablando sobre la fe del oficial romano:** *[10] Al oírlo, Jesús quedó asombrado. Se dirigió a los que lo seguían y dijo: "Les digo la verdad, ¡no he visto una fe como esta en todo Israel! [11] Y les digo que muchos gentiles vendrán de todas partes del mundo —del oriente y del occidente— y se sentarán con Abraham, Isaac y Jacob en la fiesta del reino del cielo. [12] Pero muchos israelitas —para quienes se preparó el reino— serán arrojados a la oscuridad de afuera, donde habrá llanto y rechinar de dientes». [13] Entonces Jesús le dijo al oficial romano: "Vuelve a tu casa. Debido a que creíste, ha sucedido". Y el joven siervo quedó sano en esa misma hora.* (Mateo 8:10-13)

**Jesús hablando a los fariseos (líderes religiosos):** *[44] Pues ustedes son hijos de su padre, el diablo, y les encanta hacer las cosas malvadas que él hace. Él ha sido asesino desde el principio y siempre ha odiado la verdad, porque en él no hay verdad. Cuando miente, actúa de acuerdo con su naturaleza porque es mentiroso y el padre de la mentira. [45] Por eso, es natural que no me crean cuando les digo la verdad. [46] ¿Quién de ustedes puede, con toda sinceridad, acusarme de pecado? Y si les digo la verdad, ¿por qué, entonces, no me creen? [47] Los que pertenecen a Dios escuchan con gusto las palabras de Dios, pero ustedes no las escuchan porque no pertenecen a Dios.* (Juan 8:44-47).

| La enseñanza o cultura del Antiguo Testamento | La creencia cultural es que si hay un juicio y que la mayoría de la gente estará bien al fin y al cabo. |
|---|---|
| **El estándar superior de Jesús:** | Versículo 14: La puerta de acceso a la vida *es* muy angosta y el camino *es* difícil, y son solo unos pocos los que alguna vez lo encuentran. |
| **Aplicación(es) que transforma(n)** | Versículo 13: 1. Entre a través de la puerta angosta (Jesús). 2. Comparta las Buenas Noticias de Jesús con otros. Esto se implica aquí y se manda explícitamente por Jesús para Sus discípulos al fin del libro (Mateo 28:18-20). |
| **Resultados de la obediencia o la desobediencia** | Vida eterna en Jesús o muerte eterna (separación de Dios) |

**Si por casualidad vivimos en una cultura que ha tenido un largo período de tiempo de exposición al Cristianismo,** tenemos que estar conscientes de que los corazones de muchos podrían ser como los en los días del ministerio público de Jesús. Muchos están intencionalmente lejos de Dios, y otros se engañan a pensar que están salvos cuando no lo están. ¡El camino hacia Dios es angosto y Jesús es el Camino! Para entrar por Él requiere que uno sea pobre en espíritu, esto es el primer paso. Tenemos que tener la humildad de admitir que somos inadecuados y que solo podemos entrar a través de la gracia de Dios. Creer esto muchas veces resultará en la persecución. Jesús describe Su camino como "difícil." A causa de la humildad que se requiere, muchas personas lo rechazarán completamente.

**Avisos sobre falsos profetas y el estándar de Jesús:**

| La enseñanza o cultura del Antiguo Testamento | Implicado del versículo 15: La mayoría de la gente son fácilmente engañados por las apariencias exteriores de los falsos profetas...especialmente si una organización religiosa grande trabaja para apoyar a los falsos maestros. |
|---|---|
| El estándar superior de Jesús: | Versículos 21-23: Jesús juzgará a todos aquellos que están en el camino amplio y especialmente a los que llevarles a otros por el mal camino. |
| Aplicación(es) que transforma(n) | 1. Versículos 16-20: Puede identificarlos por su fruto (2x) ...revise Mateo 5:1-10 y Gálatas 5:22,23.<br>2. Construya su casa sobre Jesús y Sus enseñanzas |
| Resultados de la obediencia o la desobediencia | Versículos 21-23: Jesús desechará de Su presencia a los falsos profetas. |

**Falsos maestros producen mal fruto.** Los 4 más comunes son:
1.  El abuso del poder
2.  La codicia de la riqueza
3.  La inmoralidad sexual
4.  Enseñanzas falsas - ejemplos modernos:
    Negar la divinidad de Jesús
    a.  Negar la resurrección física de Jesús
    b.  Negar el Evangelio de Jesús (Juan 14:6)
    c.  El Evangelio de Salud, Riqueza, ProsperidadDecir que las actitudes, palabras, y acciones claramente descritas como pecados en las Escrituras ya no son pecados - avenirse a las mentiras del mundo en vez de avenirse a la verdad de Dios.

**Usualmente los lobos (falsos maestros) están buscando poder para obtener oportunidades para la explotación financiera y la inmoralidad sexual.** La Biblia nos da un ejemplo de este tipo de abuso en el Antiguo Testamento. Los hijos de Elí eran sacerdotes, pero *no le tenían respeto al SEÑOR* (1 Samuel 2:12). En vez de servir a Dios y a la gente, estos dos sacerdotes despreciaban las cosas de Dios, abusaban su poder en el tabernáculo y se acostaban con cualquier mujer que podían. Su hipocresía no conocía límites. Aunque su padre Elí obvió hacerles responsables a sus hijos, sus pecados contra Dios no pasaron desapercibidos. Dios los juzgó.

**Para proteger contra este tipo de hipocresía en la iglesia, el Nuevo Testamento tiene altas expectativas para aquellos que son líderes.** Ellos deben tener una buena reputación dentro de la iglesia y fuera de la iglesia antes de ser parte del liderazgo. Sus vidas deben mostrar que no son codiciosos ni propensos a excesos...que tienen autocontrol. También vemos en las iglesias del Nuevo Testamento que ningún humano está colocado encima de la pirámide de un organigrama. Jesús siempre es la cabeza de la iglesia y varios ancianos (líderes con autoridad espiritual) son responsables por la salud espiritual de la iglesia. Responsabilidad compartida es una protección para todos.

**Debe ser mencionado que cualquiera es susceptible de caer en el pecado grave.** Cuando un momento de debilidad se encuentra con una oportunidad - especialmente sin responsabilidad - pues es fácil pecar. Pero mientras es posible que un verdadero seguidor de Jesús se tropece - esto no es el punto aquí. En este pasaje tenemos aquellos que "nunca conocían a Jesús" - nunca estaban en una relación con Él.

*Algo terrible y espantoso ha sucedido en este país: los profetas dan profecías falsas, y los sacerdotes gobiernan con mano de hierro.*
*Peor todavía, ¡a mi pueblo le encanta que sea así! Ahora bien, ¿qué harán ustedes cuando todo esto llegue a su fin?* (Jeremías 5:30,31).

**En el Antiguo Testamento Dios juzgó a los falsos profetas:** *Después recibí este mensaje del Señor: ² "Hijo de hombre, profetiza contra los falsos profetas de Israel que inventan sus propias profecías. Diles: 'Escuchen la palabra del Señor.' ³ Esto dice el Señor Soberano: '¡Qué aflicción les espera a los falsos profetas que siguen su propia imaginación y no han visto absolutamente nada!'"...⁸ Por lo tanto, esto dice el Señor Soberano: lo que ustedes afirman es falso y sus visiones son mentira, por eso yo me pondré en contra de ustedes, dice el Señor Soberano. ⁹ Alzaré mi puño contra todos los profetas que tengan visiones falsas y hagan predicciones mentirosas, y serán expulsados de la comunidad de Israel. Tacharé sus nombres de los registros de Israel, y jamás volverán a pisar su propia tierra. Entonces ustedes sabrán que yo soy el Señor Soberano.¹⁰ Esto ocurrirá porque estos profetas malvados engañan a mi pueblo cuando dicen: "Todo está en paz", ¡pero en realidad no hay paz en absoluto!...* (Ezequiel 13:1-3 & 8-10a).

**¿Qué hay de las buenas obras que los falsos profetas aseguran haber hecho?**

*²¹ "No todo el que me llama: '¡Señor, Señor!' entrará en el reino del cielo. Solo entrarán aquellos que verdaderamente hacen la voluntad de mi Padre que está en el cielo. ²² El día del juicio, muchos me dirán: '¡Señor, Señor! Profetizamos en tu nombre, expulsamos demonios en tu nombre e hicimos muchos milagros en tu nombre'. ²³ Pero yo les responderé: 'Nunca los conocí. Aléjense de mí, ustedes, que violan las leyes de Dios'."* - (Mateo 7:21-23).

**Considerar:**

1.  No es sorprendente que un falso profeta mintiera, aún al Señor.

2.  Los juegos de trampa y cartón se usan para engañar a la gente. Con la histeria, es posible para los falsos profetas engañarse aún a sí mismos.

3.  Jesús nunca tenía ninguna relación con aquellos a los que Él llamaba falsos profetas - "Nunca los conocí."

4.  Falsos profetas y maestros no se permitirán en la presencia del Rey.

**Jesús conoce nuestros corazones,** y cada uno de nosotros debe chequear la sinceridad y los motivos que se encuentran dentro. Jesús está buscando a discípulos humildes y consistentes para seguirlo, para hacer más discípulos, y para servir a Su Iglesia.

**IV. Escribe** nuevas ideas aprendidas o nuevas preguntas que tengas:

_____
_____
_____
_____
_____
_____
_____
_____
_____
_____
_____
_____
_____
_____
_____
_____
_____
_____
_____
_____

_____
_____
_____
_____
_____
_____
_____
_____
_____
_____
_____
_____
_____
_____
_____
_____
_____
_____
_____
_____
_____
_____

**V. Memorice Versículos:** _____

**VI. Ore (postrado de rodillas con la cara hacia el suelo):** Agradezca a Dios y pídale por la sabiduría y fuerza para aplicar lo que ha aprendido.

**Oración:** Padre, estamos agradecidos que Tú eres santo, verdadero, y nunca engañado. Oramos que vivamos según Tu verdad. Oramos que no seamos engañados por cosas falsas. Por favor ayúdanos a tener hambre y sed de justicia y a tener el discernimiento para saber cuando se enseñan cosas falsas. Por favor ayúdanos a conocer Tu palabra y a ser guardados por ella. Protégenos por el poder de Tu Espíritu Santo, y que siempre seamos fieles a Tu Hijo Jesucristo. Jesús, pedimos todas estas cosas en Tu Nombre precioso - ¡Amén!

**VII. Sea** un discípulo auténtico de Jesucristo, y tenga cuidado con los falsos maestros.

**Día 37:** Mateo 7:24-29
**Tema del pasaje:** ¡Edifique su vida sobre la roca!
**Rasgo de carácter destacado:** Tener hambre y sed de justicia

**I. Ore** con la cara cerca al suelo: pídale a Dios que le revele la verdad sobre Él mismo y sobre usted.
**II. Lea** el pasaje en voz alta, y de pie.

*24 »A cualquiera, pues, que me oye estas palabras y las pone en práctica, lo compararé a un hombre prudente que edificó su casa sobre la roca. 25 Descendió la lluvia, vinieron ríos, soplaron vientos y golpearon contra aquella casa; pero no cayó, porque estaba cimentada sobre la roca. 26 Pero a cualquiera que me oye estas palabras y no las practica, lo compararé a un hombre insensato que edificó su casa sobre la arena. 27 Descendió la lluvia, vinieron ríos, soplaron vientos y dieron con ímpetu contra aquella casa; y cayó, y fue grande su ruina.»*
*28 Cuando terminó Jesús estas palabras, la gente estaba admirada de su doctrina, 29 porque les enseñaba como quien tiene autoridad y no como los escribas.*

*- Mateo 7:24-29*

**Jesús** termina Su mensaje con un llamamiento a edificar su vida sobre Sus enseñanzas. **"Todo el que escucha mi enseñanza y la sigue":** Si alguna vez había una duda que Jesús seriamente espera que Sus discípulos obedezcan Sus enseñanzas, esa idea se elimina rápidamente en estos pocos versículos.

**Nuestra meta es edificar** nuestras vidas para que podamos resistir las inevitables pruebas de la vida y traer gloria a Dios. Nosotros solo podemos lograr este gran esfuerzo aprendiendo a vivir las enseñanzas de Jesús en la vida diaria.

*Digo, pues: Andad en el Espíritu, y no satisfagáis los deseos de la carne... Si vivimos por el Espíritu, andemos también por el Espíritu.*

**- Galatians 5:16 & 25**

## III. Escriba Sus Observaciones:

| La enseñanza o cultura del Antiguo Testamento | Versículos 26-27: |
| --- | --- |
| **El estándar superior de Jesús:** | Versículos 24-25: |
| **Aplicación(es) que transforma(n)** | Versículo 24: |
| **Resultados de la obediencia o la desobediencia** | Versículo 25: |

1. ¿Cuál es la diferencia entre la persona sabia y la necia?
2. ¿Qué experiencia tenían en común la persona sabia y la necia?
3. ¿Cuál fue la reacción de las personas que escucharon a Jesús enseñar?

_____
_____
_____
_____
_____
_____
_____
_____

## IV. Escriba Sus Aplicaciones:

1. ¿Estoy edificando mi vida sobre la roca o la arena? ¿Sería obvio para observadores externos?

2. Escriba sobre la autoridad de Jesús en su vida.

_____
_____
_____
_____
_____
_____
_____
_____
_____
_____
_____
_____
_____
_____
_____
_____
_____
_____
_____
_____
_____
_____

## V. Memorice Versículos: _____

**VI. Ore** postrado de rodillas con la cara hacia el suelo: Agradezca a Dios y pídale por la sabiduría y fuerza para aplicar lo que ha aprendido.

**VII. ¡Vaya** y edifique su vida sobre la roca!

**Día 38:** Mateo 7:24-29
**Tema del pasaje:** ¡Edifique su vida sobre la roca!
**Rasgo de carácter destacado:** Tener hambre y sed de justicia

**I. Ore** con la cara cerca al suelo: pídale a Dios que le revele la verdad sobre Él mismo y sobre usted.
**II. Lea** el pasaje en voz alta, y de pie.

*24 »A cualquiera, pues, que me oye estas palabras y las pone en práctica, lo compararé a un hombre prudente que edificó su casa sobre la roca. 25 Descendió la lluvia, vinieron ríos, soplaron vientos y golpearon contra aquella casa; pero no cayó, porque estaba cimentada sobre la roca. 26 Pero a cualquiera que me oye estas palabras y no las practica, lo compararé a un hombre insensato que edificó su casa sobre la arena. 27 Descendió la lluvia, vinieron ríos, soplaron vientos y dieron con ímpetu contra aquella casa; y cayó, y fue grande su ruina.» 28 Cuando terminó Jesús estas palabras, la gente estaba admirada de su doctrina, 29 porque les enseñaba como quien tiene autoridad y no como los escribas.*

- Mateo 7:24-29

## III. Lea los siguientes apuntes.

| | |
|---|---|
| **La enseñanza o cultura del Antiguo Testamento** | Versículos 26-27: Ignorar las verdaderas enseñanzas de Dios. |
| **El estándar superior de Jesús:** | Versículos 24-25: Construya su casa sobre la roca. |
| **Aplicación(es) que transforma(n)** | Versículo 24:<br>1. Oír las enseñanzas de Jesús<br>2. Actuar - edifique su vida sobre la Roca |
| **Resultados de la obediencia o la desobediencia** | Versículo 25: Ser fuerte<br>Versículo 26-27: Ser destruido |

**Todo el que escucha mi enseñanza y la sigue:** Si alguna vez había una duda que Jesús seriamente espera que Sus discípulos obedezcan Sus enseñanzas, esa idea se elimina rápidamente en estos pocos versículos.

En este momento, no es un asunto de debemos, o podemos cumplir las expectativas de Jesús. Sabemos que debemos, y sabemos que en el poder de Dios podemos ser obedientes:

*"Yo soy la vid verdadera, y mi Padre es el labrador. ² Él corta de mí toda rama que no produce fruto y poda las ramas que sí dan fruto, para que den aún más. ³ Ustedes ya han sido podados y purificados por el mensaje que les di. ⁴ Permanezcan en mí, y yo permaneceré en ustedes. Pues una rama no puede producir fruto si la cortan de la vid, y ustedes tampoco pueden ser fructíferos a menos que permanezcan en mí. "Ciertamente, yo soy la vid; ustedes son las ramas. Los que permanecen en mí y yo en ellos producirán mucho fruto porque, separados de mí, no pueden hacer nada."* (Juan 15:1-5).
*Por eso les digo: dejen que el Espíritu Santo los guíe en la vida. Entonces no se dejarán llevar por los impulsos de la naturaleza pecaminosa.* (Gálatas 5:16).

**Nuestra meta es edificar** nuestras vidas para que podamos resistir las inevitables pruebas de la vida y traer gloria a Dios. Nosotros solo podemos lograr este gran esfuerzo aprendiendo a vivir las enseñanzas de Jesús en la vida diaria. Por favor tome un poco tiempo para reflexionar sobre el Sermón del Monte...especialmente los rasgos de carácter de un discípulo y también el fruto del Espíritu. ¿En cuáles áreas necesita continuar a madurar como un discípulo de Jesús?

**Cómo respondió la multitud:** *Cuando Jesús terminó de decir esas cosas, las multitudes quedaron asombradas de su enseñanza, porque lo hacía con verdadera autoridad, algo completamente diferente de lo que hacían los maestros de la ley religiosa* (Mateo 7:28-29).

**Hay un gran contraste** entre todas otras enseñanzas en el mundo y la enseñanza de Jesús. Jesús habló con autoridad a Sus discípulos y a todos los que lo oyeron. Jesús nos habla hoy con esa misma autoridad. La pregunta para nosotros es simple, "¿Tengo hambre y sed de justicia?" Si la respuesta es sí, entonces querremos vivir nuestras vidas bajo la autoridad del gran y poderoso Salvador: ¡Jesús el Rey!

| Características - Mateo 5:3-10 | Fruto del Espíritu - Gálatas 5:22 | Recompensa - Mateo 5:3-10 |
|---|---|---|
| Pobres en espíritu - humildes ante Dios | amor | El reino del cielo |
| Los que lloran | alegría | consuelo |
| Los que son humildes | paz | Heredarán toda la tierra |
| Los que tienen hambre y sed de la justicia | paciencia | Serán saciados |
| Los compasivos | bondad | Serán tratados con compasión |
| Los que tienen corazón puro | fidelidad/humildad | Verán a Dios |
| Los que procuran la paz | gentileza | Serán llamados hijos de Dios |
| Los que son perseguidos | Control propio | El reino del cielo |

**IV. Escribe** sobre su deseo de vivir según la autoridad del Rey Jesús:

_____

_____

_____

_____

_____

_____

_____

_____

_____

_____

_____

_____
_____
_____
_____
_____
_____
_____
_____
_____
_____
_____
_____
_____
_____
_____
_____

**V. Memorice Versículos:** _____

**VI. Ore** (postrado de rodillas con la cara hacia el suelo): Agradezca a Dios y pídale por la sabiduría y fuerza para aplicar lo que ha aprendido.

**Oración: Querido Jesús,** para Tu gloria y la gloria de Tu Padre, por favor ayúdame a ser pobre en espíritu y a lamentar el pecado en mi propia vida y el pecado en este mundo. Gracias que Tú eres humilde, por favor ayúdame a seguir Tu ejemplo perfecto. Señor, dame hambre y sed de la justicia que está arraigada en Ti. Que yo sea compasivo a otros cómo Tú has sido compasivo hacia mí. Señor que yo tenga pureza de corazón - por favor revela y quita de mí cualquier cosa pecaminosa. Como un embajador que yo traiga paz a través de Tu Evangelio, y por favor ayúdame a superar bien cualquier persecución que viene como resultado. ¡Que estas cosas sean verdaderas para que Tu amor, alegría, paz, paciencia, bondad, fidelidad, gentileza, y control propio se derramen de mí en plenitud y bendición! Pero sobre todo Jesús, me humillo bajo Tu autoridad - Tú eres mi Salvador y Rey, y entrego todo lo que soy a Ti. En Tu Nombre Jesús - que todo esto sea verdad - aún cuando mi carne lucha duro contra ello - ¡que sea verdad porque Tú, Jesús, eres digno, digno, digno! ¡Amén!

**VII. ¡Vaya** y continúe a construir sobre Jesús y Sus enseñanzas!

**Día 39:** Mateo 28:18-20
**Tema del pasaje:** Hacer discípulos
**Rasgo de carácter destacado:** Ser pacificador

**I. Ore** con la cara cerca al suelo: pídale a Dios que le revele la verdad sobre Él mismo y sobre usted.

**II. Lea** el pasaje en voz alta, y de pie.

*18 And Jesus came and said to them, "All authority in heaven and on earth has been given to me. 19 Go therefore and make disciples of all nations, baptizing them in the name of the Father and of the Son and of the Holy Spirit, 20 teaching them to observe all that I have commanded you. And behold, I am with you always, to the end of the age."*

*- Mateo28:18-20*

**III. Lea** los siguientes apuntes.

**Continuamos desde donde lo dejamos ayer - ¡la AUTORIDAD de JESÚS!**

Jesús tiene toda la autoridad en el cielo y en la tierra. Basado en Su suprema autoridad Jesús nos manda a:

1. **Ir**
2. **Hacer discípulos**
3. **Bautizar**
4. **Enseñar**

**Ir:** Debemos ser proactivos en compartir el Evangelio. Necesitamos orar, buscar, y llamar. Debemos compartir Jesús con aquellos que no Lo conocen todavía. Vaya al próximo cubículo, a sus vecinos, a la gente en la comunidad, al otro lado del globo. Realmente solo vaya con la persona que Dios le haya pedido vaya a comunicarse. ¡Continúe a hacer eso durante toda la vida y esté contento con donde sea eso le lleva y cualquier cosa que Dios le pide hacer para abrir puertas para compartir Jesús! ¡Vamos a ser discípulos activos que VAN!

**Hacer discípulos:** Nuestra meta es más que simplemente ver a la gente ser salvo. Somos llamados a ser discípulos maduros que ayudan a otros a hacerse discípulos maduros. Necesitamos continuar creciendo para que nuestra capacidad de ayudar a otros aumente. Si se centra en la gloria de Dios y el crecimiento de otros, naturalmente crecerá en su capacidad también. Si se centra en su propio crecimiento como su objetivo primario, probablemente no crecerá tan rápidamente o profundamente. Nos beneficiamos, crecemos, y tenemos más gozo cuando nuestra prioridades son:

1. La gloria de Dios.
2. El bien de otros.
3. Nosotros mismos.

**Bautizar:** El bautismo es un paso importante en la vida de un creyente. Desde que usted ha puesto su confianza en Jesús como Salvador y Rey, ¿ha sido bautizado? Si no, ¿qué le entorpece de tomar este simple paso de obediencia? ¿Hay creyentes en su esfera de influencia que necesitan ser bautizados como un paso importante en su desarrollo espiritual como discípulos del Rey Jesús?

**Enseñar:** Todos los discípulos necesitan ser enseñados a observar todas las cosas que Jesús nos mandó. ¿Cuáles son las cosas que Jesús mandó? Todo lo que Jesús enseñó en los Evangelios y la continuación de esas enseñanzas en las cartas de los Apóstoles en el Nuevo Testamento debe ser enseñado a todos los discípulos. Sin embargo no hay una explicación más concisa y clara de las expectativas de Jesús para los discípulos que el Sermón del Monte. Podemos tener confianza que si cualquier persona oye las palabras de Jesús y las pone en práctica que esa persona se hará un seguidor sabio y maduro de Jesús. Ahora no podemos esperar hacer un discípulo maduro en este corto periodo de tiempo, pero debemos esperar progreso. Mire como su propia vida ha cambiado a través de este corto periodo de tiempo. El Sermón del Monte es un pasaje que los discípulos deben leer consistentemente y referir a ello a través del curso de la vida. ¿Quiénes son las 3 personas que usted va a animar a empezar el Desafío de 40 Días? Por favor contáctelos hoy y ayúdelos a empezar.

**Oración:** Ore lo que está en su corazón según los temas claves del Sermón del Monte.

## Día 40: Reflexionar

**I. Ore** con la cara cerca al suelo: pídale a Dios que le revele la verdad sobre Él mismo y sobre usted.

**II. Lea Mateo 4:18-7:29** desde el Apéndice A. Por favor lea mientras está de pie y en voz alta con énfasis. Estamos grabando la totalidad de este mensaje en nuestras mentes y corazones. Queremos sentir su importancia y poder. ¡Deseamos que las Escrituras nos cambien!

¿Está gozando de una mayor intimidad con Dios? ¿Se están haciendo más claras las expectativas de Jesús? ¿Está creciendo su deseo de edificar su vida en Él y en Sus enseñanzas? A la misma vez, necesitamos ser conscientes de que habrá oposición y luchas mientras crecemos en intimidad con nuestro Salvador y Rey. La oposición viene de tres fuentes:

1.  **Nuestra carne pecaminosa:** el deseo de mantener patrones cómodos y establecidos aún cuando sabemos que son malos. El pecado es poderoso, y no podremos tener la victoria separados de Jesús.
2.  **La ignorancia espiritual:** cuando comenzamos a seguir a Jesús, no entendemos inmediatamente cada detalle de cómo deben cambiar nuestras actitudes, palabras y acciones. El Espíritu Santo inmediatamente nos convencerá de algunas cosas pero definitivamente no todas las cosas que necesitamos cambiar en nuestras vidas. Muchos otros cambios y ajustes precisos ocurrirán si continuamos creciendo en Cristo.
3.  **El ataque espiritual:** El reino de la oscuridad no se ve amenazado por creyentes tibios. Pero si está creciendo en Cristo, ahora usted es una amenaza y el Enemigo luchará contra usted. ¡No se desanime, humildemente pídale al Rey por ayuda y continúe a perseverar!

## III. Escriba Sus Observaciones:

1. ¿Qué fue lo que más te impactó del mensaje de Jesús?
2. ¿Cuáles son las grandes preguntas que todavía están sin respuesta?

_____

_____

_____

## IV. Escriba Sus Aplicaciones:

1. ¿Cuál es la aplicación más grande de la enseñanza de Jesús que necesita poner en práctica?

2. ¿Ya ha ayunado? ¿Si es así, qué experimentó/aprendió?

_____

_____

_____

_____

_____

_____

_____

_____

_____

_____

_____

_____

_____

_____

_____

_____

_____

_____

_____

_____

_____

_____

_____

_____

## V. Memorice Versículos: _____

**Preguntas de reflexión:** ¿Cómo le va en la memorización de Escritura hasta ahora? ¿Qué porcentaje del pasaje ya tiene memorizado? No se desanime si piensa que no ha memorizado tanto como debería. Perseverando, y verá aún más progreso. ¿Cuál estrategia le ha funcionado mejor y cuál no?

**Siguientes pasos:**

1. Nos encantaría recibir sus comentarios. Por favor mande un correo electrónico breve a cmb3books@gmail.com con la línea de asunto: Comentarios. Le mandaremos una encuesta muy breve. ¡Muchas gracias por su ayuda!

2. Contacte a 3 de sus amigos/familiares que se beneficiarían de participar en el Desafío de 40 Días. Por favor comprométase a seguir hasta el final con ellos.

Familiar: _____

Amigo: _____

Conocido: _____

Recomendaciones para su próximo estudio:

1. Escoja un libro de la Biblia y estúdielo usando el patrón de este libro: Ore y B.O.P.O. (Vea el Apéndice D para instrucciones.)

2. Anote en su calendario para hacer el desafío otra vez en 6 meses o al principio del próximo año (cualquier opción esté más cercana). La clave de hacer que las Escrituras sean parte de quienes somos con la habilidad de accederlas en situaciones difíciles viene de una exposición consistente. ¡Necesitamos estudiar, meditar sobre la Palabra, y practicar!

**¡Felicitaciones por completar el desafío!** ¡Qué Dios continúe moldeándonos más y más en la imagen de Jesús, nuestro Salvador y Rey! ¡Qué Dios reciba toda la gloria para todo lo bueno que surge de nuestras vidas a través de este libro!

**¡Vaya y ayude a hacer discípulos!**

**VI. Ore** postrado de rodillas con la cara hacia el suelo: Agradezca a Dios y pídale por la sabiduría y fuerza para aplicar lo que ha aprendido.

**VII. Vaya** y tenga un día estupendo y busque aplicar por lo menos una cosa que ha aprendido del pasaje de hoy. Si el Señor nos da la mañana, continuemos profundizando en la obediencia y las enseñanzas de Jesús - ¡paso a paso!

## Appendix A
Mateo 5–7 (RVR95)

## Mateo 5

1Viendo la multitud, subió al monte y se sentó. Se le acercaron sus discípulos,
2y él, abriendo su boca, les enseñaba diciendo:

3«Bienaventurados los pobres en espíritu,
porque de ellos es el reino de los cielos.
4Bienaventurados los que lloran,
porque recibirán consolación.
5Bienaventurados los mansos,
porque recibirán la tierra por heredad.
6Bienaventurados los que tienen hambre y sed de justicia,
porque serán saciados.
7Bienaventurados los misericordiosos,
porque alcanzarán misericordia.
8Bienaventurados los de limpio corazón,
porque verán a Dios.
9Bienaventurados los pacificadores,
porque serán llamados hijos de Dios.
10Bienaventurados los que padecen persecución por causa de la justicia,
porque de ellos es el reino de los cielos.
11Bienaventurados seréis cuando por mi causa os insulten, os persigan y digan toda clase de mal contra vosotros, mintiendo.
12»Gozaos y alegraos, porque vuestra recompensa es grande en los cielos, pues así persiguieron a los profetas que vivieron antes de vosotros.

13»Vosotros sois la sal de la tierra; pero si la sal pierde su sabor, ¿con qué será salada? No sirve más para nada, sino para ser echada fuera y pisoteada por los hombres.
14»Vosotros sois la luz del mundo; una ciudad asentada sobre un monte no se puede esconder. 15Ni se enciende una luz y se pone debajo de una vasija, sino sobre el candelero para que alumbre a todos los que están en casa. 16Así alumbre vuestra luz delante de los hombres, para que vean vuestras buenas obras y glorifiquen a vuestro Padre que está en los cielos.

17»No penséis que he venido a abolir la Ley o los Profetas; no he venido a abolir, sino a cumplir, 18porque de cierto os digo que antes que pasen el cielo y la tierra, ni una jota ni una tilde pasará de la Ley, hasta que todo se haya cumplido. 19De manera que cualquiera que quebrante uno de estos mandamientos muy pequeños y así enseñe a los hombres, muy pequeño será llamado en el reino de los cielos; pero cualquiera que los cumpla y los enseñe, este será llamado grande en el reino de los cielos.

20»Por tanto, os digo que si vuestra justicia no fuera mayor que la de los escribas y fariseos, no entraréis en el reino de los cielos.

21»Oísteis que fue dicho a los antiguos: "No matarás", y cualquiera que mate será culpable de juicio. 22Pero yo os digo que cualquiera que se enoje contra su hermano, será culpable de juicio; y cualquiera que diga "Necio" a su hermano, será culpable ante el Concilio; y cualquiera que le diga "Fatuo", quedará expuesto al infierno de fuego.

23»Por tanto, si traes tu ofrenda al altar y allí te acuerdas de que tu hermano tiene algo contra ti, 24deja allí tu ofrenda delante del altar y ve, reconcíliate primero con tu hermano, y entonces vuelve y presenta tu ofrenda. 25Ponte de acuerdo pronto con tu adversario, entre tanto que estás con él en el camino, no sea que el adversario te entregue al juez, y el juez al guardia, y seas echado en la cárcel. 26De cierto te digo que no saldrás de allí hasta que pagues el último cuadrante.

27»Oísteis que fue dicho: "No cometerás adulterio." 28Pero yo os digo que cualquiera que mira a una mujer para codiciarla, ya adulteró con ella en su corazón.

29»Por tanto, si tu ojo derecho te es ocasión de caer, sácalo y échalo de ti, pues mejor te es que se pierda uno de tus miembros, y no que todo tu cuerpo sea arrojado al infierno. 30Y si tu mano derecha te es ocasión de caer, córtala y échala de ti, pues mejor te es que se pierda uno de tus miembros, y no que todo tu cuerpo sea arrojado al infierno.

31»También fue dicho: "Cualquiera que repudie a su mujer, déle carta de divorcio." 32Pero yo os digo que el que repudia a su mujer, a no ser por causa de fornicación, hace que ella adultere, y el que se casa con la repudiada, comete adulterio.

33»Además habéis oído que fue dicho a los antiguos: "No jurarás en falso, sino cumplirás al Señor tus juramentos." 34Pero yo os digo: No juréis de ninguna manera: ni por el cielo, porque es el trono de Dios; 35ni por la tierra, porque es el estrado de sus pies; ni por Jerusalén, porque es la ciudad del gran Rey. 36Ni por tu cabeza jurarás, porque no puedes hacer blanco o negro un solo cabello. 37Pero sea vuestro hablar: "Sí, sí" o "No, no", porque lo que es más de esto, de mal procede.

38»Oísteis que fue dicho: "Ojo por ojo y diente por diente." 39Pero yo os digo: No resistáis al que es malo; antes, a cualquiera que te hiera en la mejilla derecha, vuélvele también la otra; 40al que quiera ponerte a pleito y quitarte la túnica, déjale también la capa; 41a cualquiera que te obligue a llevar carga por una milla, ve con él dos. 42Al que te pida, dale; y al que quiera tomar de ti prestado, no se lo niegues.

43»Oísteis que fue dicho: "Amarás a tu prójimo y odiarás a tu enemigo." 44Pero yo os digo: Amad a vuestros enemigos, bendecid a los que os maldicen, haced bien a los que os odian y orad por los que os ultrajan y os persiguen, 45para que seáis hijos de vuestro Padre que está en los cielos, que hace salir su sol sobre malos y buenos y llover sobre justos e injustos. 46Si amáis a los que os aman, ¿qué recompensa tendréis? ¿No hacen también lo mismo los publicanos? 47Y si saludáis a vuestros hermanos solamente, ¿qué hacéis de más? ¿No hacen también así los gentiles? 48Sed, pues, vosotros perfectos, como vuestro Padre que está en los cielos es perfecto.

## Mateo 6

1»Guardaos de hacer vuestra justicia delante de los hombres para ser vistos por ellos; de otra manera no tendréis recompensa de vuestro Padre que está en los cielos. 2Cuando, pues, des limosna, no hagas tocar trompeta delante de ti, como hacen los hipócritas en las sinagogas y en las calles, para ser alabados por los hombres; de cierto os digo que ya tienen su recompensa. 3Pero cuando tú des limosna, no sepa tu izquierda lo que hace tu derecha, 4para que sea tu limosna en secreto; y tu Padre, que ve en lo secreto, te recompensará en público.

5»Cuando ores, no seas como los hipócritas, porque ellos aman el orar de pie en las sinagogas y en las esquinas de las calles para ser vistos por los hombres; de cierto os digo que ya tienen su recompensa. 6Pero tú, cuando ores, entra en tu cuarto, cierra la puerta y ora a tu Padre que está en secreto; y tu Padre, que ve en lo secreto, te recompensará en público.

7»Y al orar no uséis vanas repeticiones, como los gentiles, que piensan que por su palabrería serán oídos. 8No os hagáis, pues, semejantes a ellos, porque vuestro

Padre sabe de qué cosas tenéis necesidad antes que vosotros le pidáis. 9Vosotros, pues, oraréis así:

»"Padre nuestro que estás en los cielos,

santificado sea tu nombre.

10Venga tu Reino.

Hágase tu voluntad, como en el cielo, así también en la tierra.

11El pan nuestro de cada día, dánoslo hoy.

12Perdónanos nuestras deudas,

como también nosotros perdonamos a nuestros deudores.

13No nos metas en tentación,

sino líbranos del mal,

porque tuyo es el Reino, el poder y la gloria,

por todos los siglos. Amén".

14»Por tanto, si perdonáis a los hombres sus ofensas, os perdonará también a vosotros vuestro Padre celestial; 15pero si no perdonáis sus ofensas a los hombres, tampoco vuestro Padre os perdonará vuestras ofensas.

16»Cuando ayunéis, no pongáis cara triste, como los hipócritas que desfiguran sus rostros para mostrar a los hombres que ayunan; de cierto os digo que ya tienen su recompensa. 17Pero tú, cuando ayunes, unge tu cabeza y lava tu rostro, 18para no mostrar a los hombres que ayunas, sino a tu Padre que está en secreto; y tu Padre, que ve en lo secreto, te recompensará en público.

19»No os hagáis tesoros en la tierra, donde la polilla y el moho destruyen, y donde ladrones entran y hurtan; 20sino haceos tesoros en el cielo, donde ni la polilla ni el moho destruyen, y donde ladrones no entran ni hurtan, 21porque donde esté vuestro tesoro, allí estará también vuestro corazón.

22»La lámpara del cuerpo es el ojo; así que, si tu ojo es bueno, todo tu cuerpo estará lleno de luz; 23pero si tu ojo es maligno, todo tu cuerpo estará en tinieblas. Así que, si la luz que hay en ti es tinieblas, ¿cuántas no serán las mismas tinieblas? 24

»Ninguno puede servir a dos señores, porque odiará al uno y amará al otro, o estimará al uno y menospreciará al otro. No podéis servir a Dios y a las riquezas.

25»Por tanto os digo: No os angustiéis por vuestra vida, qué habéis de comer o qué habéis de beber; ni por vuestro cuerpo, qué habéis de vestir. ¿No es la vida más que el alimento y el cuerpo más que el vestido? 26Mirad las aves del cielo, que no siembran, ni siegan, ni recogen en graneros; y, sin embargo, vuestro Padre celestial las alimenta. ¿No valéis vosotros mucho más que ellas? 27¿Y quién de vosotros podrá, por mucho que se angustie, añadir a su estatura un codo? 28Y por el vestido, ¿por qué os angustiáis? Considerad los lirios del campo, cómo crecen: no trabajan ni hilan; 29pero os digo que ni aun Salomón con toda su gloria se vistió como uno de ellos. 30Y si a la hierba del campo, que hoy es y mañana se quema en el horno, Dios la viste así, ¿no hará mucho más por vosotros, hombres de poca fe? 31No os angustiéis, pues, diciendo: "¿Qué comeremos, o qué beberemos, o qué vestiremos?", 32porque los gentiles se angustian por todas estas cosas, pero vuestro Padre celestial sabe que tenéis necesidad de todas ellas. 33Buscad primeramente el reino de Dios y su justicia, y todas estas cosas os serán añadidas.

34»Así que no os angustiéis por el día de mañana, porque el día de mañana traerá su propia preocupación. Basta a cada día su propio mal.

## Mateo 7

1»No juzguéis, para que no seáis juzgados, 2porque con el juicio con que juzgáis seréis juzgados, y con la medida con que medís se os medirá. 3¿Por qué miras la paja que está en el ojo de tu hermano y no echas de ver la viga que está en tu propio ojo? 4¿O cómo dirás a tu hermano: "Déjame sacar la paja de tu ojo", cuando tienes la viga en el tuyo? 5¡Hipócrita! saca primero la viga de tu propio ojo, y entonces verás bien para sacar la paja del ojo de tu hermano.

6»No deis lo santo a los perros, ni echéis vuestras perlas delante de los cerdos, no sea que las pisoteen y se vuelvan y os despedacen.

7»Pedid, y se os dará; buscad, y hallaréis; llamad, y se os abrirá, 8porque todo aquel que pide, recibe; y el que busca, halla; y al que llama, se le abrirá. 9¿Qué hombre hay de vosotros, que si su hijo le pide pan, le dará una piedra? 10¿O si le pide un pescado, le dará una serpiente? 11Pues si vosotros, siendo malos, sabéis dar buenas cosas a vuestros hijos, ¿cuánto más vuestro Padre que está en los cielos dará buenas cosas a los que le pidan? 12Así que todas las cosas que queráis que los hombres hagan con vosotros, así también haced vosotros con ellos, pues esto es la Ley y los Profetas.

13»Entrad por la puerta angosta, porque ancha es la puerta y espacioso el camino que lleva a la perdición, y muchos son los que entran por ella; 14pero angosta es la puerta y angosto el camino que lleva a la vida, y pocos son los que la hallan.

15»Guardaos de los falsos profetas, que vienen a vosotros vestidos de ovejas, pero por dentro son lobos rapaces. 16Por sus frutos los conoceréis. ¿Acaso se recogen uvas de los espinos o higos de los abrojos? 17Así, todo buen árbol da buenos frutos, pero el árbol malo da frutos malos. 18No puede el buen árbol dar malos frutos, ni el árbol malo dar frutos buenos. 19Todo árbol que no da buen fruto, es cortado y echado en el fuego. 20Así que por sus frutos los conoceréis.

21»No todo el que me dice: "¡Señor, Señor!", entrará en el reino de los cielos, sino el que hace la voluntad de mi Padre que está en los cielos. 22Muchos me dirán en aquel día: "Señor, Señor, ¿no profetizamos en tu nombre, y en tu nombre echamos fuera demonios, y en tu nombre hicimos muchos milagros?" 23Entonces les declararé: "Nunca os conocí. ¡Apartaos de mí, hacedores de maldad!"

24»A cualquiera, pues, que me oye estas palabras y las pone en práctica, lo compararé a un hombre prudente que edificó su casa sobre la roca. 25Descendió la lluvia, vinieron ríos, soplaron vientos y golpearon contra aquella casa; pero no cayó, porque estaba cimentada sobre la roca. 26Pero a cualquiera que me oye estas palabras y no las practica, lo compararé a un hombre insensato que edificó su casa sobre la arena. 27Descendió la lluvia, vinieron ríos, soplaron vientos y dieron con ímpetu contra aquella casa; y cayó, y fue grande su ruina.»

28Cuando terminó Jesús estas palabras, la gente estaba admirada de su doctrina, 29porque les enseñaba como quien tiene autoridad y no como los escribas.

## Apéndice B

### Métodos para la memorización bíblica

Seleccione una sección de versículos para memorizar de Mateo 5, 6, o 7. Lo largo podría ser desde 4 versículos o más. Si no ha memorizado mucho de las Escrituras en el pasado, empecemos con una sección más pequeña y luego añadir más una vez que alcancemos el éxito.

El pasaje que estoy memorizando durante el Desafío de 40 Días:

_____

### Método 1: Repetir el pasaje

1. Léalo en voz alta tantas veces que puede en su tiempo asignado. Anote cuantas veces lo ha leído en voz alta. No siga al paso 2 hasta que haya leído el pasaje 50 veces. También escuche el pasaje de audio mientras maneja al trabajo, va de paseo o a correr, etc. Pero asegúrese que está siendo consistente con cuál versión está usando (RVR, NTV, etc). En gran parte tendrá el pasaje memorizado antes de empezar el "trabajo" y sólo tendrá que refinar los detalles. Las canciones que sabe de memoria y las líneas de su película favorita que puede citar muestra que esto es verdad. Ni siquiera estaba intentando, pero la repetición hizo su trabajo.
2. Escriba el pasaje varias veces.
3. Escriba el pasaje, saltando algunas palabras y dejando espacios en su lugar.
4. Asegúrese que puede llenar todas las palabras claves de memoria.
5. Repita de memoria tanto del pasaje que pueda. Note áreas que necesitan más práctica y céntrese en ellos mientras avanza.

### Método 2: Versículo por versículo

Vamos a usar Mateo 5:14 como un ejemplo:
"Vosotros sois la luz del mundo; una ciudad asentada sobre un monte no se puede esconder" (RVR95).

1. Lea el versículo varias veces en voz alta, mirando cada palabra que se lee.
2. Lea en voz alta algunas veces frase por frase y repetir: "Vosotros sois la luz del mundo"…"Vosotros sois la luz del mundo…"Vosotros sois la luz del

mundo"... "una ciudad asentada sobre"..."una ciudad asentada sobre"... "una ciudad asentada sobre"…

3. Escriba el versículo 2 o 3 veces.
4. Escriba el versículo con algunos espacios y asegúrese que puede llenar todas las palabras claves de memoria.

"Vosotros sois la _____ del _____, como una _____ asentada sobre no se puede _____."

1. Luego empiece a decir tanto del versículo que es posible sin ayuda...si se necesita ayuda, lea el versículo dos veces más e intente de nuevo.

2. Ponga cada versículo que está memorizando en una tarjeta y póngala en un lugar donde la verá varias veces al día.

3. Después de que el versículo está memorizado, repáselo cada día mientras añade más versículos. Por ejemplo cuando memoriza el versículo 15, dígalo como una extensión del versículo 14...esto es una buena manera de continuar a añadir versículos y poner claves pasajes bíblicos en nuestra memoria de largo plazo.

## Método 3: Usar una aplicación para la memorización bíblica

Se puede encontrar una aplicación gratis o de bajo coste que le ayudará a memorizar las Escrituras. Encuentre una con un método que le sirve.

## Apéndice C

### Como usar este libro en un grupo de estudio o una escuela dominical

Opción 1: Pida que los participantes accedan a hacer cierto número de días entre las reuniones semanales. Anime a los participantes que lean sus anotaciones de diario de días específicos. Hablen sobre lo que aprendieron esa semana y sobre lo que fue desafiante. Oren los unos por los otros mientras todos buscan seguir a Jesús más completamente.

Opción 2: Anime a los participantes en su grupo a hacer el desafío en los 40 días como normal. Reúnase semanalmente para hablar sobre un día del estudio cada semana. Las enseñanzas del Rey continuamente se traerán a la mente a través del año. Cuando considera los días festivos y otros eventos especiales, la mayoría de grupos pequeños de estudio necesitarán un año entero para completar el libro.

Cualquier método que usa con su grupo de estudio o su escuela dominical, por favor déjeme saber lo que le sirve mejor para su grupo. Me encantaría compartir más opciones buenas con usuarios futuros.

## Apéndice D

**B.O.P.O. -** Un método interactivo diario para el estudio bíblico

El método diario para el estudio bíblico B.O.P.O. (S.O.A.P., por sus siglas en inglés) es una herramienta valiosa para el discipulado mientras participamos en la misión de Jesús! Es útil para la formación espiritual personal y el discipulado de otros. Le ayuda a estudiar la Biblia, a compartir la Biblia con otros, y a enseñar a otros hacer lo mismo. Antes de empezar su estudio, pídale a Dios que le enseñe por la instrucción del Espíritu Santo.

**B**iblia: Anote la referencia bíblica del pasaje que está estudiando. Después de haber escrito sus secciones de observación y aplicación, vuelva para escribir los 1 o 2 versículos que tuvieron un gran impacto en usted. Piense en tomar el paso extra de memorizar algunos de los versículos que tienen un efecto en su corazón.

**O**bservar: Lea el pasaje lentamente y cuidadosamente por lo menos 3 veces. Cuanto más lo lea, mejor serán sus observaciones. Léalo en voz alta por lo menos una vez mientras se concentra en cada palabra. Describa lo que pasa en el pasaje o lo que dice el pasaje. Intente encontrar por lo menos una observación para cada versículo. Por favor describa:

1. ¿Quién escribió el pasaje o a quién se escribe?
2. ¿Cuál(es) es/son el punto(s) principal(es) del autor?
3. ¿Qué me enseña este pasaje sobre Dios el Padre, Jesucristo, o el Espíritu Santo?
4. ¿Qué me enseña este pasaje sobre los humanos?
4. Escriba cualquier pregunta que tiene mientras está observando.

**P**racticar: ¿Cómo quiere Dios que poner en práctica las observaciones en su vida ahora o en el futuro? ¿Dice el pasaje que debe cambiar algo en su actitud, perspectiva, habla, o acciones?

**O**rar: Escriba una oración a Dios basada en lo que ha leído. Qué Dios nos de la sabiduría, el discernimiento, y el deseo de aplicar lo que estamos aprendiendo y ayudar a otros hacer lo mismo.

Nuestra meta es crecer por estudiar la Biblia consistentemente y aplicarla a nuestras vidas. ¡La meta no es simplemente obtener conocimiento, sino ser transformados! Crecerá a parecerse más a Jesús. Crecerá en su capacidad de discipular a otros. Los beneficios potenciales son significantes, y cosechara lo sembrado.

**B**iblia: _____
_____
_____
_____
_____

**O**bservar: _____
_____
_____
_____
_____
_____
_____
_____

**P**racticar: _____
_____
_____
_____
_____
_____
_____
_____

**O**rar: _____
_____
_____
_____
_____
_____
_____
_____

## Bibliografía

Stassen, Glen H. *Just Peacemaking: Transforming Initiatives for Justice and Peace.* Louisville, KY: John Knox Press, 1992.

Wiersbe, Warren W. Wiersbe's *Expository Outlines on the New Testament.* Wheaton, IL: Victor Books, 1992.

Willard, Dallas. *The Divine Conspiracy: Rediscovering Our Hidden Life in God.* New York: Harper, 1998.

Witmer, John A. *"Romans."* Edited by J. F. Walvoord and R. B. Zuck. *The Bible Knowledge Commentary: An Exposition of the Scriptures.* Wheaton, IL: Victor Books, 1985.

**Página de diario adicional** _____

**Página de diario adicional_____**

**Página de diario adicional_____**

_____
_____
_____
_____
_____
_____
_____
_____
_____
_____
_____
_____
_____
_____
_____
_____
_____
_____
_____
_____
_____
_____
_____
_____
_____
_____
_____
_____
_____
_____
_____
_____
_____

**Página de diario adicional_____**

_____
_____
_____
_____
_____
_____
_____
_____
_____
_____
_____
_____
_____
_____
_____
_____
_____
_____
_____
_____
_____
_____
_____
_____
_____
_____
_____
_____
_____
_____
_____
_____
_____

## Página de diario adicional_____

_____
_____
_____
_____
_____
_____
_____
_____
_____
_____
_____
_____
_____
_____
_____
_____
_____
_____
_____
_____
_____
_____
_____
_____
_____
_____
_____
_____
_____
_____
_____
_____
_____

## Página de diario adicional_____

**Página de diario adicional_____**

_____
_____
_____
_____
_____
_____
_____
_____
_____
_____
_____
_____
_____
_____
_____
_____
_____
_____
_____
_____
_____
_____
_____
_____
_____
_____
_____
_____
_____
_____
_____
_____
_____

**Página de diario adicional\_\_\_\_\_**

**Página de diario adicional_____**

_____
_____
_____
_____
_____
_____
_____
_____
_____
_____
_____
_____
_____
_____
_____
_____
_____
_____
_____
_____
_____
_____
_____
_____
_____
_____
_____
_____
_____
_____
_____
_____
_____

y decían a gran voz: «El Cordero que fue inmolado es digno de tomar el poder, las riquezas, la sabiduría, la fortaleza, la honra, la gloria y la alabanza.»                                                  - Apocalipsis 5:12

El que da testimonio de estas cosas dice: «Ciertamente vengo en breve.» ¡Amén! ¡Ven, Señor Jesús! La gracia de nuestro Señor Jesucristo sea con todos vosotros. Amén.                                   - **Apocalipsis** 22:20–21

Made in the USA
Middletown, DE
12 July 2021

Made in the USA
Las Vegas, NV
09 February 2021

17402413R00120

**AT THE FEET OF THE KING**
**A 40 DAY CHALLENGE**

**Rediscovering what Jesus expected of His first disciples and how it can change your life too.**

**Chet M. Boyd III**

## Gratitude:

All glory to God for every good gift! I want to give a special thank you to those who have encouraged and helped me to follow Jesus.

To my mom and dad: Growing up in our home, your lives were consistent and authentic from Sunday through Saturday. I did not have to ask if you really believed in Jesus and what He said. The quality and character of your lives answered the question. I pray that my children will be able to say the same when they look back at their childhoods. Thank you dad for your many hours of proofreading.

To my wonderful wife Claire: Words cannot express my gratitude for all your sacrifice and encouragement throughout the years. The time and space needed to finish this book would not be possible without you. Thank you for all the extra you have done and for all the lost sleep. You are my true friend and love!

To my One Hope Church family: Thank you, thank you, thank you for the privilege of allowing me to serve our city and world with you. Thank you for your love, prayers, and encouragement to get this done. I love you all deeply. A special thank you to those who were early adopters to this challenge and provided feedback that helped improve this book.

To my Rio Blanco/Orizaba/Zongolica family: Thank you for loving our church and my family. Our friendship and working together for the Lord has been one of the great joys of my life. So many times your lives have shown the reality of what it means to take the teaching of Jesus seriously. You have been part of this project from early on. Thank you!

There are so many more to thank, and I cannot do justice to all the people the Lord has blessed my life with from BGC, Camp Hope, WU, DCF, Radius, Hidalgo, Elkin, and many more. Thank you!

## Dedication:

*At The Feet of the King* is dedicated to all who seek to make disciples of Jesus, especially those who do so at the risk of their very lives. May God give you the courage and strength to continue, and may this book be a blessing in your efforts!

And to my kids, Hannah Rose, Micah, and Joanna Grace - follow the King and you will be full of joy and every good fruit! I pray that you will exceed me in everything concerning faith, love, grace, mercy, and justice! Share the Good News of Jesus always!

| Day | Matthew | Theme | Character Emphasis |
|-----|---------|-------|--------------------|
| 1 | ch. 5-7 | Big Picture | |
| 2-3 | 5:1-10 | The Character of a Disciple | Expectations for followers of Jesus |
| 4-6 | 5:11-16 | The Cost of Being Salt & Light | Enduring suffering and Pure in Heart |
| 7-8 | 5:17-20 | Jesus, the Law & Prophets | Hunger and Thirst for Righteousness |
| 9-10 | 5:21-26 | How to be a Peacemaker | Actively Pursuing Peace |
| 11-13 | 5:27-32 | Sin & Commitment | Pure in Heart/Peacemaker |
| 14-15 | 5:33-37 | Keep Your Word & Don't Manipulate | Pure in Heart |

| Day | Matthew | Theme | Character Emphasis |
|-----|---------|-------|---------------------|
| 16-18 | 5:38-48 | Handling Conflict with Love for All | Meekness & Perseverance |
| 19 | ch. 5 | Reflection | |
| 20-21 | 6:1-4 | Motivation in Giving | Pure in Heart |
| 22-23 | 6:5-15 | How to Pray | Humility |
| 24-25 | 6:16-18 | How to Fast | Hunger and Thirst for Righteousness |
| 26-27 | 6:19-24 | What My Heart Treasures | Hunger and Thirst for Righteousness |
| 28-29 | 6:25-34 | Do Not Worry | Hunger and Thirst for Righteousness |
| 30 | ch. 6 | Reflection | |
| 31-32 | 7:1-6 | Don't Be a Hypocrite | Mercy |
| 33-34 | 7:7-14 | Ask, Seek, Knock | Humility |
| 35-36 | 7:15-23 | Narrow Gate & False Prophets | Humility |
| 37-38 | 7:24-29 | Build Your Life on the Rock | Hunger and Thirst for Righteousness |
| 39 | 28:18-20 | Go & Make Disciples | Peacemaking |
| 40 | | Reflection | |

# Introduction

**Two types of people and two ways to read this book:** One of two things is true about each person reading this page. Either you are not a follower of Jesus or you are a follower of Jesus. If you are not a follower of Jesus, you can participate in this challenge to learn more about the teaching of Jesus and decide to receive Him as Savior and King or reject Him. If you are a follower of Jesus, you can participate in the challenge to gain a better understanding of the King's expectations for us and grow as one of His disciples.

**Jesus** told us to be His disciples and to follow Him. This begs the obvious question, "What does a disciple of Jesus look like in character, in speech, and in action?" Jesus gave His disciples the answer in one definitive message. This message is found in the Gospel of Matthew chapters 5, 6, and 7 (commonly called the Sermon on the Mount). Yet these chapters are often discounted, overlooked, and misunderstood. For 40 days we will sit at the feet of the greatest Teacher, Savior, and King our world could ever know. Together we will seek to understand and strive to apply His teaching to our every day lives. As we strive to grow as disciples we remember His words: *I am the vine; you are the branches. Whoever abides in me and I in him, he it is that bears much fruit, for apart from me you can do nothing* (**John 15:5**).

**The challenge** is to spend consistent and focused time at the feet of the King. Some of you will work through this book in exactly 40 days. The Scripture itself encourages us to meditate on God's Word day and night. It is highly recommended to commit to at least 4 days per week for this challenge. Over the 40 days we will work through the Sermon on the Mount twice. The first time you will journal on your own with a few helpful notes and questions to make your time more productive. The second time through you will be provided more detailed notes and challenges.

**Normal Daily Course:**
1. Pray with your face near the ground
2. Read the passage for the day standing up and out loud
3. Journal your observations
4. Journal your applications
5. Memorize
6. Pray with your face on the ground
7. Go and apply what you are learning

**Location:** it is highly recommended to find a quiet place for this challenge...not a coffee shop or other place with people and distractions.

**Heart Posture:** the most important aspect of our time at the King's feet is the position of our hearts. We need our hearts to be humble before the King; however, there are times when we know we are not where we need to be. What do we do when our hearts are out of tune or out of touch with the Lord? We should talk to God, agree with God, and trust God to draw us close to Himself.

**Body Posture:** The position of the physical body can be an important step in getting the heart where it needs to be. If we need more humility in our hearts, praying with our faces near the ground can also bow our hearts at the feet of the King. At other times when our heart is in near the Lord, we will not be able to help but to express that with our physical bodies in various ways such as speech, song, facial expression, or hands raised. We may find ourselves on the floor in a puddle of tears or dancing with joy.

**Recommendations** to the extent you are physically able: Please pray out loud (even if it is a quiet whisper) while kneeling with face near the floor - but not resting so you do not fall asleep. Please read the Scripture for each day out loud while standing up. The purpose here is not ritualistic but rather to keep one's mind focused on the task at hand. A few minutes of intention can be more fruitful than a long time in half hearted distraction. Study and journal in a place and body position that will help you to focus and stay alert.

> **"What does a disciple of Jesus look like in character, in speech, and in action?"** Jesus gives us the definitive answer in the Gospel of Matthew chapters 5, 6, and 7.

**Time of Day:** It is recommended to take on this challenge when you wake up to help you walk with Jesus throughout the day and to practice what the King is teaching you.

**Text and phones:** Please put your phone on airplane mode or remove it from the scene. The reason for this is again to avoid distraction from notifications and others so that we can spend uninterrupted time with King Jesus.

**Memorization:** On day 1 you will pick a section. If you fully memorize a section, you can pick another section. Just go back every few days to review your first section. If you want tips on how to memorize more effectively please see Appendix A.

**Research:** Research shows a tremendous difference in growth between those who engage Scripture 4 days or more each week compared to those who spend 3 days or less. With that in mind, please commit to a minimum of 4 days per week in the challenge. You are welcome to strive for 40 continuous days, but please do not beat yourself up if you miss a day. Just get right back in the next day. At 4x per week, the challenge will take 10 weeks. For research showing the statistical difference consistency makes please see: www.centerforbibleengagement.org/publications

**Extra Journaling Pages:** If you run out of room to write on a particular day, blank pages are available at the back of the book.

**Journal Your Commitment:** You are encouraged to write a short paragraph of commitment to take on the 40 Day Challenge and to ask the King for help to do so. Write down when you are starting the challenge - tomorrow or another date on your calendar. Set reminders to keep you on track!

_____

_____

_____

_____

_____

_____

_____

_____

_____

_____

_____

_____

_____

_____

_____

_____

_____

_____

_____

_____

_____

_____

_____

_____

**Signature:** _____

**Day 1:** The Adventure Begins
**Passage Theme:** The Big Picture

**I. Pray** with face near the ground: ask God to reveal truth about Himself & you.

**II. Read** Our first step is to get a big picture overview of Jesus' message to His disciples. There will be many cultural things that the first hearers would understand that are different from our cultural context. We will have many questions. Please don't get bogged down, there will be plenty of time to dig and explore over these 40 days. Just focus on the heart and intention of what Jesus is saying. Listen intently as the Holy Spirit uses the Word to touch our hearts and minds. **Please read Matthew Chapters 5-7 (from a Bible or Appendix D, E, or F) out loud while standing.** It is a good idea to read in the same version you plan to use for memorization.

**III. Journal Your Observations**
What impresses you about the teaching of Jesus?

_____
_____
_____
_____
_____
_____
_____
_____
_____
_____
_____
_____
_____

> [28] *And when Jesus finished these sayings, the crowds were astonished at his teaching, [29] for he was teaching them as one who had authority, and not as their scribes.*
>
> - Matthew 7:28-29

## IV. Journal Your Applications

What changes do you hope to see in your life over the next 40 days?

_____
_____
_____
_____
_____
_____
_____
_____
_____
_____

**V. Memorization:** Decide on one section of Matthew 5-7 to begin memorizing starting tomorrow. A length of 5-10 verses is recommended. You can always add another passage. Perhaps focus on an area where you know you need to grow. Please see Appendix A: Memorization Methods at the end of the book for helpful tools.

**My passage to memorize is** _____.

**VI. Pray** bowed down with face near the ground: Thank God and ask for the wisdom and strength to apply what you have learned.

**VII. Go** forward today with the commitment to be a growing disciple of Jesus.

**Congratulations...**it has begun! The first step is often a hard one, but without it the other steps do not follow. Enjoy today's victory in the Name of Jesus - the Savior and King - and give God all the glory!

**Day 2:** Matthew 5:1-10
**Passage Theme:** The Character of a Disciple

**I. Pray** with face near the ground: ask God to reveal truth about Himself & you.

**II. Read** the passage out loud while standing.

*¹ Seeing the crowds, he went up on the mountain, and when he sat down, his disciples came to him. ² And he opened his mouth and taught them, saying: ³ "Blessed are the poor in spirit, for theirs is the kingdom of heaven. ⁴ "Blessed are those who mourn, for they shall be comforted. ⁵ "Blessed are the meek, for they shall inherit the earth. ⁶ "Blessed are those who hunger and thirst for righteousness, for they shall be satisfied. ⁷ "Blessed are the merciful, for they shall receive mercy. ⁸ "Blessed are the pure in heart, for they shall see God. ⁹ "Blessed are the peacemakers, for they shall be called sons of God. ¹⁰ "Blessed are those who are persecuted for righteousness' sake, for theirs is the kingdom of heaven.*

- Matthew 5:1–10

**What is a disciple?** A disciple is a student/apprentice of a teacher and travels WITH him. *And he appointed twelve (whom he also named apostles) so that they might be WITH him and he might send them out to preach (*Mark 3:14). It is necessary that we walk WITH Jesus, learn from Him, and then apply what we are learning in real world applications. It is not enough to just understand what Jesus is asking us to do. We must seek to obey and practice His teaching!

**Jesus** explains to us the character attributes of a disciple (also called the beatitudes). When this character is formed in a disciple, the result will be the fruit of the Spirit that we find listed in Galatians 5:22,23. Read the passage again and study the chart on the next page before journaling. After reading the passage and the chart, journal about what characteristics are expected of disciples and contrast His expectation with the world's expectation.

> *²² But the fruit of the Spirit is love, joy, peace, patience, kindness, goodness, faithfulness, ²³ gentleness, self-control; against such things there is no law. ²⁴ And those who belong to Christ Jesus have crucified the flesh with its passions and desires. ²⁵ If we live by the Spirit, let us also keep in step with the Spirit.*
>
> *- Galatians 5:22–25*

| Characteristics - Matthew 5:3-10 | Fruit of the Spirit - Galatians 5:22-23 | Reward - Matthew 5:3-10 |
|---|---|---|
| poor in spirit = humble before God | love | kingdom of heaven |
| mourn | joy | comfort |
| meek | peace | inherit the earth |
| hunger and thirst for righteousness | patience | be satisfied |
| merciful | kindness | receive mercy |
| pure in heart | goodness/faithfulness | see God |
| peacemakers | gentleness | called sons of God |
| persecuted | self-control | kingdom of heaven |

## III. Journal Your Observations

1. What are the expectations of Jesus for disciples?

2. How does this contrast with your culture's expectations for a successful person?

3. What else do you observe?

_____

_____

_____

_____

_____

_____

_____

_____

_____

_____

_____

_____

_____

_____

_____

_____

_____

_____

_____

_____

_____

_____

_____

_____

_____

_____

_____

_____

## IV. Journal Your Applications

1. How does the fruit of your life compare with the fruit of the Spirit?

2. Based on that comparison, which characteristics of a disciple do you possess that are strengths to build on?

3. Which characteristics of a disciple are weaknesses that you need to grow into strengths?

_____
_____
_____
_____
_____
_____
_____
_____
_____
_____
_____
_____
_____
_____
_____
_____
_____
_____
_____
_____
_____
_____
_____

Take heart that in the following days Jesus will teach us how to grow the character He desires to be in us...and He Himself will do the growing as long as we are humble and teachable.

**V. Memorize Verses** _____

**VI. Pray** bowed down with face near ground: Thank God and ask for the wisdom and strength to apply what you have learned.

**VII. Go** forward today looking to practice a specific characteristic of a disciple.

**Day 3:** Matthew 5:1-10
**Passage Theme:** The Character of a Disciple

**I. Pray** with face near the ground: ask God to reveal truth about Himself & you.

**II. Read** the passage out loud while standing.

*¹ Seeing the crowds, he went up on the mountain, and when he sat down, his disciples came to him. ² And he opened his mouth and taught them, saying: ³ "Blessed are the poor in spirit, for theirs is the kingdom of heaven. ⁴ "Blessed are those who mourn, for they shall be comforted. ⁵ "Blessed are the meek, for they shall inherit the earth. ⁶ "Blessed are those who hunger and thirst for righteousness, for they shall be satisfied. ⁷ "Blessed are the merciful, for they shall receive mercy. ⁸ "Blessed are the pure in heart, for they shall see God. ⁹ "Blessed are the peacemakers, for they shall be called sons of God. ¹⁰ "Blessed are those who are persecuted for righteousness' sake, for theirs is the kingdom of heaven.*

- Matthew 5:1–10

**III. Read** the following study notes.

**Setting the Scene:** And seeing the multitudes, He (Jesus) went up on a mountain, and when He was seated His disciples came to Him.

**What is a disciple?** A disciple is a student/apprentice of a teacher and travels WITH him. *And he appointed twelve (whom he also named apostles) so that they might be WITH him and he might send them out to preach (*Mark 3:14). It is necessary that we walk WITH Jesus, learn from Him, and then apply what we are learning in real world applications. It is not enough to just understand what Jesus is asking us to do. We must seek to obey and practice His teaching!

What we commonly refer to as the Beatitudes (Matthew 5:3-10) has long been a source of confusion for myself and many others. Many of us have taken each "blessed" as a category of people. We think of people "who mourn" as those who

have endured many hardships in life. We think of "peacemakers" as policemen, marriage counselors, or UN peacekeepers. But this view causes us to miss the point of Jesus' teaching completely. If only those who have experienced great loss (like those who survive famine or war) can be those who mourn, and only those who are professional peacemakers or who have stood in the gap in harrowing circumstances can be peacemakers, then the rest of us become exempt from large portions of Jesus' expectations for ALL of His disciples. We cannot afford to remove our responsibility to obey the teachings of Jesus in everyday life. Jesus tells us at the end of this message that, *Everyone then who hears these words of mine and does them will be like a wise man who built his house on the rock* (7:24).

The better view is to understand that Jesus is talking about the character of His disciples...that His followers will have these characteristics. Having this view, we then see great symmetry between the character expectations of a disciple in Matthew 5:3-10 and the resulting Fruit of the Spirit in Galatians 5:22. The result

| Characteristics - Matthew 5:3-10 | Fruit of the Spirit - Galatians 5:22 | Reward - Matthew 5:3-10 |
|---|---|---|
| poor in spirit = humble before God | love | kingdom of heaven |
| mourn | joy | comfort |
| meek | peace | inherit the earth |
| hunger and thirst for righteousness | patience | be satisfied |
| merciful | kindness | receive mercy |
| pure in heart | goodness/faithfulness | see God |
| peacemakers | gentleness | called sons of God |
| persecuted | self-control | kingdom of heaven |

of growing in character to be a fully mature follower of Jesus is to be blessed/joyful! The mature disciple has reason for joy even when life is difficult.

The committed, growing disciple of Jesus will develop the character of being **poor in spirit. Poor in spirit means to be humble before God and others.** Humility is necessary to know God and to grow as a disciple (James 4:6).

As a disciple of Jesus I, _____, will strive to learn from my Savior and King. I will learn how to **mourn** over my own sin and the havoc sin has wrecked on our world, yet I will have joy in my risen Savior and returning King. I will learn to be **meek** (defined as restrained strength) which results in peace. I will learn to **hunger and thirst** for righteousness resulting in **patience** as the journey is long and often difficult. I will learn to be **merciful** and create environments where **kindness** has victory over harsh judgment and bitterness. I will learn to be **pure in heart** demonstrating my **faithfulness**. I will learn to be a **peacemaker, using gentleness** in place of aggression. I will be **persecuted**, but I will learn not to retaliate in kind. I will learn to display **self-control** in the face of adversity.

My signature: _____

Every disciple is expected to practice the full character of Jesus which results in the full fruit of the Spirit. Nothing in these lists is to be compromised or to go unfulfilled in the life of the converted, transformed, born again disciple of Jesus Christ - the only true and worthy King - forever and ever Amen.

In the following days, we will see how Jesus goes deeper into these expectations and gives us clear examples of how to apply His teaching in real life so that we can develop the character of mature disciples. Jesus is calling us **to be with Him** and to live out His teaching in our daily experience.

*If you love Me, keep My commandments.*

— **Jesus the Christ (John 14:15)**

**IV. Journal** about what new insights or new questions you have:

_____

_____

_____

_____

_____

_____

_____

_____

_____

_____

_____

_____

_____

_____

_____

_____

_____

**V. Memorize Verses** _____


**VI. Pray** bowed down with face near ground: Thank God and ask for the wisdom and strength to apply what you have learned.

**Prayer:** Dear Jesus, I acknowledge that in my flesh I am not capable of being a disciple that honors You. I humbly ask for Your help in order to walk in Your ways. Help me to abide in You, learn from You, and grow in You so that my life would give glory to the Father and honor Your precious Name! In Your Name Jesus I ask it. Amen.

**VII. Go** in the power of the Spirit of God!

**Day 4:** Matthew 5:11-16
**Passage Theme:** The Cost of Being Salt and Light
**Character Emphasis:** Willing to Suffer

**I. Pray** with face near the ground: ask God to reveal truth about Himself & you.

**II. Read** the passage out loud while standing.

*11 "Blessed are you when others revile you and persecute you and utter all kinds of evil against you falsely on my account. 12 Rejoice and be glad, for your reward is great in heaven, for so they persecuted the prophets who were before you. 13 "You are the salt of the earth, but if salt has lost its taste, how shall its saltiness be restored? It is no longer good for anything except to be thrown out and trampled under people's feet. 14 "You are the light of the world. A city set on a hill cannot be hidden. 15 Nor do people light a lamp and put it under a basket, but on a stand, and it gives light to all in the house. 16 In the same way, let your light shine before others, so that they may see your good works and give glory to your Father who is in heaven.*

*- Matthew 5:11–16*

**Jesus** lets us know up front that we should expect to pay a price for following Him. We need to have an eternal perspective for the trials we face because of His Name. Jesus wants us to be salt and light for God's glory. In our second time through you will receive thorough notes.

### III. Journal Your Observations

1. Why should disciples of Jesus rejoice when they are persecuted?
2. What is salt used for? How many purposes can you think of? What do those purposes mean to disciples of Jesus? How does salt become corrupted?
3. Who is throwing out corrupted salt (God or people)?
4. What can we learn from a city on a hill?
5. Why does Jesus compare His disciples to light?
6. What does Jesus say our first motivation should be?

*You are the light of the world. A city set on a hill cannot be hidden*

- Jesus the Christ (Mt. 5:14)

_____
_____
_____
_____
_____
_____
_____
_____
_____
_____
_____
_____
_____
_____
_____
_____
_____
_____
_____
_____

## IV. Journal Your Applications

1. In what ways have I paid a price for following Jesus?
2. Am I willing to pay a greater price for following Jesus?
3. Have I set a limit on that price? If so, what is it?
4. Reflect on the good you do and your motivations for it

_____
_____
_____
_____
_____
_____
_____
_____

_____

_____

_____

_____

_____

_____

_____

_____

_____

_____

_____

_____

_____

_____

_____

_____

_____

_____

_____

_____

_____

_____

_____

**V. Memorize Verses** _____

**VI. Pray** bowed down with face near ground: Thank God and ask for the wisdom and strength to apply what you have learned.

**VII. Go** and be salt and light in your community for God's glory and honor.

**Day 5:** Matthew 5:11-12
**Passage Theme:** Joy in Persecution
**Character Emphasis:** Learning to Suffer

**I. Pray** with face near the ground: ask God to reveal truth about Himself & you.

**II. Read** the passage out loud while standing.

*11 "Blessed are you when others revile you and persecute you and utter all kinds of evil against you falsely on my account. 12 Rejoice and be glad, for your reward is great in heaven, for so they persecuted the prophets who were before you.*

- Matthew 5:11-12

**III. Read** the following study notes.

**Jesus** does not sidestep the costs of following Him. Jesus does not want potential disciples to feel tricked about the need to suffer. The question for us is do we believe that Jesus is actually worth suffering for? Jesus would return to this theme later in His ministry, *Remember the word that I said to you: 'A servant is not greater than his master.'* If they persecuted me, they will also persecute you (John 15:20a) The Apostle Paul guaranteed us that we would suffer, *Indeed, all who desire to live a godly life in Christ Jesus will be persecuted* (2 Timothy 3:12). Paul could say this from his personal experience. Before his conversion, Paul persecuted followers of Jesus in an effort to crush the Church. After his conversion, Paul suffered greatly for preaching the Gospel of Jesus Christ and building His Church.

**Character and False accusations:** We must be sure that if we are suffering it is because of the truth of Jesus and not anything dishonest or any poor character within ourselves. *15 But let none of you suffer as a murderer or a thief or an evildoer or as a meddler. 16 Yet if anyone suffers as a Christian, let him not be ashamed, but let him glorify God in that name* (1 Peter 4:15-16).

**Reality check:** If someone claims to be a follower of Jesus and never experiences any persecution, then it is worth asking the question, "Why?"

**Possible reasons for a lack of persecution:**
1. The person is not growing in the character description of a disciple as given in the Beatitudes.
2. The person is living too safely in a Christian bubble.
3. There is a season of peace without active persecution in that place and at that time (Acts 2:46-47).

Another question worth asking and one I am asking myself more frequently these days, "How much am I willing to suffer for His sake?" Jesus told us to remember the prophets...and many of them were killed. So how much am I willing to suffer? When we see the great heroes of our faith in the Scripture, in church history, and in contemporary examples in our world, we see so many who have been willing to lose everything for the Name of Jesus! But what about me?

We should consider that in some places the risk of following Jesus is physical harm or even death, but in other places persecution may be more subtle. It could involve things like being ostracized from a group, getting made fun of, or being passed over for a job promotion. Evaluate the cost in your cultural context and think about your willingness to pay that price. If your cultural context does not involve physical danger, consider your willingness to pay the price if you were in those contexts. May God give us boldness regardless of our context: *For I am not ashamed of the gospel, for it is the power of God for salvation to everyone who believes* (Romans 1:16a).

**IV. Journal** about what new insights or new questions you have:

_____
_____
_____
_____
_____

---
---
---
---
---
---
---
---
---
---
---
---
---
---
---
---
---
---
---
---

**V. Memorize Verses** _____

**VI. Pray** (bowed down with face near ground): Thank God and ask for the wisdom and strength to apply what you have learned.

**Prayer:** Jesus, my beloved King, please help me not to be fearful or ashamed but to trust You with all things. Lord, help me to see that You are worthy. Help me not to be crippled by fear of or affections for this world. Lord, the amount of sacrifice You will ask of me is unknown, but Lord please see my heart before You. Please change what needs to be changed that I may truthfully say that I am in Your hands and that I willing submit all to You. Please move me to that place...that place of ultimate surrender, peace, and freedom. In Your Name Jesus I humbly ask You to help me, Amen.

**VII. Go** and remember that regardless of the cost, Jesus is worth it!

**Day 6:** Matthew 5:13-16
**Passage Theme:** Being Salt & Light
**Character Emphasis:** Pure in Heart

**I. Pray** bowed down with face near ground: Ask God to reveal the truth about Himself and you.

**II. Read** the passage out loud while standing:

*13 "You are the salt of the earth, but if salt has lost its taste, how shall its saltiness be restored? It is no longer good for anything except to be thrown out and trampled under people's feet. 14 "You are the light of the world. A city set on a hill cannot be hidden. 15 Nor do people light a lamp and put it under a basket, but on a stand, and it gives light to all in the house. 16 In the same way, let your light shine before others, so that they may see your good works and give glory to your Father who is in heaven.*

- Matthew 5:13-16

**III. Read** the following study notes.

**Salt has three primary purposes:**

1. It is a preservative that enables food to last for a longer amount of time before perishing.
2. It is a seasoning and provides flavor enhancement for our food.
3. It is a life giving nutrient – without salt humans could not exist.

**Jesus expects His disciples to be the spiritual salt of the earth.** Disciples of Jesus are to preserve what is good, add flavor (hope, love, faith, joy, patience etc.), and give life through the Gospel of Jesus.

**How does salt lose its flavor?** We know scientifically that salt is one of the most stable compounds on earth. Jesus is not unaware of this. If we take Jesus seriously that means believing He is the one who holds all things together,

including the molecular structure of salt (Colossians 1:15-18). However, salt can become impure by being mixed with other substances. Some salt in the naturally occurring world is not suitable for use with food because it is so corrupted by other things. "Corrupted salt" was used to throw on roads and walking paths to keep vegetation from growing and it would be trampled on. Jesus is teaching us that if His disciples fall into sin the people of this world see this hypocrisy. The world will view the hypocrites and their message as worthless…trampling over them just like corrupted salt on a walking path.

We should notice that it is not Jesus who is trampling the believing hypocrite under foot. Here we have the consistency of what we see throughout the New Testament: the believer's eternal salvation is secure because of what Jesus did on the cross…the Holy Spirit is given as a guarantee (2 Corinthians 1:21, 22), and the promises of God are irrevocable. However, a believer's testimony and usefulness for the Kingdom of God can be forfeited if the world will no longer listen to that person. We need to remember the old wisdom that it takes a person a long time to build a good reputation, but that same person's good reputation can be lost in a moment.

**Light:** *"You are the light of the world. A city set on a hill cannot be hidden. ¹⁵ Nor do people light a lamp and put it under a basket, but on a stand, and it gives light to all in the house. ¹⁶ In the same way, let your light shine before others, so that they may see your good works and give glory to your Father who is in heaven.* - Matthew 5:14-16

Jesus continues this call to a pure heart as He refers to His disciples as the light of the world. The purpose of light is to show the way. When all is dark people cannot see the way. Followers of Jesus are not the source of the brilliance, but rather the Light of Jesus is to shine through us for the benefit of the world. Jesus is the ultimate, true, and self-sustaining Light (John 1:1-9). Our joy and our privilege is to shine His light in this world. In this way, all of Jesus' followers have the privilege and responsibility to play the role of John the Baptist – making a straight path and illuminating that path for others to see the Savior.

How do we let our light shine before men? Our light shines when we are doing good works in our world. We are not to do good so that people will see us and praise us, but rather that they would see and **glorify your Father in heaven**. Showing others the love and truth of God is to be the real "why" for all the good that we are striving to do. When we realize our place as reflecting the Light of Jesus for the purpose of bringing glory to the Father, then we have the potential to maintain a loving and humble position among our fellow humans. If we become humble and maintain the proper perspective we will avoid the most dangerous trap we each face - our personal pride.

**A city on a hill:** when a community of believers is living as light in their community, they will illuminate their whole area. The church at Thessalonica is a powerful example of what this can look like. *For not only has the word of the Lord sounded forth from you in Macedonia and Achaia, but your faith in God has gone forth everywhere, so that we need not say anything* (1 Thessalonians 1:8).

**A way forward as salt and light:** Jesus has beautifully and powerfully described His followers as salt and light. When we live according to the character expectations Jesus has for us, we are salt and light in this very unseasoned and dark world.

**IV. Journal** about what new insights or new questions you have:

_____
_____
_____
_____
_____
_____
_____
_____
_____
_____
_____
_____

_____
_____
_____
_____
_____
_____
_____
_____
_____
_____
_____
_____
_____
_____
_____
_____
_____

**V. Memorize Verses** _____

**VI. Pray** (bowed down with face near ground): Thank God and ask for the wisdom and strength to apply what you have learned.

**Prayer:** Father God, You have given me one life to live for You. May it be lived as salt and light in an impure and dark world. Please keep my mind and heart from the world's corruption while I live in it. Help me to be a person who preserves, adds flavor, and shares life. The best I have to share is Your Son Jesus. Please strengthen me to live out of His life and power…to reflect His Light – His life, His love, His justice, His compassion, His holiness, and His sacrifice – in the lives of those around me and wherever Your Spirit leads. May all of this be done for the purpose of more people glorifying You by joining Your family through believing in Your Son, Jesus Christ. In Your Name King Jesus I pray, Amen.

**VII. Go** and be a bright light for God's glory.

**Day 7:** Matthew 5:17-20
**Passage Theme:** The Law & Prophets in Relation to Jesus
**Character Emphasis:** Hunger and Thirst for Righteousness

**I. Pray** with face near the ground: ask God to reveal truth about Himself & you.

**II. Read** the passage out loud while standing.

*17 "Do not think that I have come to abolish the Law or the Prophets; I have not come to abolish them but to fulfill them. 18 For truly, I say to you, until heaven and earth pass away, not an iota, not a dot, will pass from the Law until all is accomplished. 19 Therefore whoever relaxes one of the least of these commandments and teaches others to do the same will be called least in the kingdom of heaven, but whoever does them and teaches them will be called great in the kingdom of heaven. 20 For I tell you, unless your righteousness exceeds that of the scribes and Pharisees, you will never enter the kingdom of heaven.*

*- Matthew 5:17-20*

Jesus teaches us about His relationship to the law of Moses and the Prophets, His expectations for those who will make disciples, and righteousness.

**III. Journal Your Observations**

1. What is the difference between Jesus destroying the law and fulfilling the law?
2. What is the believer's relationship to the law of Moses?

_____

_____

_____

_____

_____

_____

_____

_____

> *Do not think that I have come to abolish the Law or the Prophets; I have not come to abolish them but to fulfill them.*
>
> - Jesus the Christ (Mt. 5:17)

## IV. Journal Your Applications

1. How can our righteousness exceed that of the Pharisees?
2. What is Jesus' expectation of us if we seek to make disciples of others?

_____

_____

_____

_____

_____

_____

_____

_____

_____

_____

_____

_____

_____

_____

_____

_____

_____

_____

_____

_____

_____

_____

_____

_____

## V. Memorize Verses _____

**VI. Pray** bowed down with face near ground: Thank God and ask for the wisdom and strength to apply what you have learned.

**VII. Go** have an awesome day and seek to apply at least one thing you have learned from today's passage.

**Day 8:** Matthew 5:17-20
**Passage Theme:** The Law & Prophets in Relation to Jesus
**Character Emphasis:** Hunger and Thirst for Righteousness

**I. Pray** with face near the ground: ask God to reveal truth about Himself & you.

**II. Read** the passage out loud while standing.

*17 "Do not think that I have come to abolish the Law or the Prophets; I have not come to abolish them but to fulfill them. 18 For truly, I say to you, until heaven and earth pass away, not an iota, not a dot, will pass from the Law until all is accomplished. 19 Therefore whoever relaxes one of the least of these commandments and teaches others to do the same will be called least in the kingdom of heaven, but whoever does them and teaches them will be called great in the kingdom of heaven. 20 For I tell you, unless your righteousness exceeds that of the scribes and Pharisees, you will never enter the kingdom of heaven.*

- Matthew 5:17-20

**III. Read** the following study notes.

Jesus clearly lays out His purpose to fulfill the Law and the Prophets. His purpose was not to destroy the Law or the Prophets because if He did, then Jesus would be destroying the Scriptures that foretold His coming and purpose. Jesus told the Pharisees, *You search the Scriptures because you think that in them you have eternal life; and it is they that bear witness about me, 40 yet you refuse to come to me that you may have life* (John 5:39-40). Jesus Christ is the fulfillment of the Law and the Prophets. He is the Savior; He is the One Who gives life - life eternal to all who come to Him.

**Any of us who teach others should take these words of Jesus very seriously,** *Therefore whoever relaxes one of the least of these commandments and teaches others to do the same will be called least in the kingdom of heaven, but whoever does them and teaches them will be called great in the kingdom of heaven* (Matthew 5:19). Jesus' words are echoed by James, *Not many of you should become teachers, my brothers, for you know*

*that we who teach will be judged with greater strictness* (James 3:1). How a teacher lives day to day is just as important as what is taught. Jesus gives a high level of accountability for teachers because people do watch and listen. If people are led astray from Jesus then the teacher will be held responsible. People are precious to Jesus, so those who instruct others should take on that responsibility with utmost seriousness.

The Pharisees (religious teachers) often took a shallow approach towards the text of the Law and Prophets and to their own lives. They were more concerned with their own rules and customs than they were with the word of God. Jesus is serious with those who teach others - both in the quality of their lives and in the quality of their teaching. Jesus does not take hypocrisy lightly. Imagine the shock of His audience when they heard that unless their righteousness exceeded that of the Scribes and Pharisees that they would not enter the kingdom of heaven. By saying this publicly, Jesus put the Scribes and Pharisees on notice that most of them were not right with God and were not on the path that leads to eternal life. We can be sure that Jesus did not win many friends among the religious community through this message. Of course we know that Jesus never expected everyone to like Him. Jesus desires us to follow Him, but following Jesus is on His terms and no one else's. In order for the path of righteousness to do us any good, we have to enter it by faith in Jesus and walk on it in humble obedience to Him.

**Now how does this apply to those who are not teachers?** First we need to be clear that Jesus expects His disciples to make disciples of others - in this sense every believer should eventually be teaching others how to be disciples - often this will be through a one on one friendship. We also make decisions on who we ask and allow to disciple us. So what are you looking for in someone who will help you to become more like Jesus?

1.   Someone who has a real walk with Jesus
2.   Someone who shows maturity and is continuing to grow
3.   Someone who has a high view of Scripture

**A way forward:** for those who hunger and thirst for righteousness this passage is great news. For those who want to play religious games it is bad news. God knows our hearts and will deal with each one accordingly.

**IV. Journal** about what new insights or new questions you have:

_____
_____
_____
_____
_____
_____
_____
_____
_____
_____
_____
_____
_____

**V. Memorize Verses** _____

**VI. Pray** (bowed down with face near ground): Thank God and ask for the wisdom and strength to apply what you have learned.

**Prayer:** Dear Father, please increase in me a hunger and thirst for righteousness. I want to hunger for these things because I believe Your promise that I will be filled. Please remove hypocrisy and insincerity from me. Please be merciful to my inward and outward failings, and above all that I could ask You to do for me - please form my heart in a way that pleases You. In Your Name Jesus I ask it. Amen!

**VII. Go** hunger and thirst for righteousness.

**Day 9:** Matthew 5:21-26
**Passage Theme:** How to be a Peacemaker
**Character Emphasis:** Peacemaker (actively pursuing peace)

**I. Pray** with face near the ground: ask God to reveal truth about Himself & you.

**II. Read** the passage out loud while standing.

*21 "You have heard that it was said to those of old, 'You shall not murder; and whoever murders will be liable to judgment.' 22 But I say to you that everyone who is angry with his brother will be liable to judgment; whoever insults his brother will be liable to the council; and whoever says, 'You fool!' will be liable to the hell of fire. 23 So if you are offering your gift at the altar and there remember that your brother has something against you, 24 leave your gift there before the altar and go. First be reconciled to your brother, and then come and offer your gift. 25 Come to terms quickly with your accuser while you are going with him to court, lest your accuser hand you over to the judge, and the judge to the guard, and you be put in prison. 26 Truly, I say to you, you will never get out until you have paid the last penny.*

- Matthew 5:21-26

**Very Important:** Jesus gives practical lessons on how to have your character formed into a mature disciple who will be salt and light in the world. Recognizing the pattern Jesus uses is essential in understanding how to develop the spiritual disciplines of a disciple. The pattern most readers recognize has 2 parts:

1. "You have heard it said…"
2. "But I say to you…"

Most people then continue to read "some other teachings of Jesus" before getting to the next two part section. However this "other" is not a separate teaching, but rather the transforming applications and results of either obedience or

disobedience to the teaching. Today the pattern is completed for you as an example of how to use this tool on future days.[1]

**Here is the pattern we will use:**

| The OT Teaching or Culture: | verse 21: Do not murder...murder puts you in danger of judgment |
|---|---|
| **Jesus' higher standard** | verse 22: Do not be angry with your brother (without a cause). A disciple is to be in control of his/her emotions. |
| **Transforming Application(s)** | Verses 22-25a. 1. Control your tongue. 2. Make peace with your brother before giving your offering. 3. Make peace with your adversary before things escalate. |
| **Results of Obedience or Disobedience** | Verses 25b-26: there could be practical and negative consequences for not proactively pursuing peace in matters of conflict. The consequences today may be different than in the time of Jesus, but they are no less real. |

### III. Journal Your Observations
1. What character attributes of a disciple (Matthew 5:3-10) are related to this subject of anger?
2. What types of anger does Jesus distinguish?
3. What is Jesus' solution for unrighteous anger?
4. What is the result of not pursuing peace with your brother or sister?
5. What other observations can you make?

---

[1] Credit to Glen Stassen for moving my understanding from a twofold to a threefold approach with the emphasis on the third part which he called: "transforming initiatives." I have added the fourth part (the results) in Jesus' approach for a fourfold outline.

## IV. Journal Your Applications

1. Do you have an adversary you need to try to make peace with? Describe the situation.

2. What first step will you take today to make an effort towards peace?

3. What other applications can you make?

_____

_____

_____

_____

_____

_____

_____

_____

_____

_____

_____

_____

_____

_____

_____

_____

_____

_____

_____

_____

_____

_____

_____

_____

_____

_____

_____

_____

_____

_____

_____

_____

_____

_____

_____
_____
_____
_____
_____
_____
_____
_____
_____
_____
_____
_____
_____
_____
_____
_____
_____
_____
_____
_____
_____
_____
_____
_____

**V. Memorize Verses** _____

**VI. Pray** bowed down with face near ground: Thank God and ask for the wisdom and strength to apply what you have learned.

**VII. Go** be a peacemaker today.

**Day 10:** Matthew 5:21-26
**Passage Theme:** How to be a Peacemaker
**Character Emphasis:** Peacemaker (Actively Pursuing Peace)

**I. Pray** with face near the ground: ask God to reveal truth about Himself & you.

**II. Read** the passage out loud while standing.

[21] *"You have heard that it was said to those of old, 'You shall not murder; and whoever murders will be liable to judgment.'* [22] *But I say to you that everyone who is angry with his brother will be liable to judgment; whoever insults his brother will be liable to the council; and whoever says, 'You fool!' will be liable to the hell of fire.* [23] *So if you are offering your gift at the altar and there remember that your brother has something against you,* [24] *leave your gift there before the altar and go. First be reconciled to your brother, and then come and offer your gift.* [25] *Come to terms quickly with your accuser while you are going with him to court, lest your accuser hand you over to the judge, and the judge to the guard, and you be put in prison.* [26] *Truly, I say to you, you will never get out until you have paid the last penny.*

- Matthew 5:21-26

**III. Read** the following study notes.

**Expectations:** Jesus has very high expectations for His disciples. He expects far more from us than not murdering others. Jesus expects us to be in control of our emotions. Yes many people in our world are ruled by their emotions. We are to be in control of our anger. I don't believe the anger being described here is a low grade anger that we might more accurately describe as disappointment or frustration. This anger has a ferocity to it. This anger is to murder what lust is to adultery in the next section. This anger is the type that might lead to physical murder if the person thought they could get away with it. It leads to thoughts of what you or I would like to do if there would be no consequence.

Thankfully Jesus does not only give us expectations. He gives us practical instructions that are obtainable for us. I am to initiate reconciliation, recognizing that the issue between myself and the other person does not just affect the two of us - but it affects my relationship with God and the lives of others. No person's sin is an island to himself.

| The OT Teaching or Culture: | Verse 21: Do not murder...murder puts you in danger of judgment |
|---|---|
| Jesus' higher standard | Verse 22: Do not be angry with your brother (without a cause). A disciple is to be in control of his/her emotions. |
| Transforming Application(s) | Verses 22-25a.<br>1. Control your tongue.<br>2. Make peace with your brother before giving your offering.<br>3. Make peace with your adversary before things escalate. |
| Results of Obedience or Disobedience | Verses 25b-26: there could be practical and negative consequences for not proactively pursuing peace in matters of conflict. The consequences today may be different than in the time of Jesus, but they are no less real. |

**Let's look at the 3 practical examples that Jesus gives:**

1. Control of the tongue: the first step the disciple takes in controlling anger is to learn how to control his tongue. Raca was a derogatory term in Aramaic (the local language) that meant something along the lines of "empty head." It was an insult to a person's intelligence. The term "you fool" in this context is stronger and undermines the divine image of God placed on that person. This attitude possibly indicates a lack of relationship with God. For further study on controlling the tongue, we can study the book of James chapter 3.

2. Participation in corporate worship should be an accountability check for my personal relationships. I am not free to partake in corporate worship or offer my gift to God without first doing what is in my power to make peace with my brother. Now imagine if our church leaders everywhere started to preach this, "If you are in conflict, please do not take the bread and the cup until you have sought peace with your brother or sister. Do not give your gift until you have worked for peace with your brother or sister. First go and do what is in your power to make peace and then give your gift." Wow - that would be powerful! But in churches our standards and expectations are often too low. The fear of confrontation, of losing people, and of losing money often keep the true expectations of being a disciple of Jesus from being explained and expected.

3. With our adversaries in the world, we are to take the humble position. We are to be the ones who are seeking peace. We have voluntarily agreed to live by the standards of Jesus and not the standards of this world. We must be careful in this section to not go beyond what Jesus is teaching. We must not compromise the truth of Scripture and cower to culture in order to avoid persecution...that is not in view. What is in view are the normal conflicts that humans have with each other as family members, neighbors, and in business/work relationships etc. We should be willing to lose these types of disputes so that we may keep a good conscience and reputation as followers of Jesus.

**Consequences:**

1. The consequence of using the insult "Raca" would be exercised in the community of faith. Jesus expects His disciples to be under the authority of others who would provide accountability.

2. The consequence of using the insult "you fool" is "danger of hell fire." A couple of things here. First Jesus always talks about hell as being a real consequence for those who are not right with God. The second is that people who don't respect the image of God in others may not actually be disciples of Jesus in the first place...that is the danger...if the anger results in the degrading of

another human being then we have to ask the serious question, "Have I been born again?" The Apostle John writes the following:

*⁸ At the same time, it is a new commandment that I am writing to you, which is true in him and in you, because the darkness is passing away and the true light is already shining. ⁹ Whoever says he is in the light and hates his brother is still in darkness. ¹⁰ Whoever loves his brother abides in the light, and in him there is no cause for stumbling. ¹¹ But whoever hates his brother is in the darkness and walks in the darkness, and does not know where he is going, because the darkness has blinded his eyes* (1 John 2:8-11).

*¹⁵ Everyone who hates his brother is a murderer, and you know that no murderer has eternal life abiding in him* (1 John 3:15).

*²⁰ If anyone says, "I love God," and hates his brother, he is a liar; for he who does not love his brother whom he has seen cannot love God whom he has not seen* (1 John 4:20).

3. The consequence of not making peace with an adversary: Jesus knew that in many cases His disciples would not be in the position of power. It is better to humbly seek a resolution than to suffer because of anger. Followers of Jesus must recognize that there is far more at stake than one's own pride. The Name of Jesus and His Kingdom are to always be our higher priorities. We would also note that if the disciple happens to have positional power and authority that it should not be abused. We are well reminded that the King who has all power and all authority is watching us and will hold us accountable. Regardless of where we stand in society, our humility should be obvious.

**Is there a place for righteous anger?** There is a place for righteous anger over sin and evil in our world, but even anger over injustice must be kept within bounds that are honoring to the Lord (Ephesians 4:26). Jesus certainly had righteous anger *grieved at their hardness of heart* (Mark 3:5). And Jesus was most definitely angry with religious hypocrites who led others to destruction (Matthew 23) and those who seek to use religion as a tool to get wealthy (Matthew 21:12-13). But in this we have to be careful that while we are to hate what God

hates (wickedness) that we do not dehumanize people in the process. We must still seek and pray for their reconciliation to God.

**Character Development:** The bottom line is that followers of Jesus are to be people who rightly view other humans as made in the image of God, who seek peace, and who walk in humility before God and other humans.

**IV. Journal** about what new insights or new questions you have:

_____

_____

_____

_____

_____

_____

_____

_____

_____

_____

_____

_____

_____

_____

_____

_____

_____

_____

_____

_____

_____

_____

_____

_____

_____

_____

_____

_____

_____

_____
_____
_____
_____
_____
_____
_____
_____
_____
_____
_____
_____
_____
_____
_____
_____
_____
_____

**V. Memorize Verses** _____

**VI. Pray** bowed down with face near ground: Thank God and ask for the wisdom and strength to apply what you have learned.

**Prayer:** Father, you know my heart. You know all my anger. Please reveal in me what is right and not right in Your sight. Please help me to give up my unrighteous anger so that it would not be a cancer within me. Please help me to value people as made in Your image even when they do things that are against me or against Your ways. Father, I acknowledge that I cannot do this alone. Please help me by the power of the Holy Spirit so that I may not stumble in unrighteous anger, in word, or in action. In Your Name Jesus I ask it. Amen.

**VII. Go** have an awesome day and seek to apply at least one thing you have learned from today's passage.

**Day 11:** Matthew 5:27-32
**Passage Theme:** Taking Sin and Commitment Seriously
**Character Emphasis:** Pure in Heart & Peacemaker

**I. Pray** with face near the ground: ask God to reveal truth about Himself & you.

**II. Read** the passage out loud while standing.

*27 "You have heard that it was said, 'You shall not commit adultery.' 28 But I say to you that everyone who looks at a woman with lustful intent has already committed adultery with her in his heart. 29 If your right eye causes you to sin, tear it out and throw it away. For it is better that you lose one of your members than that your whole body be thrown into hell. 30 And if your right hand causes you to sin, cut it off and throw it away. For it is better that you lose one of your members than that your whole body go into hell. 31 "It was also said, 'Whoever divorces his wife, let him give her a certificate of divorce.' 32 But I say to you that everyone who divorces his wife, except on the ground of sexual immorality, makes her commit adultery, and whoever marries a divorced woman commits adultery.*

*- Matthew 5:27–32*

**Jesus** speaks to us about lust, love, adultery, divorce, and commitment. Please complete the two patterns in this section and journal based on what strikes you in the passage.

If you are divorced, please be encouraged that divorce is not always a sin. If the other person breaks the marriage covenant it is not your sin. But if you did sin in the steps that led to the divorce or in the divorce itself, forgiveness is available in Jesus. God not only forgives our sin, He also cleanses us from sin. We can move forward in God's grace and love! (More notes on the difficult subject of divorce are shared on Day 27).

## III. Journal Your Observations

| The OT Teaching or Culture: | Verse 27: |
|---|---|
| Jesus' higher standard | Verse 28: |
| Transforming Application(s) | Verses 29-30a: |
| Results of Obedience or Disobedience | Verse 30: |

| The OT Teaching or Culture: | Verse 31: |
|---|---|
| Jesus' higher standard | Verse 32: |
| Transforming Application(s) | Implied: |
| Results of Obedience or Disobedience | Verse 32: |

1. Which character attributes of a disciple (Matthew 5:3-10) are related to these subjects of lust, adultery, divorce, and commitment?
2. How seriously should we take the sin of lust?
3. What is the result of not pursuing a pure heart?

_____

_____

_____

_____

_____

_____

_____

_____

_____

_____

_____

_____

_____

_____

_____

_____

_____

_____

_____

_____

_____

_____

_____

_____

_____

_____

_____

_____

_____

_____

_____

_____

_____

_____

_____

_____

> *⁸ If we say that we have no sin, we deceive ourselves, and the truth is not in us. ⁹ If we confess our sins, He is faithful and just to forgive us our sins and to cleanse us from all unrighteousness.*
>
> - 1 John 1:8-9

## IV. Journal Your Applications

1. What sexual sins do I need to confess right now?
2. What practical steps do I need to take to fight against lust in my life?
3. If you are married: Is reconciliation needed with your spouse? How will you pursue it?

_____
_____
_____
_____
_____
_____
_____
_____
_____
_____
_____
_____
_____
_____
_____
_____
_____
_____
_____
_____
_____
_____

_____

_____

_____

_____

_____

_____

_____

_____

_____

_____

_____

_____

_____

_____

_____

_____

_____

_____

_____

_____

_____

_____

**V. Memorize Verses** _____

**VI. Pray** bowed down with face near ground: Thank God and ask for the wisdom and strength to apply what you have learned.

**VII. Go** in God's grace.

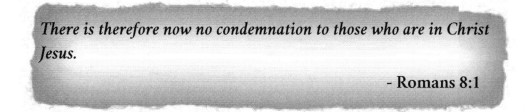

*There is therefore now no condemnation to those who are in Christ Jesus.*

*- Romans 8:1*

**Day 12:** Matthew 5:27-30
**Passage Theme:** Taking Sin Seriously
**Character Emphasis:** Pure in Heart

**I. Pray** with face near the ground: ask God to reveal truth about Himself & you.

**II. Read** the passage out loud while standing.

*27 "You have heard that it was said, 'You shall not commit adultery.' 28 But I say to you that everyone who looks at a woman with lustful intent has already committed adultery with her in his heart. 29 If your right eye causes you to sin, tear it out and throw it away. For it is better that you lose one of your members than that your whole body be thrown into hell. 30 And if your right hand causes you to sin, cut it off and throw it away. For it is better that you lose one of your members than that your whole body go into hell.*

- **Matthew 5:27-30**

**III. Read** the following study notes.

**Instruction:** The Old Testament command to not commit adultery was very good and very helpful for individuals, families, and society. Yet obviously people had a hard time obeying it - even King David. Adultery is grievous because it takes what has been entrusted to someone else for one's own pleasure. Adultery is by definition selfish thievery.

But Jesus raises the standard much higher when He instructs His disciples not to lust. Now lust is an equal opportunity sin...surely all who have gone through puberty have committed this sin. It seems here that Jesus is asking us to do the impossible. But we know that Jesus is realistic about our human condition: what we are capable of on our own in our struggle against sin and what we are capable of when He is King of our hearts are two completely different things. When we are living in His love and power, victory is more than possible. Victory in Christ is normal.

Because Jesus desires for His disciples to be pure in heart, anytime we lust it is a sin against Jesus. We cannot be walking with Jesus and be lusting at the same time. These two things are incompatible.

| The OT Teaching or Culture: | Verse 27: Do not commit adultery |
|---|---|
| Jesus' higher standard | Verse 28: Do not lust |
| Transforming Application(s) | Verses 29-30a: Take lust very seriously and remove yourself from lustful situations. |
| Results of Obedience or Disobedience | Verse 27: Committing the sin of lust makes us guilty before God. Verse 30b: The person who is unwilling to give up sin has likely not been reconciled to God to begin with. |

All serious scholars agree that Jesus is not literally asking His disciples to dismember themselves or to blind themselves. One does not need hands or eyes to commit lust in heart and mind. A hyper-literal strategy would ultimately lead to mass mutilation and potentially mass suicide. Who could live with that standard? Jesus intends for us to take lust very seriously and to be wise as we fight against it. We see this lesson from the life of King David. It was the time for Kings to be out to battle...but instead of going with his men, David decided to relax. The temptation was opened for him as he walked on his roof and saw Bathsheba. David's first mistake was compounded by his second one. Even after inquiring and learning that Bathsheba was a married woman, he did not stop but continued on a path of destruction. His sin led to terrible consequences for himself and many others (2 Samuel 11).

We know the lesson in our minds, yet our churches may have people who watch and justify all sorts of pornography - from subtle pornography to the more overt.

We need to ask ourselves serious questions about what our standards are before a holy God.

So why doesn't Jesus want us to lust? Because lust itself hurts us as individuals and hurts our communities. When our hearts are full of lust, we are not able to see ourselves or others as precious people made in the image of God. People whom Jesus died for lose their true value in our eyes and become objectified.

Jesus wants us to take the issue of lust in our hearts and minds so seriously because the issues at stake are huge: His place as King in our hearts, and the understanding of ourselves and others as made in the image of God. When we step back and look at the bigger picture, we should see clearly that we cannot afford to let lust rule in our hearts. We should instead, *flee youthful passions* (2 Timothy 2:22). Job is a great example for us of a man who made a serious effort not to lust,

**Character Development through practical application:**
1. Develop good habits of positive input - quiet time, prayer, fellowship, and practical ministry
2. Eliminate obvious distractions - places, media, and habits that tempt us and that we have control over.
3. Acquire accountability that protects you. Example: If you are struggling with how you use the internet, the Covenant Eyes app combined with personal accountability partners can help you obtain victory.

> *[1] "I have made a covenant with my eyes; how then could I gaze at a virgin? [2] What would be my portion from God above and my heritage from the Almighty on high? [3] Is not calamity for the unrighteous, and disaster for the workers of iniquity? [4] Does not he see my ways and number all my steps?*
>
> *- Job 31:1-4*

**IV. Journal** about what new insights or new questions you have:

_____
_____
_____
_____
_____
_____
_____
_____
_____
_____
_____
_____
_____
_____
_____
_____
_____
_____
_____
_____
_____
_____
_____
_____
_____
_____
_____
_____
_____
_____
_____
_____
_____
_____
_____

_____
_____
_____
_____
_____
_____
_____
_____
_____
_____
_____
_____
_____
_____

**V. Memorize Verses** _____

**VI. Pray** bowed down with face near ground: Thank God and ask for the wisdom and strength to apply what you have learned.

**Prayer:** Dear Father, You gave me ears to hear and eyes to see. Please help me to use my ears to hear Your instruction...to not lust and to beware of my own vulnerabilities. Please give me eyes to see Your glory. Please give me eyes to see others as You see them. Pride comes before a fall and You give grace to the humble. Please never let me be deluded into thinking that I could not stumble. Jesus, You are worthy...worthy for Your disciples to strive for purity. We cannot do it without You Jesus - apart from You we can do nothing. Please help me Jesus to abide in You - in Your love and in Your way of life - and to be freed from temptation. And when temptation does come, please give me the power of the Holy Spirit to be strong and to run quickly. In Your Name, Jesus I ask it - Amen!

**VII. Go**, be humble, and look to Jesus.

**Day 13:** Matthew 5:31-32
**Passage Theme:** Keep Your Commitment
**Character Emphasis:** Pure in Heart & Peacemaker

**I. Pray** with face near the ground: ask God to reveal truth about Himself & you.

**II. Read** the passage out loud while standing.

[31] *"It was also said, 'Whoever divorces his wife, let him give her a certificate of divorce.'* [32] *But I say to you that everyone who divorces his wife, except on the ground of sexual immorality, makes her commit adultery, and whoever marries a divorced woman commits adultery.*

- Matthew 5:31-32

**III. Read** the following study notes.

Jesus speaks to us about divorce and commitment. We can see how lust of the eyes can lead to adultery and then to divorce. Jesus quotes from the Law of Moses (Deuteronomy 24). We know that from the beginning God intended for a man to be joined to his wife, "and the two shall become one flesh." Yet since sin entered the world the husband and wife relationship has also come under great pressure.

We know from Matthew 19 that the Pharisees wanted to open up the reasons for divorce beyond sexual immorality. They wanted to have a very liberal interpretation of Moses' statement: *...if then she finds no favor in his eyes because he has found some indecency in her...* (Deuteronomy 24:1). Because He has many subjects to tackle, Jesus does not go into great detail about this subject in this message. But he does say enough to create the contrast between the strictly legal and permissive stance of the prevailing culture and the matter of one's heart and motives. The implication for the hearers is clear: Be reconciled to your wife, and do not seek to divorce her. In many contexts the same would be said to wives.

| The OT Teaching or Culture: | Verse 31: If you divorce her, give her a certificate of divorce. (Deut. 24) |
|---|---|
| Jesus' higher standard | Verse 32: Divorce causes adultery (except for cases where one person has already broken the marriage covenant (via sexual immorality). |
| Transforming Application(s) | Implied: Be reconciled to your spouse |
| Results of Obedience or Disobedience | Verse 32: Divorce has serious implications for those involved. |

Matthew 19 is very helpful for us because it gives Jesus' expanded teaching on the subject. Jesus contends that there is very little reason to be divorced, and that it was allowed in the law of Moses because of the hardness of their hearts. Divorce is permitted for issues of sexual immorality but not required...and to divorce a wife and remarry for any other reason than her sexual infidelity is committing adultery. *³ And Pharisees came up to him and tested him by asking, "Is it lawful to divorce one's wife for any cause?" ⁴ He answered, "Have you not read that he who created them from the beginning made them male and female, ⁵ and said, 'Therefore a man shall leave his father and his mother and hold fast to his wife, and the two shall become one flesh'? ⁶ So they are no longer two but one flesh. What therefore God has joined together, let not man separate." ⁷ They said to him, "Why then did Moses command one to give a certificate of divorce and to send her away?" ⁸ He said to them, "Because of your hardness of heart Moses allowed you to divorce your wives, but from the beginning it was not so. ⁹ And I say to you: whoever divorces his wife, except for sexual immorality, and marries another, commits adultery"* (Matthew 19:3-9).

Now it is normal to ask the question here, should the wife divorce her husband if she is being beaten or otherwise abused? We need to remember that in the cultural context Jesus is speaking into, women did not have the power to get a unilateral divorce. They were limited in their options - it was often possible for the wife to go back to her parent's house (separation - more on separation in a

minute) but not to get an official divorce. Jesus instructs husbands to be the kind who love their wives and treat them well. Jesus is tackling the root issue - which is normally the man's heart. It is quite rare indeed for a husband to treat his wife lovingly and then for her to despise him and cheat on him or otherwise abuse him. God is very serious about husbands loving and respecting their wives...*so that your prayers may not be hindered* (1 Peter 3:7). God will not even hear the prayers of a husband who is not honoring his wife.

Now to answer the question about violence and other forms of abuse in our context. Separation is still a viable option. A restraining order may also be necessary. In those cases the husband who is causing the problems will usually do one of the following: (A.) repent of sin, believe, change, and seek reconciliation. (B.) commit the sin of adultery thereby releasing her from the covenant. (C.) divorce her, again freeing her from the covenant. (This paragraph is my understanding of it. If I am wrong I pray that God will reveal that to me.)

When we think about divorce we must not go so far as to think that divorce is an unforgivable sin. Neither Jesus or the Apostles viewed it that way. There are many situations where someone is divorced and he or she is not the guilty party - but innocent in the situation. But even for those who are guilty there are great possibilities for forgiveness:

1.  The unbeliever divorces and later becomes a believer in Jesus - this person is a new creation - the old is gone and the new has come.

2.  The believer divorces and carries at least some portion of the guilt. 1 John 1:9 still applies, "If we confess our sins, He is faithful and just to forgive us our sins and to cleanse us from all unrighteousness."

Nowhere does Jesus teach that divorce is unforgivable. But in our day when divorce is so common, Jesus speaks truth to us about the framework for marriage. Marriage should be until death do us part.

**IV. Journal** about what new insights or new questions you have:

_____
_____
_____
_____
_____
_____
_____
_____
_____
_____
_____
_____
_____
_____
_____
_____
_____
_____
_____
_____
_____
_____
_____
_____
_____
_____
_____
_____
_____
_____
_____
_____
_____
_____

_____
_____
_____
_____
_____
_____
_____
_____
_____
_____
_____
_____
_____

**V. Memorize Verses** _____

**VI. Pray** bowed down with face near ground: Thank God and ask for the wisdom and strength to apply what you have learned.

**Prayer:** Father, we know that You have given humanity the gift of marriage. In the first pages of Genesis, You tell us Your expectations for us. We know that the enemy seeks to steal and destroy. So we seek Your help. Father, we pray that You would protect the marriages of Your people, and we pray for the marriages in our community. We pray that they would be strong and find joy and love and purpose in You. Lord, we pray for those who have been cheated on, for those who have been hurt. We ask You to meet them in their need. Lord, we pray for those who are single and do not want to be. We pray that You would give them patience, that You would provide for them, and that Your timing would reign. Lord, we pray that in these confused times when marriage is attacked from all sides...that You God would keep us firm for Your glory and for our good. Thank You for loving us. Please help us. In the precious Name of Jesus we pray.

**VII. Go** and walk in the power of the Holy Spirit.

**Day 14:** Matthew 5:33-37
**Passage Theme:** Keep Your Word & Don't Manipulate
**Character Emphasis:** Pure in Heart

**I. Pray** with face near the ground: ask God to reveal truth about Himself & you.

**II. Read** the passage out loud while standing.

33 *"Again you have heard that it was said to those of old, 'You shall not swear falsely, but shall perform to the Lord what you have sworn.' 34 But I say to you, Do not take an oath at all, either by heaven, for it is the throne of God, 35 or by the earth, for it is his footstool, or by Jerusalem, for it is the city of the great King. 36 And do not take an oath by your head, for you cannot make one hair white or black. 37 Let what you say be simply 'Yes' or 'No'; anything more than this comes from evil.*

- Matthew 5:33–37

## III. Journal Your Observations

| The OT Teaching or Culture: | verse 33: |
|---|---|
| **Jesus' higher standard** | verse 34: |
| **Transforming Application(s)** | verse 37a: |
| **Results of Obedience or Disobedience** | verse 37b: |

1. What did people swear by in Jesus' context?
2. What is the normal motivation when people "swear" something is true or that they will do a particular thing?

_____

_____

_____

_____

_____

_____

_____

_____

_____

_____

_____

_____

_____

_____

_____

_____

_____

_____

_____

_____

_____

_____

_____

_____

## IV. Journal Your Applications

1. What do people in your context use to swear by (make promises)?
2. Why is it important for disciples of Jesus to keep their word?

_____

_____

_____

_____

> $^{13}$ *And we also thank God constantly for this, that when you received the word of God, which you heard from us, you accepted it not as the word of men but as what it really is, the word of God, which is at work in you believers.*
>
> *- 1 Thessalonians 2:13*

_____
_____
_____
_____
_____
_____
_____
_____
_____
_____
_____
_____
_____
_____
_____
_____
_____
_____
_____
_____
_____

**V. Memorize Verses** _____

**VI. Pray** bowed down with face near ground: Thank God and ask for the wisdom and strength to apply what you have learned.

**VII. Go** and follow through on a "Yes" that's yet to be done.

**Day 15:** Matthew 5:33-37
**Passage Theme:** Keep Your Word & Don't Manipulate
**Character Emphasis:** Pure in Heart

**I. Pray** with face near the ground: ask God to reveal truth about Himself & you.

**II. Read** the passage out loud while standing.

*"33 "Again you have heard that it was said to those of old, 'You shall not swear falsely, but shall perform to the Lord what you have sworn.' 34 But I say to you, Do not take an oath at all, either by heaven, for it is the throne of God, 35 or by the earth, for it is his footstool, or by Jerusalem, for it is the city of the great King. 36 And do not take an oath by your head, for you cannot make one hair white or black. 37 Let what you say be simply 'Yes' or 'No'; anything more than this comes from evil.*

**- Matthew 5:33-37**

**III. Read** the following study notes.

**Jesus teaches us to keep our word.** Keeping our word is essential for **every** aspect of **every** disciple's life! The habit of human beings is to attempt to manipulate people and situations in order to get a more favorable outcome. This is especially true when under pressure. Swearing by something greater than oneself is used as a great tactic of manipulation. When someone swears by heaven or earth or by their grandmother's grave, an attempt is being made to gain the trust of the other person. "Since he swore, certainly he is not lying to me." The other person will often be persuaded to say yes to the money, the time, the information, or whatever else is requested.

Jesus puts all of humanity in its place and on notice. He commands us not to swear at all and He tells us why. God is great and we are small. We have no real claim to anything we would swear by. It is all God's! It is His creation, and Jesus calls us to recognize our place in it. God can speak the universe into existence, yet

we cannot turn one hair white or black. Yes we can manipulate the appearance of an existing hair by dying it, but we cannot fundamentally change it.

| The OT Teaching or Culture: | Verse 33: You shall not swear falsely, but shall perform your oaths to the Lord. (See Lev. 19:12, Zech. 5:4) |
|---|---|
| Jesus' higher standard | Verse 34: Do not swear at all |
| Transforming Application(s) | Verse 37a: Let your "Yes" be "Yes" and your "No," "No." |
| Results of Obedience or Disobedience | Verse 37b: Manipulating people through oaths or vows is participation in the plans of the evil one. |

Jesus is teaching us to be authentic and to stop trying to manipulate people and situations. We are to be people who just tell the truth in love, "let your 'Yes' be Yes and your 'No' be No." If we say yes or no and fail to keep our word, then at least we have not compounded the problem by having made a false oath, and we save ourselves from a harsher judgment. God will honor the fact that we are refusing to play the manipulation games that come from the evil one. We should consider how much pain and suffering is caused in our world when people do break their word. Relationships between friends, families, and nations crumble. Consider all the peace that has been lost in your life by your failure and the failure of others to follow these instructions.

**Practical Application:** Jesus' followers represent Him in all things - and especially in our Yes and our No. The keeping of our word is a vital part of our testimony. The world is known for lying, for manipulating, for saying one thing and doing another. God's people must be better than that. We must stand as a contrast to society. People should know they can trust the followers of Jesus in their communities. It is so incredibly refreshing and beautiful to live among people who will actually keep their word. Our reputation for keeping our word

should be rock solid! Obedience to this teaching is of paramount importance for our work and witness in this world.

**IV. Journal** using the following questions:

1. When is it most difficult for you to be a person of your word?
2. How would Jesus want you to respond in that situation?
3. Are you known in your community as a trustworthy person?
4. If God gave an evaluation of your trustworthiness, what do you believe the results would be?

_____

_____

_____

_____

_____

_____

_____

_____

_____

_____

_____

_____

_____

_____

_____

_____

_____

_____

_____

_____

_____

_____

_____

_____

_____
_____
_____
_____
_____
_____
_____
_____
_____
_____
_____
_____
_____
_____
_____
_____
_____
_____
_____

**V. Memorize Verses** _____

**VI. Pray** bowed down with face near ground: Thank God and ask for the wisdom and strength to apply what you have learned.

**Prayer:** Dear Father, please help me to keep my word. Please help me not to be a person who tries to manipulate others through silly games. Please help me to remember and follow through when I say I will do something - especially when I tell someone I will pray for them. Please help me not to forget such things. You know that I can be easily distracted by the next thing. Please give me the wisdom to keep track of what I have said I will do and to follow through for Your glory. In Your Name Jesus I pray - Amen!

**VII. Go** and follow up on a "Yes."

**Day 16:** Matthew 5:38-48
**Passage Theme:** Handling Conflict with Love for All
**Character Emphasis:** Meekness & Perseverance in Persecution

> *Blessed are those who are persecuted for righteousness' sake, for theirs is the kingdom of heaven.*
>
> *- Jesus the Christ (Mt. 5:10)*

**I. Pray** with face near the ground: ask God to reveal truth about Himself & you.

**II. Read** the passage out loud while standing.

*38 "You have heard that it was said, 'An eye for an eye and a tooth for a tooth.' 39 But I say to you, Do not resist the one who is evil. But if anyone slaps you on the right cheek, turn to him the other also. 40 And if anyone would sue you and take your tunic, let him have your cloak as well. 41 And if anyone forces you to go one mile, go with him two miles. 42 Give to the one who begs from you, and do not refuse the one who would borrow from you. 43 "You have heard that it was said, 'You shall love your neighbor and hate your enemy.' 44 But I say to you, Love your enemies and pray for those who persecute you, 45 so that you may be sons of your Father who is in heaven. For he makes his sun rise on the evil and on the good, and sends rain on the just and on the unjust. 46 For if you love those who love you, what reward do you have? Do not even the tax collectors do the same? 47 And if you greet only your brothers, what more are you doing than others? Do not even the Gentiles do the same? 48 You therefore must be perfect, as your heavenly Father is perfect.*

*- Matthew 5:38–48*

### III. Journal Your Observations

The teaching of Jesus on dealing with enemies is revolutionary. Please complete the following table and journal:

| The OT Teaching or Culture: | verse 38: |
|---|---|
| Jesus' higher standard | verse 39a: |
| Transforming Application(s) | Verses 39b-41: |
| Results of Obedience or Disobedience | |

| The OT Teaching or Culture: | verse 43: |
|---|---|
| Jesus' higher standard | verse 44a: |
| Transforming Application(s) | Verse 44b: |
| Results of Obedience or Disobedience | Verse 45-48: |

1. How would you compare and contrast the Old Testament teaching that Jesus refers to with His teaching on the subject?

2. What are Jesus' expectations for how we treat those who oppose us?

## IV. Journal Your Applications

1. If you have or have had an enemy what approach did you take? How did that work out?

2. Do you think it is possible to put Jesus' teaching in this passage into practice? How (in your context) could you put it into practice?

_____

_____

_____

_____

_____

_____

_____

_____

_____

_____

_____

_____

_____

_____

_____

_____

_____

_____

_____

_____

_____

**V. Memorize Verses** _____

**VI. Pray** bowed down with face near ground: Thank God and ask for the wisdom and strength to apply what you have learned.

**VII. Go** and bless an enemy today.

**Day 17:** Matthew 5:38-42
**Passage Theme:** A Different Way to Handle Conflict
**Character Emphasis:** Meekness & Perseverance

**I. Pray** with face near the ground: ask God to reveal truth about Himself & you.

**II. Read** the passage out loud while standing.

*38 "You have heard that it was said, 'An eye for an eye and a tooth for a tooth.' 39 But I say to you, Do not resist the one who is evil. But if anyone slaps you on the right cheek, turn to him the other also. 40 And if anyone would sue you and take your tunic, let him have your cloak as well. 41 And if anyone forces you to go one mile, go with him two miles. 42 Give to the one who begs from you, and do not refuse the one who would borrow from you.*

*- Matthew 5:38-42*

**III. Read** the following study notes.

| The OT Teaching or Culture: | verse 38: "An eye for an eye and a tooth for a tooth." (Leviticus 24, Exodus 21, Deut. 19) |
|---|---|
| **Jesus' higher standard** | verse 39a: Not to resist an evil person. |
| **Transforming Application(s)** | Verses 39b-41:<br>1. Turn the other cheek<br>2. Give to the one trying to steal from you<br>3. Go the extra mile.<br>4. Give to the one who asks<br>5. Lend to the one who wants to borrow |
| **Results of Obedience or Disobedience** | Negative: Participate in an increasing cycle of selfishness and violence.<br>Positive: The cycle of selfishness and violence might stop. |

**The teaching of Jesus** in this section is very radical, but we can understand it in its context and practically apply it. Before we get into the specifics of each application that Jesus presents to us let's look back at the law and then the higher standard of our King.

**First we need to understand and respect the Old Testament Law:**
The Mosaic law that gave punishment proportional to the crime was revolutionary for humanity. Humans have long desired revenge for offenses. Unless we are the offender or relationally connected to the offender we usually want the payment to be with interest. We know this is particularly true if we are the one who was hurt or have connection to the one who was injured. Even a tussle between two kids on a playground usually escalates from lighter shoves to harder shoves and then punches and then more. The law of "an eye for an eye and a tooth for a tooth" was given to stop an ever increasing cycle of violence.

**Jesus' Higher standard:** Now Jesus is upping the stakes. He teaches His followers to endure hardship and to be willing to be wronged. "**But I tell you not to resist an evil person.**" Jesus teaches us how to use a subversive attack against the Kingdom of Darkness. Instead of the normal human way to fight back (force), it is unconventional warfare at its most extreme. The follower of Jesus is to show meekness (the restraint of power) to his enemy. The practical examples in this section are in the contexts of the law of Moses, Jewish customs, and the Roman law (as Israel was occupied by the Roman Empire at this time). Let's examine them in order to see what wisdom we can gain from them.

**Practical Applications:**

**Slapped on the right cheek. We are to turn the other cheek.** The slap here is an insult...not a life threatening punch. Normally the one slapping would be the dominant person. We need to visualize what this looks like. It is best to stand up and imagine a mannequin standing directly in front of you.

Now how would you slap the mannequin's right cheek? Well you have two choices:

1. To use the back of your right hand

2. To use the open palm of your left hand.

In the Old Testament culture of the Hebrews we see that the right hand is the hand of respect and honor. For example when Jacob puts his hands on the heads of Joseph's sons, he crosses his hands to give the greater blessing to the younger son. Even today in Central Asian culture a left hand would not be extended in a handshake. So to use the left hand would be extremely disrespectful. We can say with almost certainty in the picture Jesus paints with His words that the back of the right hand is employed in the initial slap.

Now imagine that the mannequin has turned its left cheek to be slapped as well. You (the aggressor) have several options:

1. Slap with the back of the left hand which would be a sign of extreme disrespect. I believe it could be well argued that we are moving from a "Raca" to a "YOU FOOL" attitude in the aggressor's heart if he does this.

2. Use the open hand of the right hand or the closed fist of the right hand. In either case the aggressor is moving towards greater violence. If there are witnesses to this abuse of power then the aggressor's reputation is hurt. People are generally not impressed when someone abuses a person who is not fighting back. There is a certain inner strength that is shown by being willing to be slapped again. The specific teaching of Jesus here is in the scope of slapping and not a merciless beating. However, others have taken this teaching and have been willing to apply it to the point of death in order to subvert the abuse of the powerful and to change the hearts of witnesses. We should keep that in mind.

3. The aggressor can humbly back down from the use of force against the other person. Of course this is what we hope for because it is the quickest path to peace.

I do find it interesting that Jesus ended the OT quotation of "an eye for an eye and a tooth for tooth" when He did. All of the three OT passages that give this law continue the concept to "life for life." Jesus did not teach His followers to just let someone kill them for any reason. There is a world of difference between being a martyr for the sake of Jesus and just dying because someone wants the money in your pocket. Jesus is not teaching that we have to let someone murder us for any reason - we can flee or use as little force as necessary to escape the situation.

More importantly, we also do not have the right to turn someone else's cheek - especially the physically weak, children, and the elderly. Those who are able should help those who have no ability to resist an evil person even if they tried. Jesus is not advocating for you to do nothing if someone's life is at risk. However, Jesus is asking us to live in such a radical way that people do not have any good reason to attack us or to seek our harm. If they try to harm us it would be because they are so enslaved to sin that they are beyond conscience. If people hate us, it should be because of the Name of Jesus and not anything on our part.

**If anyone wants to sue you and take away your tunic, let him have your cloak also.** The subversiveness of Jesus goes even further...if someone wanted to take a person's tunic (undergarment) then Jesus says that his disciple should let the person have the cloak as well. Now before moving forward we need to understand the importance of the cloak. The cloak was more than an article of clothing. It was often a necessary possession to avoid suffering when sleeping through cold nights. The cloak was so valuable to a person's life that in the Mosaic law if a lender used it as the security of a debt it had to be given back to the debtor to use at night (Exodus 22:26-27; Deuteronomy 24:12-13). Yet Jesus encourages a disciple who is being sued to give not just what was asked but even more. We remember back to Jesus' earlier instruction to make peace with an adversary quickly as it is better to voluntarily be wronged than to face a harsh consequence. It is also possible that the person who is suing would then examine his own heart in the situation. With the inner garment and outer covering removed the one being sued would then be naked. We know in Jewish culture the

one responsible for uncovering someone's nakedness had more to be ashamed about than the one who was naked (Noah in Genesis 9 is an example). Again the goal here is summarized by the Apostle Paul, "Do not be overcome by evil, but overcome evil with good" (Romans 12:21).

**And whoever compels you to go one mile, go with him two.** In Jesus' day a Roman soldier could force a Jewish man to carry his supplies for one mile. Jesus teaches His followers to show that they are part of a different Kingdom by doing the unthinkable - volunteering to assist the occupying force by carrying supplies for an additional mile. Jesus instructed His disciples to do something very contrary to the common practice of the day. It is understood that the Jewish people would send their children to the tops of hills and to the tops of trees. When they saw Roman soldiers approaching, they would run and tell the adults. Those working in the fields and those who lived near the roads would flee and hide so that they could not be compelled to carry a soldier's supplies. Now imagine the surprise of the soldier with the man who has not run away or hidden and joyfully carries the burden for one mile. At the end the soldier releases him of his obligation, but instead of going back he says, "I will carry your pack for one more mile." Well now the soldier is shocked and perhaps in a pickle as he may fear that he will be accused of breaking the law. But the greatest win would be for the soldier to ask, "Why are you doing this?" Imagine the oppressed saying with joy, "Because the Messiah told me to."

**"Give to him who asks you,"** of all of the practical examples that Jesus expects of His disciples, perhaps this is the most confounding. We all know of people who will ask with bad intentions (to get drunk or high or worse). Again I think we have to keep in mind the context of the entire sermon. We then have to check our understanding with the rest of Scripture. I believe we can come to a few conclusions. First, Jesus wants us to be "pure in heart" and a pure heart is a generous heart. A pure heart cannot be a stingy heart. A pure heart cannot be focused on the accumulation of possessions and wealth for the sole purpose of accumulating possessions and wealth (more on that in chapter 6). Second, Jesus does not expect us to give what we don't have. However, even those who are poor

often have something to share. I have had the privilege of being overwhelmed by the generosity of very poor believers. It is a beautiful thing indeed. Third, I do not believe Jesus would want us to give something to someone that would likely hurt them. We wouldn't buy drugs for an addict and then use these words of Jesus to justify it.

**And from him who wants to borrow from you do not turn away.** Again I believe the same principles apply here as in the previous section. It is a situation where a legitimate need meets a legitimate resource for a potentially good outcome.

Are there times when God asks us to give and to lend when it makes no common sense to us but we know that God wants us to do it anyway? Absolutely! Remember the faith and generous heart of the widow who gave the two coins. It was all she had. It was illogical. It was beautiful. It was in the will of God and honoring to God. At the same time, it should not be concluded that the widow gave all she had whenever she had it. But obviously she was willing and sensitive to the work of the Holy Spirit in her life. She had a pure and generous heart, and Jesus wants each of His disciples to have that same pure and generous heart within us.

**Conclusion:** Following the teaching of Jesus in this passage will not necessarily change the hearts of those around me, but my heart will without a doubt be changed.

**IV. Journal** about what new insights or new questions you have:

_____
_____
_____
_____
_____
_____
_____

_____
_____
_____
_____
_____
_____
_____
_____
_____
_____
_____
_____
_____

**V. Memorize Verses** _____

**VI. Pray** bowed down with face near ground: Thank God and ask for the wisdom and strength to apply what you have learned.

**Prayer:** Dear Father, please help me to be humble. Help me to be willing to suffer loss for Your Name's sake, whether that is the loss of pride or the loss of possession. And yet Lord please do not consider me selfish, when I ask you to protect the lives of the innocent and the lives of those I love. We would rather die a martyr many times over than to die over someone's desire for our temporary possessions. Please protect us from the seemingly random wickedness that abounds throughout our world. Help me O Lord to live in a way that is subversive - that shows the reality of Your Kingdom - and that invites others to participate in it! Please give me the wisdom to know what to give, who to give it to, and when to give it. I acknowledge that everything I have belongs to You. In Your Name Jesus, I humbly submit to You. Amen.

**VII. Go** and seek to live in peace with others.

**Day 18:** Matthew 5:43-48
**Passage Theme:** Love for All
**Character Emphasis:** Pure in Heart & Perseverance in Persecution

**I. Pray** with face near the ground: ask God to reveal truth about Himself & you.

**II. Read** the passage out loud while standing.

*43 "You have heard that it was said, 'You shall love your neighbor and hate your enemy.' 44 But I say to you, Love your enemies and pray for those who persecute you, 45 so that you may be sons of your Father who is in heaven. For he makes his sun rise on the evil and on the good, and sends rain on the just and on the unjust. 46 For if you love those who love you, what reward do you have? Do not even the tax collectors do the same? 47 And if you greet only your brothers, what more are you doing than others? Do not even the Gentiles do the same? 48 You therefore must be perfect, as your heavenly Father is perfect.*

*- Matthew 5:43-48*

**III. Read** the following study notes.

You shall love your neighbor is a command of God. And Jesus tells us that it is the second most important thing we can do...right behind loving God (Matthew 22:34-40). The idea of hating one's enemy is a natural human condition, but it is a far cry from the Old Testament teaching on the subject. Almost all of the OT references concerning the subject of hate can be put into 4 categories:

1.   Those who hate God
2.   Those who hate God's people
3.   Those whom God hates because of their wickedness
4.   Deeds that God hates - ex: false worship

| The OT Teaching or Culture: | The Law of Moses states, "You shall love your neighbor as your self." Leviticus. 19:18. And there is no Old Testament instruction for any individual or the nation as a whole to hate their enemy. This "You have heard it said," must refer to the cultural/traditional norm that shaped how most people in occupied Israel thought in the time of Jesus. |
|---|---|
| Jesus' higher standard | verse 44a: But I say to you, love your enemies |
| Transforming Application(s) | Verses 44b & 47: 1. Pray for those who persecute you 2. Display practical love for your enemies. 3. Greet/respect those who are not your brothers. |
| Results of Obedience or Disobedience | Verses 45-48 show us how the Father is loving towards all - including those who have made themselves enemies of God. If we follow this example the results for us are: 1. That you may be sons of your father in heaven 2. Therefore you shall be perfect (complete)...as your Father in heaven is. |

In the Old Testament Scriptures we read that the Israelites were, at times, instructed to defend themselves against their enemies or to fight an enemy because of God's judgment; however, they were never instructed to hate people. Human nature being human nature, we would be surprised if many Israelites did not actually hate their enemies. We can see that attitude even in the prophet Jonah. But the book of Jonah also shows us God's heart and desire for the wicked to repent from their evil.

Having the same heart as the Father, Jesus gives us His radically subversive teaching to love our enemies as a clear expectation for His disciples. But we should hate all sin and evil. "Hate the sin, but love the sinner," is a good summary of what our attitude should be.

**So how do we live out loving our enemies in practical ways?** Verse 44 gives us three keys:

**1. By blessing those who curse us**: Proverbs 15:1 teaches us that, "A soft answer turns away wrath, but a harsh word stirs up anger."

**2. By doing good to those who hate us:** Romans 12:19-21 is a detailed explanation of this concept: *Beloved, never avenge yourselves, but leave it to the wrath of God, for it is written, "Vengeance is mine, I will repay, says the Lord." [20] To the contrary, "if your enemy is hungry, feed him; if he is thirsty, give him something to drink; for by so doing you will heap burning coals on his head." [21]Do not be overcome by evil, but overcome evil with good.*

The Apostle Paul tells us to let God be the one to handle the judgment of those who hate us. He then quotes Proverbs 25:21-22 about feeding and giving water to your enemy. The part about "heaping coals of fire on his head" is not a way to exert pain on your enemy. The reference is to a good deed with a good goal. Solomon wrote the proverb, and he would have been very well aware of an Egyptian custom in his days. The custom was that when someone wanted to show their remorse they would put a pan of literal coals on their head and bow before the offended person. The heat from the pan would cause discomfort and show the offended one that the offender had true remorse. Paul tells us that the results of not taking revenge are either (A.) God will deliver justice or (B.) your enemy will ask for forgiveness and will no longer be your enemy. Because God has been merciful to us, we should pray and hope for option B.

**3. By praying for those who try to use us and persecute us**: It is difficult for us to pray for someone and actively hate that person. Praying for them can transform our hearts to a greater hatred for the actual wickedness and its terrible consequences and a greater love for our enemy. Now that's radical!

**Jesus appeals to God's common grace in an effort to get us to change our perspective**. "He makes His sun to rise and His rain to fall on the just and the unjust." Jesus appeals to logic by stating that even "tax collectors" love those who love them. If we want to be different, if we want to become mature disciples,

if we want to be more like Jesus and less like the world, then we must practice the teachings of Jesus that help change our hearts and attitudes to be more like His. We have to love those who are hard to love. And how do we do this? Jesus gives one example here: Greet others! vs 47. This greeting means that we respect the image of God in each person and that we are close enough to that person to actually greet them. Jesus was looked down upon because He greeted and spent time teaching truth to the notorious sinners - like Matthew the tax collector and those in his house (Matthew 9).

Of course there are common sense precautions. Jesus does not expect us to send our children to give a greeting to someone actively seeking to harm or kill them. Because they are examples, Jesus is not looking to answer what we should do in every situation. Disciples will always need discernment, but we cannot be like the Pharisees and try to rationalize a lack of obedience by focusing on exceptional situations. The question is, "What is my heart?"

**Am I going to be "perfect"?** Some translations use the word perfect here, but the idea is more along the lines of "complete & mature." Disciples of Jesus will not be sinlessly perfect until we see Him face to face, but we can be whole with our identify firmly rooted in Christ. As James wrote, *Count it all joy, my brothers, when you meet trials of various kinds, ³ for you know that the testing of your faith produces steadfastness. ⁴ And let steadfastness have its full effect, that you may be perfect and complete, lacking in nothing* (James 1:2-4). I have yet to find a disciple of Jesus with any significant spiritual maturity that gained it without facing adversity and learning to face it well.

**IV. Journal** about what new insights or new questions you have:

_____

_____

_____

_____

_____

_____

_____

_____

_____

_____

_____

_____

_____

_____

_____

_____

_____

_____

_____

_____

_____

_____

_____

_____

**V. Memorize Verses** _____

**VI. Pray** bowed down with face near ground: Thank God and ask for the wisdom and strength to apply what you have learned.

**Prayer:** Dear Jesus, You loved me when I was Your enemy. You died on the cross to pay my debt and to offer reconciliation to me. The price was high - Your blood shed for me. Thank You that You loved me when I was still a sinner! Thank You Jesus! Lord, may my thanks be from more than my lips...but from my heart, my attitude, my actions. Jesus, please help me to love those I find hard to love...the angry, the manipulative, and those who seek to do evil. Lord help me to love those who have wronged me. For Your glory and for Your Name, O Most High King of kings! Amen!

**VII. Go** and love - even enemies.

## Day 19: Reflection

**I. Pray** with face near the ground: ask God to reveal truth about Himself & you.

**II. Read** Matthew chapter 5 from Appendix D, E, or F.

### III. Journal Your Observations
    1. What had the greatest impact on you from chapter 5?
    2. What are the biggest questions you still have left unanswered?

> [3]"Blessed are the poor in spirit, for theirs is the kingdom of heaven. "Blessed are those who mourn, for they shall be comforted. "Blessed are the meek, for they shall inherit the earth.
>
> - Jesus the Christ (Mt. 5:3-6)

## IV. Journal Your Applications

1. What is the biggest application from chapter 5 that you need to practice?

_____

_____

_____

_____

_____

_____

_____

_____

_____

_____

_____

_____

## V. Memorize Verses _____

**Questions for Reflection:** How is Scripture memory going so far? What is working for you and not working for you? What might help your memorization to be more effective?

**VI. Pray** bowed down with face near ground: Thank God and ask for the wisdom and strength to apply what you have learned.

**VII. Go** have an awesome day and seek to apply at least one thing the Holy Spirit lays on your heart.

**Day 20:** Matthew 6:1-4
**Passage Theme:** Motivation in Giving
**Character Emphasis:** Pure in heart

**I. Pray** with face near the ground: ask God to reveal truth about Himself & you.

**II. Read** Matthew chapter 6 from Appendix D, E, or F out loud while standing. And then continue with verses 1-4.

*¹ "Beware of practicing your righteousness before other people in order to be seen by them, for then you will have no reward from your Father who is in heaven. ² "Thus, when you give to the needy, sound no trumpet before you, as the hypocrites do in the synagogues and in the streets, that they may be praised by others. Truly, I say to you, they have received their reward. ³ But when you give to the needy, do not let your left hand know what your right hand is doing, ⁴ so that your giving may be in secret. And your Father who sees in secret will reward you.*

*- Matthew 6:1–4*

In Matthew 6 the teaching of Jesus shifts from a disciple's character and actions in the outside world to the disciple's inward and upward devotion displayed in giving, prayer, and fasting. In the first 4 verses of chapter 6, Jesus emphasizes our attitude and actions concerning giving.

*⁶ The point is this: whoever sows sparingly will also reap sparingly, and whoever sows bountifully will also reap bountifully. ⁷ Each one must give as he has decided in his heart, not reluctantly or under compulsion, for God loves a cheerful giver. ⁸ And God is able to make all grace abound to you, so that having all sufficiency in all things at all times, you may abound in every good work.*

*- 2 Corinthians 9:6-8*

## III. Journal Your Observations

| The OT Teaching or Culture: | Verses 1-2: |
|---|---|
| **Jesus' higher standard** | Verses 1-4: |
| **Transforming Application(s)** | Verse 3: |
| **Results of Obedience or Disobedience** | Verse 4: |

We need to reconcile what Jesus taught in Matthew 5:16 with what we are now reading in Matthew 6:1-4.

    1. What is the same?
    2. What is different?
    3. Why is it different?

_____
_____
_____
_____
_____
_____

**Disciples of Jesus are to focus on God's glory and not their own glory - especially in giving, prayer, and fasting.**

## IV. Journal Your Applications

1. What are your motivations for giving?
2. When you practice giving from a pure heart what do you receive?

_____

_____

_____

_____

_____

_____

_____

_____

_____

_____

_____

_____

_____

_____

_____

_____

_____

_____

_____

_____

_____

_____

_____

**V. Memorize Verses** _____

**VI. Pray** bowed down with face near ground: Thank God and ask for the wisdom and strength to apply what you have learned.

**VII. Go** and be generous for God's glory and not our own.

**Day 21:** Matthew 6:1-4
**Passage Theme:** Motivation in Giving
**Character Emphasis:** Pure in heart

**I. Pray** with face near the ground: ask God to reveal truth about Himself & you.

**II. Read** the passage out loud while standing.

*¹ "Beware of practicing your righteousness before other people in order to be seen by them, for then you will have no reward from your Father who is in heaven. ² "Thus, when you give to the needy, sound no trumpet before you, as the hypocrites do in the synagogues and in the streets, that they may be praised by others. Truly, I say to you, they have received their reward. ³ But when you give to the needy, do not let your left hand know what your right hand is doing, ⁴ so that your giving may be in secret. And your Father who sees in secret will reward you.*

- Matthew 6:1–4

**III. Read** the following study notes.

| | |
|---|---|
| **The OT Teaching or Culture:** | Verses 1-2: Charitable giving in order to receive glory from men. This was the cultural expectation not OT teaching. |
| **Jesus' higher standard** | Verses 1-4: Do not seek the glory of men, but do your charitable deed for an audience of One - your Father in heaven. |
| **Transforming Application(s)** | Verse 3: Be discreet in your giving. |
| **Results of Obedience or Disobedience** | Verse 4: if you give in secret then you will receive reward from your Father. |

**The context of this passage has to do with how giving was done at the synagogues and temple contrasted with what Jesus expects of His disciples.** In those days, wealthy people would make a great show of their generous contributions by blowing trumpets. They did this for the obvious purpose of gaining the praise of other people. It was a sinful display of pride. Jesus instructs His disciples to avoid drawing attention to themselves when they give.

**So what do we do with Matthew 5:16?** Jesus had just told them, "In the same way, let your light shine before others, so that they may see your good works and give glory to your Father who is in heaven." Is Jesus contradicting Himself? Did He forget what He just said a few paragraphs earlier? Not at all. The two passages align well with one another. In both passages the focus is on God's glory and not our own. In Matthew 5:16 we are encouraged to live in such a godly and caring way that **the world** around us cannot help but see that we live according to different standards and for a different purpose. A person who consistently seeks to live according to the teaching of Jesus will be noticed in the world. The contrast will be evident. In the **community of faith** we usually have the ability to be more discreet in our giving if we want to. In both cases we are not to do things for our own self-interest or to be motivated by the possibility of hearing the praise of other people.

> *[6] The point is this: whoever sows sparingly will also reap sparingly, and whoever sows bountifully will also reap bountifully. [7] Each one must give as he has decided in his heart, not reluctantly or under compulsion, for God loves a cheerful giver. [8] And God is able to make all grace abound to you, so that having all sufficiency in all things at all times, you may abound in every good work.*
>
> **- 2 Corinthians 9:6-8**

**The Greek Words** used in Matthew 5:16 and here in Matthew 6:1-4 are also different and give further proof of the point.

| Let's Compare the Text: | Matthew 5:16 | Matthew 6:1-4 |
|---|---|---|
| **Original Greek** | kalos ergon | Eleemosyne (4x) |
| **Literal translation** | good works | charitable giving (4x) |
| New King James Version (NKJV) | good works | charitable deed (4x) |
| New American Standard Bible (NASB) | good works | Practice your righteousness (verse 1) give to the poor (2x in verses 2-3), giving (verse 4) |
| English Standard Version (ESV) | good works | Practice your righteousness (vs 1) Charitable deed (3x in verses 2-4) |
| New Living Translation (NLT) | good deeds | Good deeds (verse 1), Give to someone (2x in verses 2-3), give your gifts (verse 4). The NLT is a good translation but creates unnecessary confusion in verse 1. |
| New International Version (NIV) | good deeds | Practice your righteousness (vs 1), give to the needy (2x in verses 2-3), giving (verse 4) |

**Expectations:** We should understand that Jesus does not say "if you do" but "when you do." The expectation is that disciples of Jesus will seek to be merciful towards others through generosity. Merciful people are connected to the heart of God. Learning to be generous is a key pathway towards maturity. Giving with a pure heart takes the focus off of us and puts the focus on God and the people who need help.

**Does Jesus expect those who don't have much to give to do so?** The multitudes are listening as Jesus is teaching His disciples. Among those who were listening to Jesus it is safe to say that some were poor, some were rich, and some were in the middle. The disciples who were called to follow Jesus were also of various income levels. All but those who literally have nothing to give should give something...even a penny...it is good for the soul. In the United States the average Christian gives about 2.5% of income. Other than the wealthiest people in the country the poor give the highest percentage of their money. Local churches also need to prioritize giving to the Great Commission. A small percentage of what churches receive goes towards reaching the unreached. Could it be that churches who are not generous are producing disciples who are also not generous?

**The Father will reward**, Jesus is not specific about the type of reward a disciple who gives in secret will receive. It could be a reward in eternity, or it could be something in this life. It could be spiritual, or it could be physical. But it should be obvious to all that God cares about our motives. If the motivation for giving is to try to trick God into giving you a financial blessing then that is an unwise move indeed. God is good, and we do not need to play games.

**The key question** my heart must answer: "Do I want to receive glory from other humans or approval from my Heavenly Father?" May God give us the wisdom and strength to recognize when our desires are misplaced and humble ourselves for His glory. As my brothers and sisters in Mexico have taught me, "Gloria a Dios" (Glory to God) should be the quick response when praise is given to me.

**IV. Journal** about what new insights or new questions you have:

_____

_____

_____

_____

_____

_____

_____

_____

_____

_____

_____

_____

_____

_____

_____

_____

_____

_____

_____

_____

**V. Memorize Verses** _____

**VI. Pray** bowed down with face near ground: Thank God and ask for the wisdom and strength to apply what you have learned.

**Prayer:** Father, please show me my heart and change anything in me that does not seek Your glory. Please fill me with mercy and the desire to do good to others. You have been oh so generous to me. Please fill me with generosity. In Your Name Jesus, I ask it. Amen.

**VII. Go** and have joy in generosity.

**Day 22:** Matthew 6:5-15
**Passage Theme:** How to Pray
**Character Emphasis:** Poor in spirit, Hunger & Thirst for Righteousness

**I. Pray** with face near the ground: ask God to reveal truth about Himself & you.

**II. Read** the passage out loud while standing.

⁵ *"And when you pray, you must not be like the hypocrites. For they love to stand and pray in the synagogues and at the street corners, that they may be seen by others. Truly, I say to you, they have received their reward. ⁶ But when you pray, go into your room and shut the door and pray to your Father who is in secret. And your Father who sees in secret will reward you. ⁷ "And when you pray, do not heap up empty phrases as the Gentiles do, for they think that they will be heard for their many words. ⁸ Do not be like them, for your Father knows what you need before you ask him. ⁹ Pray then like this: "Our Father in heaven, hallowed be your name. ¹⁰ Your kingdom come, your will be done, on earth as it is in heaven. ¹¹ Give us this day our daily bread, ¹² and forgive us our debts, as we also have forgiven our debtors. ¹³ And lead us not into temptation, but deliver us from evil. ¹⁴ For if you forgive others their trespasses, your heavenly Father will also forgive you, ¹⁵ but if you do not forgive others their trespasses, neither will your Father forgive your trespasses.*

*- Matthew 6:5–15*

**Jesus** takes us from the spiritual discipline of giving to the spiritual discipline of prayer. It is important to understand "the Lord's prayer" as a model for how we pray, and it must not become another "vain repetition."

> ¹⁶ *Therefore, confess your sins to one another and pray for one another, that you may be healed. The prayer of a righteous person has great power as it is working.*
>
> *- James 5:16*

## III. Journal Your Observations

| | |
|---|---|
| **The OT Teaching or Culture:** | Verses 5&7: |
| **Jesus' higher standard** | Verses 6&8: |
| **Transforming Application(s)** | Verses 9-13: |
| **Results of Obedience or Disobedience** | Verse 14: |

1. In your own words briefly describe the order Jesus gives us in His model prayer.

2. How is forgiveness related to prayer?

_____

_____

_____

_____

_____

_____

_____

_____

_____

_____

_____

_____

_____

_____

_____

_____

_____

_____

_____

_____

_____

_____

_____

_____

_____

_____

_____

_____

_____

_____

_____

## IV. Journal Your Applications

1. How would you describe your own prayer life as it relates to Jesus' teaching?

2. Does any part of Jesus' prayer model stand out to you as missing in your own prayers?

_____
_____
_____
_____
_____
_____
_____
_____
_____
_____
_____
_____
_____
_____
_____
_____
_____
_____
_____
_____
_____
_____

## V. Memorize Verses  _____

**VI. Pray** bowed down with face near ground: Thank God and ask for the wisdom and strength to apply what you have learned.

**VII. Go** and pray throughout the day.

**Day 23:** Matthew 6:5-15
**Passage Theme:** How to Pray
**Character Emphasis:** Poor in Spirit, Hunger & Thirst for Righteousness

**I. Pray** with face near the ground: ask God to reveal truth about Himself & you.

**II. Read** the passage out loud while standing.

⁵ *"And when you pray, you must not be like the hypocrites. For they love to stand and pray in the synagogues and at the street corners, that they may be seen by others. Truly, I say to you, they have received their reward. ⁶ But when you pray, go into your room and shut the door and pray to your Father who is in secret. And your Father who sees in secret will reward you. ⁷ "And when you pray, do not heap up empty phrases as the Gentiles do, for they think that they will be heard for their many words. ⁸ Do not be like them, for your Father knows what you need before you ask him. ⁹ Pray then like this: "Our Father in heaven, hallowed be your name. ¹⁰ Your kingdom come, your will be done, on earth as it is in heaven. ¹¹ Give us this day our daily bread, ¹² and forgive us our debts, as we also have forgiven our debtors. ¹³ And lead us not into temptation, but deliver us from evil. ¹⁴ For if you forgive others their trespasses, your heavenly Father will also forgive you, ¹⁵ but if you do not forgive others their trespasses, neither will your Father forgive your trespasses.*

*- Matthew 6:5–15*

**III. Read** the following study notes.

*If you then, being evil, know how to give good gifts to your children, how much more will your Father who is in heaven give good gifts to those who ask Him*

*- Matthew 7:11*

| The OT Teaching or Culture: | Verses 5&7: People would pray publicly with repetitive and intellectual prayers to show others how religious they were. |
|---|---|
| Jesus' higher standard | Verses 6&8: Pray to the Father in secret and without vain repetitions. Our prayers should reflect that God knows all and that He is good! |
| Transforming Application(s) | Verse 9-13: Pray according to the themes that Jesus gave us...but in your own words from your own heart and mind. |
| Results of Obedience or Disobedience | Verse 14: our attitude about forgiveness can make or break our fellowship with God |

**Jesus gives a warning:** Jesus begins by warning His disciples not to pray for the purpose of being seen by others (vs. 5). The prayer of Jesus known as "The Lord's prayer" gives us a pattern of prayer. It was never intended by Jesus that His followers would mindlessly repeat it verbatim, "do not use vain repetitions" (vs 7).

**Model prayer:** Let's work our way through it to see the key elements.

**Our Father in heaven:** Jesus teaches us that the normal practice of prayer is to pray to the Father. The reference to heaven reminds us that His place is above us, His power is boundless, and His position is Almighty God.

**Hallowed be Your name:** It is the same as saying, "Your name is holy!" It is a reminder that we are to pray with reverence for God. His Name is never to be used in vain, flippantly, or jokingly. We are to love God, and respecting His name is an important part of loving God.

**Your will be done on earth as it is in heaven:** in this simple sentence, several important truths are being taught to us.

1. We are to seek God's will above our own. In the Garden of Gethsemane, Jesus asked if the cup of suffering could pass Him by, yet He prayed, "not My will but Yours be done."

2. Not all is how it should be. Our broken world does not match the perfection of heaven. All sin is rebellion against God. We are in a spiritual war, and we are praying for righteousness and justice to be done. Those who hunger and thirst for righteousness are those who want the will of God to be done in their own lives and in the world.

**Give us this day our daily bread:** Disciples of Jesus should not be consumed with being rich but should trust that the Lord will meet our needs. While the immediate context is physical, the application goes beyond that to every aspect of our lives: spiritual, emotional, mental, and physical.

**And forgive us our debts:** In all of our prayers there is the opportunity to confess our sins. **As we forgive our debtors:** Jesus assumes that if we are serious about following Him, we will not hold debts of sin against others.

**And do not lead us into temptation but deliver us from the evil one:** The first step to avoiding sin is to avoid temptation. We are to pray and ask God to protect us from temptation. Of course that should prompt us to consider if we are making ourselves unnecessarily vulnerable to temptation by our own choices. When we are tempted we are asking God to deliver us from the tricks and traps of the evil one. We should consider Joseph in the book of Genesis who literally ran from a tempting situation.

**For Yours is the kingdom and the power and the glory forever.** As we begin our prayer with the reminder that God is holy, we should remember a few things as we end our prayer. The kingdom belongs to God, and we are His servants. The power belongs to God, and we can have confidence in asking in His Name. And in all good things, the glory should go to God forever and ever!

**What about praying in the Name of Jesus?** Since Jesus did not say to do that here as He gives the model prayer should we do that? In the context, we need to remember that these instructions are given towards the beginning of Jesus' ministry, and the disciples are still gaining in their understanding of the divinity of Jesus. When Jesus told His disciples more about prayer, He told them five times to pray and ask in His Name (John 14:13-14, 15:16, 16:23-24). We do so through the power and direction of the Holy Spirit (Ephesians 6:17-19, Jude 1:20, Romans 8:26). We have the privilege of praying in the Name of Jesus. Let's enjoy that privilege.

**The importance of forgiveness:** *14 For if you forgive others their trespasses, your heavenly Father will also forgive you, 15 but if you do not forgive others their trespasses, neither will your Father forgive your trespasses.* (Mt. 6:14-15). Let's remember a few key points.

1. We need to be forgiving people. We have been forgiven much by a Holy God who has every right to punish us. We are recipients of great mercy and grace. Therefore, we should be quick to forgive others. But, forgiveness is often contrary to the desires of our flesh. Our flesh wants to hold grudges against people. We can only be forgiving people by the power of God at work in us.

2. The issue here is not about our salvation (though a consistent lack of desire to forgive may indicate that spiritual regeneration has not taken place) but about our fellowship with God. A lack of forgiveness hinders our fellowship with God.

3. Forgiveness does not mean forgetting or putting ourselves back in the same vulnerable position. In some cases we are compelled to give the offender another chance. In other cases that would be very unwise. We need to discern the difference through prayer and wise counsel.

## IV. Journal about what new insights or new questions you have:

_____

_____

_____

_____

_____

_____

_____

_____

_____

_____

_____

_____

_____

_____

_____

_____

_____

_____

_____

_____

_____

_____

_____

_____

**V. Memorize Verses** _____

**VI. Pray** bowed down with face near ground: Thank God and ask for the wisdom and strength to apply what you have learned.

**Prayer:** This would be a good opportunity to use the model prayer that Jesus gave us in our own words. The prayer speaks in generalities, but as we take the time to pray through these things we will often be praying for specifics. A prayer journal is a great way to keep track of petitions and record answers to prayer.

**VII. Go** and enjoy communion with God throughout the day.

**Day 24:** Matthew 6:16-18
**Passage Theme:** Fasting
**Character Emphasis:** Hunger and Thirst for Righteousness

**I. Pray** with face near the ground: ask God to reveal truth about Himself & you.

**II. Read** the passage out loud while standing.

*16 "And when you fast, do not look gloomy like the hypocrites, for they disfigure their faces that their fasting may be seen by others. Truly, I say to you, they have received their reward. 17 But when you fast, anoint your head and wash your face, 18 that your fasting may not be seen by others but by your Father who is in secret. And your Father who sees in secret will reward you.*

- **Matthew 6:16-18**

**Jesus** teaches us how His disciples should fast. The Biblical definition of fasting is to go without food for a period of time (only water). We may need to give up other things for a period of time (tv, social media, etc), but we need to understand that Biblical fasting specifically has to do with food. The point of fasting is to deny the body in order to devote time and spiritual focus to God.

*Then the disciples of John came to Him, saying, "Why do we and the Pharisees fast often, but Your disciples do not fast?" And Jesus said to them, "Can the friends of the bridegroom mourn as long as the bridegroom is with them? But the days will come when the bridegroom will be taken away from them, and then they will fast.*

- **Matthew 9:14-15**

## III. Journal Your Observations

| The OT Teaching or Culture: | Verse 16: |
|---|---|
| **Jesus' higher standard** | Verse 17: |
| **Transforming Application(s)** | Verse 18: |
| **Results of Obedience or Disobedience** | Verse 18: |

1. According to Jesus, what things should a disciple do and not do while fasting?

_____

_____

_____

_____

_____

_____

_____

_____

_____

_____

_____

_____

_____

_____

_____

_____

_____

_____

_____

_____

_____

_____

_____

## IV. Journal Your Applications

1. What role does fasting play in your walk with Jesus?

2. From whatever place you are currently at with fasting: do you believe beginning to fast or fasting more consistently would be impactful in being a more mature disciple of Jesus? Why or why not?

3. Are there other things that I should give up (at least for a period of time) to help me focus on growing as a disciple?

_____

_____

_____

_____

_____

_____

_____

_____

_____

_____
_____
_____
_____
_____
_____
_____
_____
_____
_____
_____
_____
_____
_____
_____
_____
_____
_____
_____
_____
_____
_____
_____
_____

Consider setting a day during this 40 day challenge to fast. If you have a medical condition that may be affected by fasting, please consult your doctor before attempting to fast.

**V. Memorize Verses** _____

**VI. Pray** bowed down with face near ground: Thank God and ask for the wisdom and strength to apply what you have learned.

**VII. Go** in the Lord's strength and not your own.

**Day 25:** Matthew 6:16-18
**Passage Theme:** Fasting
**Character Emphasis:** Hunger and Thirst for Righteousness

**I. Pray** with face near the ground: ask God to reveal truth about Himself & you.

**II. Read** the passage out loud while standing.

[16] *"And when you fast, do not look gloomy like the hypocrites, for they disfigure their faces that their fasting may be seen by others. Truly, I say to you, they have received their reward.* [17] *But when you fast, anoint your head and wash your face,* [18] *that your fasting may not be seen by others but by your Father who is in secret. And your Father who sees in secret will reward you.*

- **Matthew 6:16-18**

**III. Read** the following study notes.

| The OT Teaching or Culture: | Verse 16: It was the cultural norm for the person who was fasting to exaggerate their suffering for personal glory. |
|---|---|
| Jesus' higher standard | Verse 18: Fast to deepen fellowship with the Father. |
| Transforming Application(s) | Verse 17: Do what you can so that others do not know you are fasting.<br>1. Anoint your head<br>2. Wash your face<br>3. Keep quiet about it |
| Results of Obedience or Disobedience | Verse 18: Fasting with the right motives will be rewarded by God. |

**Hypocritical and Pure Fasting:** The type of fasting that Jesus tells us not to do is focused on receiving the attention of others. The fasting that Jesus expects His disciples to participate in has its focus on God. There are several purposes for fasting;

1. To make us more aware of our dependence on God.
2. To help us to hunger and thirst for righteousness (justice in our own hearts and in this world).
3. To help us focus on a need - as we mourn over the brokenness of our world or a specific situation.
4. To help us discern the will of the Lord.
5. To petition for the mission of God to go forward.

**Should we always fast individually? In the New Testament we see times when the Lord's people fast together:**

1. Husbands and wives - fasting from food and intimate relations for a period of time so that they can focus on prayer (1 Corinthians 7).
2. The local church - the leadership of the church in Antioch fasted and prayed before the Lord called for Paul and Barnabas to be set apart for the missionary work. It seems that they fasted and prayed again before sending them out (Acts 13:1-3).
3. Paul and Barnabas prayed and fasted as they appointed elders in new local churches (Acts 14:21-28).

**Conclusion:** Whether it is the individual disciple, the married couple, or a segment or all of a church, fasting should be done as Jesus commanded: outside of the world's awareness, doing all that we can to maintain normal appearances, and with prayer and purpose. We cannot help but notice how Jesus connects giving, prayer, and fasting. Jesus expected His first disciples (and us by extension) to give, to pray, and to fast. The focus on their fasting would occur after His departure (Matthew 9:14-17). Fasting is good for us as we seek to walk worthy of our calling and anticipate the return of the King.

> *Then the disciples of John came to Him, saying, "Why do we and the Pharisees fast often, but Your disciples do not fast?" And Jesus said to them, "Can the friends of the bridegroom mourn as long as the bridegroom is with them? But the days will come when the bridegroom will be taken away from them, and then they will fast.*
>
> - Matthew 9:14-15

**IV. Journal** about what new insights or new questions you have:

_____
_____
_____
_____
_____
_____
_____
_____
_____
_____
_____
_____
_____
_____
_____
_____
_____
_____
_____
_____
_____
_____

_____
_____
_____
_____
_____
_____
_____
_____
_____
_____
_____
_____
_____
_____
_____
_____
_____
_____
_____
_____
_____

**V. Memorize Verses** _____

**VI. Pray** bowed down with face near ground: Thank God and ask for the wisdom and strength to apply what you have learned.

**Prayer:** Father, may our hearts for you be passionate. Please help us to seek Your face. Please help us to do the hard things in order to draw closer to You, to see our own sin more clearly, to mourn for our world, to know more clearly Your specific will, and to see Your Gospel go forward in power. You are worthy O God of all that I am. In Your Name Jesus, Amen!

**VII. Stay** in a state of dependence on the love, grace, and power of God.

**Day 26:** Matthew 6:19-24
**Passage Theme:** What My Heart Treasures
**Character Emphasis:** Hunger and Thirst for Righteousness

**I. Pray** with face near the ground: ask God to reveal truth about Himself & you.

**II. Read** the passage out loud while standing. Matthew 6:19-34 is packed, and we will divide it into two sections with our focus today on verses 19-24.

*19 "Do not lay up for yourselves treasures on earth, where moth and rust destroy and where thieves break in and steal, 20 but lay up for yourselves treasures in heaven, where neither moth nor rust destroys and where thieves do not break in and steal. 21 For where your treasure is, there your heart will be also. 22 "The eye is the lamp of the body. So, if your eye is healthy, your whole body will be full of light, 23 but if your eye is bad, your whole body will be full of darkness. If then the light in you is darkness, how great is the darkness! 24 "No one can serve two masters, for either he will hate the one and love the other, or he will be devoted to the one and despise the other. You cannot serve God and money.*

- Matthew 6:19–24

**Jesus** teaches us to keep our daily needs in perspective.

*6 But godliness with contentment is great gain, 7 for we brought nothing into the world, and we cannot take anything out of the world...10 For the love of money is a root of all kinds of evils. It is through this craving that some have wandered away from the faith and pierced themselves with many pangs.*

- 1 Timothy 6:6-7, 10

> As for what was sown among thorns, this is the one who hears the word, but the cares of the world and the deceitfulness of riches choke the word, and it proves unfruitful.
>
> Jesus the Christ (Mt. 13:22)

## III. Journal Your Observations

| The OT Teaching or Culture: | Verse 19: |
|---|---|
| Jesus' higher standard | Verse 20: |
| Transforming Application(s) | Verses 20-21: |
| Results of Obedience or Disobedience | Verse 19, 20 & 24 |

1. What does Jesus teach us about financial priorities?

2. What does Jesus teach us about the connection between our perspective on wealth and our hearts?

3. What happens when we don't have the perspective on money that Jesus wants us to have?

_____

_____

_____

_____

_____

_____

_____

_____

_____

_____

_____

_____

_____

_____

_____

_____

_____

_____

_____

_____

_____

_____

_____

_____

_____

_____

_____

_____

_____

_____

_____

_____

_____

## IV. Journal Your Applications

1. While we are on earth, how can we invest in heavenly things?
2. Which master would Jesus say you are serving?

_____

_____

_____

_____

_____

_____

_____

_____

_____

_____

_____

_____

_____

_____

_____

_____

_____

_____

_____

_____

_____

_____

_____

**V. Memorize Verses** _____

**VI. Pray** bowed down with face near ground: Thank God and ask for the wisdom and strength to apply what you have learned.

**VII. Go** and lay up treasures in heaven.

**Day 27:** Matthew 6:19-24
**Passage Theme:** What My Heart Treasures
**Character Emphasis:** Hunger and Thirst for Righteousness

**I. Pray** with face near the ground: ask God to reveal truth about Himself & you.

**II. Read** the passage out loud while standing.

*⁹ "Do not lay up for yourselves treasures on earth, where moth and rust destroy and where thieves break in and steal, ²⁰ but lay up for yourselves treasures in heaven, where neither moth nor rust destroys and where thieves do not break in and steal. ²¹ For where your treasure is, there your heart will be also. ²² "The eye is the lamp of the body. So, if your eye is healthy, your whole body will be full of light, ²³ but if your eye is bad, your whole body will be full of darkness. If then the light in you is darkness, how great is the darkness! ²⁴ "No one can serve two masters, for either he will hate the one and love the other, or he will be devoted to the one and despise the other. You cannot serve God and money.*

- Matthew 6:19–24

**III. Read** the following study notes.

| | |
|---|---|
| **The Culture:** | Verse 19: Lay up treasures on earth. |
| **Jesus' higher standard** | Verse 20: Lay up treasures in heaven. |
| **Transforming Application(s)** | Verses 20: Actually live this principle out in obedience. |
| **Results of Obedience or Disobedience** | Verse 19: the one who focuses on temporary riches loses Verse 20: the one who focuses on the eternal makes a secure investment Verse 24: You will have one of 2 masters - either God or material things...this choice makes all the difference. |

**Matthew 6:19-34 is one section, but for today we will focus on verses 19-24.** Tomorrow we will add verses 25-34. In the two sections there is a connection between treasures on earth and anxiety.

**Jesus clearly tells us to lay up our treasures in heaven. How do we do that?** We can't physically send our money to heaven and God certainly doesn't need it. We lay up treasures by giving! We give so that the Gospel can go forward throughout all the world, and we give to help the poor.

**Jesus talks about our eye being good or our eye being bad.** Jesus is not giving us a physical eye exam. His point is simple - if our focus is on the earthly and temporal then by default it will not be on the eternal. We each need to ask the question, "Will my priorities revolve around the temporary or the permanent?"

**When we detach our hearts from an unhealthy desire for material wealth...**other good things happen as well...more on that in the next section. But the key thing we have to decide is: Am I going to serve something else, or am I going to serve God?

**How does Jesus' teaching relate to the Prosperity Gospel that is so popular today?** In reality the Prosperity Gospel is just the financial teachings of the Pharisees repackaged for a modern audience. The Pharisees believed that wealth was a sign of closeness to God. They believed that if you were poor then it was because you were somehow cursed and distant from God. They obviously had to ignore much of the OT to come to that conclusion. They would look to the wealthy kings of Israel like Solomon and forget the rest.

In Luke chapter 16 Jesus taught extensively about money. *The Pharisees, who were lovers of money, heard all these things, and they ridiculed him. And he said to them, "You are those who justify yourselves before men, but God knows your hearts. For what is exalted among men is an abomination in the sight of God* (Luke 16:14-15).

Jesus flipped the script on the Pharisees. Those who are generous in this life are the ones who are living in a way that pleases God. Those who hoard wealth do not please God. This is a Gospel issue because in the parable of the sower some of the seed is "choked out by the deceitfulness of riches." The prosperity Gospel is a false promise to the lost (especially poorer people) that if they follow God they will be wealthy, or if they are wealthy that God has already accepted them. The prosperity Gospel is sourced in the Enemy who perverts all things to keep people out of the Kingdom and can also distract true believers.

**Conclusion:** Whether I am rich, poor, or in the middle, the key issue is my own heart.

**IV. Journal** about what new insights or new questions you have:

_____

_____

_____

_____

_____

_____

_____

_____

_____

_____

_____

_____

_____

_____

_____

_____

_____

_____

_____

_____

_____

_____

_____
_____
_____
_____
_____
_____
_____
_____
_____
_____
_____
_____
_____
_____
_____
_____
_____
_____

**V. Memorize Verses** _____

**VI. Pray** bowed down with face near ground: Thank God and ask for the wisdom and strength to apply what you have learned.

**Prayer:** Father, you know everything about how I feel about material things. You know the good, the bad, and the ugly. Please help me to see what you see and that you would change me so that I can see as you see. Please put into me a larger heart of generosity. Help me to acknowledge and remember that everything I have belongs to You. Please help me to live as a good steward of what you have entrusted me with. Most of all, please help me to be your servant! In Your powerful Name, I ask it dear Jesus! Amen!

**VII. Go** and seek first the Kingdom!

**Day 28:** Matthew 6:25-34
**Passage Theme:** Do Not Worry
**Character Emphasis:** Hunger and Thirst for Righteousness / Pure in Heart

**I. Pray** with face near the ground: ask God to reveal truth about Himself & you.

**II. Read** the passage out loud while standing.

25 *"Therefore I tell you, do not be anxious about your life, what you will eat or what you will drink, nor about your body, what you will put on. Is not life more than food, and the body more than clothing?* 26 *Look at the birds of the air: they neither sow nor reap nor gather into barns, and yet your heavenly Father feeds them. Are you not of more value than they?* 27 *And which of you by being anxious can add a single hour to his span of life?* 28 *And why are you anxious about clothing? Consider the lilies of the field, how they grow: they neither toil nor spin,* 29 *yet I tell you, even Solomon in all his glory was not arrayed like one of these.* 30 *But if God so clothes the grass of the field, which today is alive and tomorrow is thrown into the oven, will he not much more clothe you, O you of little faith?* 31 *Therefore do not be anxious, saying, 'What shall we eat?' or 'What shall we drink?' or 'What shall we wear?'* 32 *For the Gentiles seek after all these things, and your heavenly Father knows that you need them all.* 33 *But seek first the kingdom of God and his righteousness, and all these things will be added to you.* 34 *"Therefore do not be anxious about tomorrow, for tomorrow will be anxious for itself. Sufficient for the day is its own trouble.*

- Matthew 6:25-34

*"Martha, Martha, you are anxious and troubled about many things,* 42 *but one thing is necessary. Mary has chosen the good portion, which will not be taken away from her."*

- Jesus the Christ (Luke 10:41b-42)

## III. Journal Your Observations

| | |
|---|---|
| **The OT Teaching or Culture:** | Verse 24,25 & 32: |
| **Jesus' higher standard** | Verses 25-26: |
| **Transforming Application(s)** | Verses 25-28 & 30: |
| **Results of Obedience or Disobedience** | Verses 19,20. 24, 32-34: |

1. What does Jesus say our worry can accomplish?
2. How are worrying and trusting (or not trusting) God related?
3. What helpful things does Jesus ask us to do instead of worrying?

## IV. Journal Your Applications

1. Do you struggle with worry?
2. What do you worry about and why?
3. How will you seek first God's kingdom today?

_____

_____

_____

_____

_____

_____

_____

_____

_____

_____

_____

_____

_____

_____

_____

_____

_____

_____

_____

_____

_____

_____

## V. Memorize Verses _____

**VI. Pray** bowed down with face near ground: Thank God and ask for the wisdom and strength to apply what you have learned.

**VII. Go** and seek first the kingdom!

**Day 29:** Matthew 6:25-34
**Passage Theme:** Do Not Worry
**Character Emphasis:** Hunger and Thirst for Righteousness / Pure in Heart

**I. Pray** with face near the ground: ask God to reveal truth about Himself & you.

**II. Read** the passage out loud while standing.

*25 "Therefore I tell you, do not be anxious about your life, what you will eat or what you will drink, nor about your body, what you will put on. Is not life more than food, and the body more than clothing? 26 Look at the birds of the air: they neither sow nor reap nor gather into barns, and yet your heavenly Father feeds them. Are you not of more value than they? 27 And which of you by being anxious can add a single hour to his span of life? 28 And why are you anxious about clothing? Consider the lilies of the field, how they grow: they neither toil nor spin, 29 yet I tell you, even Solomon in all his glory was not arrayed like one of these. 30 But if God so clothes the grass of the field, which today is alive and tomorrow is thrown into the oven, will he not much more clothe you, O you of little faith? 31 Therefore do not be anxious, saying, 'What shall we eat?' or 'What shall we drink?' or 'What shall we wear?' 32 For the Gentiles seek after all these things, and your heavenly Father knows that you need them all. 33 But seek first the kingdom of God and his righteousness, and all these things will be added to you. 34 "Therefore do not be anxious about tomorrow, for tomorrow will be anxious for itself. Sufficient for the day is its own trouble.*

- Matthew 6:25-34

**III. Read** the following study notes.

Jesus commanded us to lay up treasures in heaven and not on earth. When our focus is on the here and now, we have a hard time seeing clearly, but when we focus on God we gain a clear perspective. When our focus is out of place, we tend to worry. Let's learn more about this reality from the Greatest Teacher.

| The OT Teaching or Culture: | Verse 25: Most people live a life full of worry over material things. This is the result of serving riches (vs. 24). The desire to be rich and hoarding wealth is a cruel master indeed. This is the normal way of the world (vs 32). |
|---|---|
| Jesus' higher standard | Verses 25-26: Do not worry about your life. Instead, trust your Heavenly Father. Verse 33: Seek first the Kingdom of God and His righteousness |
| Transforming Application(s) | Verse 25: Enjoy a better perspective<br>Verse 26: Look to the birds and remember your intrinsic value<br>Verse 27: Remember that worry doesn't accomplish anything<br>Verse 28: Consider the lilies of the field.<br>Verse 30: Remember the goodness of God.<br>Verse 32: Remember that God knows all your needs.<br>Verse 34: Do not worry about tomorrow. Take 1 day at a time. |
| Results of Obedience or Disobedience | Verse 33: be obedient and "all these things shall be added to you." |

**Dear Disciple,** This is huge! Jesus told us in verse 24 that we have to pick the one that we will serve - either mammon (riches) or God! Now if you decide to be a servant of God, who is responsible for your life? The answer is clearly NOT YOU! *Therefore I say to you, do not worry about your life!* Now culturally if you live in an individualistic society that prioritizes individual autonomy and self-determination this point is hard for us to understand. But if we think about the context Jesus is speaking to then perhaps we can gain a better perspective. Servants had responsibilities - particularly the responsibility to do what they were told. We quickly recognize that. But do we forget that the one being served also had responsibilities? The servant enjoyed the care and

protection of the authority he or she was under. So if you are a disciple of Jesus, who is ultimately responsible for your life? The answer is not you but God! God is responsible for the lives of His servants! If you are a disciple seeking to serve God with all that you are, then your worry can be replaced with peace! Jesus continues the explanation as follows:

**Do not worry about your life** - Jesus then explains that we should not be focused on food, drink, and clothing - life is now about more than that - it is about the kingdom of God!

**You have intrinsic value** - He then reminds us to look at the birds of the air. God will take care of you like He does them. "Are you not of more value than they?" You don't need to worry because God values you! You are made in His image. You are among the most treasured of His creation.

**Worry cannot accomplish anything** - It seems that Jesus has a little fun with this question in verse 27. Perhaps the better translation is *Which of you by worrying can add one cubit* (about 18 inches) *to his stature?* The ESV translation is, *27 And which of you by being anxious can add a single hour to his span of life?* In either case, it is obvious to us that no one has worried themselves into being taller or living longer. Worry doesn't do anything good for us, but worry does trouble one's soul and body.

**Consider the lilies** - first Jesus used the birds and now He uses the lilies of the field - reminding us for the second time that it is God's responsibility to take care of us.

**Don't think like unbelievers** - here Gentiles is used as a way to describe the majority of the world that does not consider God. Of course Jesus ministered to Gentiles and came to reach them. We should not expect those without God to think and obey as if they knew God. We should also expect a contrast between how disciples of Jesus live and how the world lives.

**Your Heavenly Father knows your needs -** again your Heavenly Father is good so you don't have to worry.

**Seek first the Kingdom** - that is our first responsibility. If we are meeting that responsibility we can trust God to take care of us..."all these things shall be added to you."

**Do not worry about tomorrow** - Jesus knows that we will face many tests and battles in our lives. We tend to worry about how those will go. Jesus encourages us to focus on the things that we can do today, and to rest in knowing that we tackled today as best we could. We can sleep well and trust God for the issues of tomorrow.

**Remember the agreement:** just to make sure we are clear, God is obligated to take care of us according to God's perspective of what is best for our lives, not ours. We also can't be disobedient or lazy servants and then complain about the negative outcomes of our lives. You and I have two areas of personal responsibility. Our first responsibility is submission to God. And our second responsibility is to seek first the Kingdom of God and His righteousness. God is faithful.

**IV. Journal** about what new insights or new questions you have:

_____
_____
_____
_____
_____
_____
_____
_____
_____
_____
_____
_____

_____
_____
_____
_____
_____
_____
_____
_____
_____
_____
_____
_____
_____
_____
_____
_____
_____
_____

**V. Memorize Verses** _____

**VI. Pray** bowed down with face near ground: Thank God and ask for the wisdom and strength to apply what you have learned.

**Prayer:** Father God, Thank You for loving me and for giving me the opportunity to serve You with my life. I affirm that I am Your servant. Please make me hungry to do Your will. Even when it is difficult, I pray that You will help me to surrender worry to You, to trust You, and to obey You. Help me to trade worry for passion, and help me to focus on the good that can be done for Your Kingdom today instead of what might happen tomorrow. I can't do this without Your work in me by the power of Your Holy Spirit. Please help me. In Your Name King Jesus, I ask it. Amen.

**VII. Go** and trust your Heavenly Father - He is good!.

## Day 30: Reflection

**I. Pray** with face near the ground: ask God to reveal truth about Himself & you.

**II. Read** Matthew chapter 6 from Appendix D, E, or F.

**III. Journal Your Observations**
    1. What had the greatest impact on you from chapter 6?
    2. What are the biggest questions you still have left unanswered?

_____

_____

_____

_____

_____

_____

_____

_____

_____

_____

_____

_____

_____

_____

_____

_____

_____

_____

_____

_____

_____

_____

_____

## IV. Journal Your Applications

1. What is the biggest application from chapter 6 that you need to practice?
2. Have you fasted yet? If so, what did you experience/learn?

_____
_____
_____
_____
_____
_____
_____
_____
_____
_____
_____
_____
_____
_____
_____
_____
_____
_____
_____
_____
_____

## V. Memorize Verses _____

**Questions for Reflection:** How is Scripture memory going so far? What is working for you and not working for you? What might help your memorization to be more effective?

**VI. Pray** bowed down with face near ground: Thank God and ask for the wisdom and strength to apply what you have learned.

**VII. Go** have an awesome day and seek to apply at least one thing you have learned from today's passage.

**Day 31:** Matthew 7:1-6
**Passage Theme:** Don't Be a Hypocrite
**Character Emphasis:** Mercy

**I. Pray** with face near the ground: ask God to reveal truth about Himself & you.

**II. Read** all of Matthew 7 out loud while standing and then focus on verses 1-6.

*¹ "Judge not, that you be not judged. ² For with the judgment you pronounce you will be judged, and with the measure you use it will be measured to you. ³ Why do you see the speck that is in your brother's eye, but do not notice the log that is in your own eye? ⁴ Or how can you say to your brother, 'Let me take the speck out of your eye,' when there is the log in your own eye? ⁵ You hypocrite, first take the log out of your own eye, and then you will see clearly to take the speck out of your brother's eye. ⁶ "Do not give dogs what is holy, and do not throw your pearls before pigs, lest they trample them underfoot and turn to attack you.*

-Matthew 7:1–6

**Matthew 7:1-6 is one of the most misunderstood and misused teachings of Jesus.** Our desire is to understand it correctly so that we can apply it correctly.

**Context:** To this point Jesus has given about 75% of His message on expectations for disciples. Since Jesus knows our hearts, He knows that we are prone to be much more judgmental and critical of others than we are of ourselves. An attitude of pride could easily take root in our hearts. Jesus teaches us how to have humble and merciful hearts. Let's keep that in mind as we try to help others, and let's be open to allowing others to remove harmful specks from our eyes so we can be more like Jesus.

## III. Journal Your Observations

| The OT Teaching or Culture: | Implied: |
|---|---|
| **Jesus' higher standard** | Verses 1-2: |
| **Transforming Application(s)** | Verses 3&6: |
| **Results of Obedience or Disobedience** | Verse 5&6: |

1. Is Jesus referring to all judging or a specific type of judging?
2. Can I make sense of verse 6 in the context? What does it mean and how should I apply it?

_____

_____

_____

_____

_____

_____

_____

_____

_____

_____

_____

_____

_____

_____

_____

_____

_____

_____

_____

_____

_____

_____

_____

_____

_____

_____

_____

## IV. Journal Your Applications

1. What types of hypocritical judging am I prone to do?

2. Do I have any logs that need to be removed from my eye before I can help my brother/sister? If so, what are they?

_____

_____

_____

_____

_____

_____

_____

_____

_____

_____

_____

_____

_____

_____

_____

_____

_____

_____

_____

_____

_____

_____

_____

_____

## V. Memorize Verses _____

**VI. Pray** bowed down with face near ground: Thank God and ask for the wisdom and strength to apply what you have learned.

**VII. Go** in the grace and mercy of God!

**Day 32:** Matthew 7:1-6
**Passage Theme:** Don't Be a Hypocrite
**Character Emphasis:** Mercy

**I. Pray** with face near the ground: ask God to reveal truth about Himself & you.

**II. Read** the passage out loud while standing.

*¹ "Judge not, that you be not judged. ² For with the judgment you pronounce you will be judged, and with the measure you use it will be measured to you. ³ Why do you see the speck that is in your brother's eye, but do not notice the log that is in your own eye? ⁴ Or how can you say to your brother, 'Let me take the speck out of your eye,' when there is the log in your own eye? ⁵ You hypocrite, first take the log out of your own eye, and then you will see clearly to take the speck out of your brother's eye. ⁶ "Do not give dogs what is holy, and do not throw your pearls before pigs, lest they trample them underfoot and turn to attack you.*

-Matthew 7:1–6

**III. Read** the following study notes.

| The OT Teaching or Culture: | Implied: A high standard for everyone else and a low standard for oneself. We want judgment for others and mercy for ourselves. |
|---|---|
| **Jesus' higher standard** | Verses 1-2: You will be judged by the same standard that you judge others by. |
| **Transforming Application(s)** | 1. Verse 3: Remove the plank from your own eye<br>2. Verse 6: Sometimes you cannot help those who refuse to be helped. |
| **Results of Obedience or Disobedience** | Verse 5: Obedience - you will be able to help others.<br>Verse 6: Disobedience - your efforts may be trampled, and you might get torn up |

**Context:** To this point Jesus has given about 75% of His message on expectations for disciples. Since Jesus knows our hearts, He knows that we are prone to be much more judgmental and critical of others than we are of ourselves. An attitude of pride could easily take root in our hearts. Jesus teaches us how to have humble and merciful hearts.

**Key Concepts:**

**Don't live your life with a critical, unmerciful, unloving, harsh spirit (vs 1).**

**Jesus is not excluding all judgments and actions of discernment -** for example in the coming verses Jesus' disciples are supposed to be able to tell the difference between bread and stones and between fish and serpents (vs 9-10). Jesus tells us we will know the difference between true and false prophets based on their fruits (vs 15-17). "The Bible says, 'Don't judge me!'" is usually a smokescreen from those who do not want to be held accountable.

**If taken out of context, no believer would ever be able to say anything about sin.** For example John the Baptist would have been sinning to call out Herod's sin of stealing his brother's wife (Mark 6:16-18). With that interpretation, it would be very difficult to share the Gospel. The Gospel begins by examining us as law breakers.

**Jesus is really hammering the type of judging typically done by the Pharisees of his day.** It is judging for the purpose of saying, "I am better than you!" The Pharisees loved to point out the sins of the tax collectors and notorious sinners but did not have any desire to help them. Before being a disciple, Matthew was one of those tax collectors. Matthew 9:9-13 perfectly describes and proves this point.

**Understand that if you are going to identify the sins of others, then you will be held to the same standard.** This is the hypocrisy we have seen so many times in politics. One politician lambasts another politician for something said or done and then the accusing politician's sins are made public and shown to be the same or worse (vs 3-5).

**If you want to help your brother or sister, you have to take care of your own life first (vs 5). Remove the plank!** In order to help others with their lives, we have to take serious stock of our own. Many times those who are in leadership in a church or who are viewed as more mature are trapped by their own sins. Imagine a young man going to someone he respects in the church to ask for help with addiction to pornography. How many times has the more "mature" offered advice all the while hoping he has covered the tracks of his internet history well enough. If we have sin lingering in our own lives then we need to mourn and confess it before God so that we can be cleansed and move forward in faith (1 John 1:9).

**Jesus does actually want us to remove the specks from each other's eyes:  Galatians 6:1-10 is a helpful guide:** *Brothers, if anyone is caught in any transgression, you who are spiritual should restore him in a spirit of gentleness. Keep watch on yourself, lest you too be tempted. [2] Bear one another's burdens, and so fulfill the law of Christ. [3] For if anyone thinks he is something, when he is nothing, he deceives himself. [4] But let each one test his own work, and then his reason to boast will be in himself alone and not in his neighbor. [5] For each will have to bear his own load. [6] Let the one who is taught the word share all good things with the one who teaches. [7] Do not be deceived: God is not mocked, for whatever one sows, that will he also reap. [8] For the one who sows to his own flesh will from the flesh reap corruption, but the one who sows to the Spirit will from the Spirit reap eternal life. [9] And let us not grow weary of doing good, for in due season we will reap, if we do not give up. [10] So then, as we have opportunity, let us do good to everyone, and especially to those who are of the household of faith.*

**What are we to think about dogs and pigs?** Verse 6 is one of the hard sayings of Jesus. On the surface it seems very cold. Shouldn't we make every effort to give people what is holy? Why does Jesus tell us not to do so in some situations? Because not everyone is ready for all of the good instructions we have been given by God. Some will not view godly wisdom as good news for their lives. They will rebel because their hearts are still enslaved to sin, and they may become more resistant to the Gospel. We need discernment from the Holy Spirit in these situations.

Now the question we should ask when we read this text is, "Who is Jesus referring to as pigs and dogs?" Is Jesus referring to notorious sinners like tax collectors and prostitutes? No, the ministry of Jesus shows us something different than that. Jesus spent a lot of time with the people that the religious leaders worked hard to avoid. Who sought to trample and to devour Jesus? Was it not the religious elite? We know that Jesus also called the Pharisees and Scribes a brood of vipers (Matthew 23:31-35). So in total Jesus calls them dogs, pigs, and a bunch of snakes. These were all unclean animals according to the law of Moses. The Pharisees and scribes could not have been described in terms they would have found more detestable. The Apostle Paul picked up on the same theme concerning the religious elite. He knew because he was at one time numbered with them (Philippians 3:1-11). He writes, *Beware of dogs, beware of evil workers...* The prophet Isaiah wrote that God viewed the grain offerings of the wicked as if they had offered swine's blood (Isaiah 66:1-4). Again in Jesus' message, the religious leaders are being compared to the very things they find unclean and detestable.

**Conclusion:** May God help us to identify when we are judging with a critical spirit for the purpose of building ourselves up by tearing others down. May God remove from us any critical attitude that is just looking for something to be critical of. May God help us not to be hypocrites but to be merciful. May God purify our own hearts so that we may help others. May God help us to have discernment in all situations.

*¹ O Lord, you have searched me and known me!*

*² You know when I sit down and when I rise up; you discern my thoughts from afar.*

*³ You search out my path and my lying down and are acquainted with all my ways.*

*⁴ Even before a word is on my tongue, behold, O Lord, you know it altogether.*

*⁵ You hem me in, behind and before, and lay your hand upon me.*

*⁶ Such knowledge is too wonderful for me; it is high; I cannot attain it.*

*⁷ Where shall I go from your Spirit? Or where shall I flee from your presence?*

*²³ Search me, O God, and know my heart! Try me and know my thoughts!*

*²⁴ And see if there be any grievous way in me, and lead me in the way everlasting!*

*- Psalm 139:1-7, 23-24*

## IV. Journal about what new insights or new questions you have:

_____

_____

_____

_____

_____

_____

_____

_____

_____

_____

_____
_____
_____
_____
_____
_____
_____
_____
_____
_____
_____
_____
_____
_____
_____
_____
_____
_____
_____
_____
_____
_____

**V. Memorize Verses** _____

**VI. Pray** bowed down with face near ground: Thank God and ask for the wisdom and strength to apply what you have learned.

**Prayer:** Search me by Your Spirit, O God! Please purify me and remove any plank from my eye. (There is a good opportunity here to be silent and listen...) Cleanse me! Help me to be merciful, loving, and helpful to others. In Your Name Jesus I pray. Amen!

**VII. Go** and be merciful and helpful.

**Day 33:** Matthew 7:7-12
**Passage Theme:** Ask, Seek, Knock!
**Character Emphasis:** Poor in Spirit = A Disciple is Humble before God

**I. Pray** with face near the ground: ask God to reveal truth about Himself & you.

**II. Read** the passage out loud while standing.

*7 "Ask, and it will be given to you; seek, and you will find; knock, and it will be opened to you. 8 For everyone who asks receives, and the one who seeks finds, and to the one who knocks it will be opened. 9 Or which one of you, if his son asks him for bread, will give him a stone? 10 Or if he asks for a fish, will give him a serpent? 11 If you then, who are evil, know how to give good gifts to your children, how much more will your Father who is in heaven give good things to those who ask him! 12 "So whatever you wish that others would do to you, do also to them, for this is the Law and the Prophets.*

*- Matthew 7:7–12*

**Jesus** wants us to see and think clearly about our view of and daily relationship with our Heavenly Father. Jesus teaches us that our Father is the Great Gift Giver: If sinful humans know how to give good gifts; how much more will our Father in heaven give good gifts to those who ask?

As we become more like Jesus our asking will conform more and more to His will. We will naturally begin to desire more and more to have the same heart as the Father does.

*Do not be deceived, my beloved brethren. Every good gift and every perfect gift is from above, and comes down from the Father of lights, with whom there is no variation or shadow of turning.*

*- James 1:16-17*

## III. Journal Your Observations

| | |
|---|---|
| **The OT Teaching or Culture:** | Implied: |
| **Jesus' higher standard** | Verses 7-11: |
| **Transforming Application(s)** | Verses 11,12: |
| **Results of Obedience or Disobedience** | Verses 7-11: |

1. What are disciples of Jesus instructed to do?
2. What earthly illustrations does Jesus use to explain His teaching?

## IV. Journal Your Applications

1. Do I view my Heavenly Father as stingy or generous?

2. How does my view of my earthly father positively or negatively affect my view of my Heavenly Father? If my view is foggy, what have I done or what can I do to help me see my Heavenly Father in the same way that Jesus (the Son of God) sees His Father?

3. Self evaluation - how am I living out the "Golden Rule" of verse 12?

_____

_____

_____

_____

_____

_____

_____

_____

_____

_____

_____

_____

_____

_____

_____

_____

_____

_____

_____

## V. Memorize Verses _____

**VI. Pray** bowed down with face near ground: Thank God and ask for the wisdom and strength to apply what you have learned.

**VII. Go** with confidence in the love and generosity of God the Father.

**Day 34:** Matthew 7:7-12
**Passage Theme:** Ask, Seek, Knock!
**Character Emphasis:** Poor in Spirit = A Disciple is Humble before God

**I. Pray** with face near the ground: ask God to reveal truth about Himself & you.

**II. Read** the passage out loud while standing.

*7 "Ask, and it will be given to you; seek, and you will find; knock, and it will be opened to you. 8 For everyone who asks receives, and the one who seeks finds, and to the one who knocks it will be opened. 9 Or which one of you, if his son asks him for bread, will give him a stone? 10 Or if he asks for a fish, will give him a serpent? 11 If you then, who are evil, know how to give good gifts to your children, how much more will your Father who is in heaven give good things to those who ask him! 12 "So whatever you wish that others would do to you, do also to them, for this is the Law and the Prophets.*

- Matthew 7:7–12

**III. Read** the following study notes.

| The OT Teaching or Culture: | Implied culture: Play the "Go and Get Yours" game of life, or be lazy because everything is futile anyway. |
|---|---|
| **Jesus' higher standard** | Verses 7-11: Just ask, seek, and knock because your Father in heaven is good! |
| **Transforming Application(s)** | Verse 12: fulfill the heart of the Law & Prophets<br>Verse 11: Change your mind about how you think about God.<br>Verse 12: Do to others what you want others to do to you. |
| **Results of Obedience or Disobedience** | Verses 7-11: it will be given to you, you will receive, you will find, it will be opened for you, and the good things of God will be made available to you. |

## Which is closer to your view of God?

1.  A demanding tyrant who is just looking for an excuse to punish you.
2.  An extravagant gift giver who desires to bless you.

Jesus teaches us that our Father is the Great Gift Giver: If sinful humans know how to give good gifts; how much more will our Father in heaven give good gifts to those who ask?

## 5 Things we need to know about our asking:

1.  **We need to ask for what is good according to the will of God:** *And this is the confidence that we have toward him, that if we ask anything according to his will he hears us* (1 John 5:14).

2.  **We need to be living for His purposes**: *and whatever we ask we receive from him, because we keep his commandments and do what pleases him* (1 John 3:22).

3.  **We need to ask in the name of Jesus:** *Whatever you ask in My name, this I will do, that the Father may be glorified in the Son* (John 14:13). *Until now you have asked nothing in My name. Ask, and you will receive, that your joy may be full* (John 16:24).

4.  **We need to be persistent in our asking.** Jesus gives the same instruction about asking, seeking, and knocking in Luke 11:9-13. But listen to the words Jesus spoke right before in verses 5-8, *And he said to them, "Which of you who has a friend will go to him at midnight and say to him, 'Friend, lend me three loaves, ⁶ for a friend of mine has arrived on a journey, and I have nothing to set before him'; ⁷ and he will answer from within, 'Do not bother me; the door is now shut, and my children are with me in bed. I cannot get up and give you anything'? ⁸ I tell you, though he will not get up and give him anything because he is his friend, yet because of his impudence he will rise and give him whatever he needs.*

5.   **We need to remember that if we are asking with selfish motives that we should not expect to receive anything.** *What causes quarrels and what causes fights among you? Is it not this, that your passions are at war within you? 2 You desire and do not have, so you murder. You covet and cannot obtain, so you fight and quarrel. You do not have, because you do not ask. 3 You ask and do not receive, because you ask wrongly, to spend it on your passions. 4 You adulterous people! Do you not know that friendship with the world is enmity with God? Therefore whoever wishes to be a friend of the world makes himself an enemy of God. 5 Or do you suppose it is to no purpose that the Scripture says, "He yearns jealously over the spirit that he has made to dwell in us"? 6 But he gives more grace. Therefore it says, "God opposes the proud but gives grace to the humble." 7 Submit yourselves therefore to God. Resist the devil, and he will flee from you. 8 Draw near to God, and he will draw near to you. Cleanse your hands, you sinners, and purify your hearts, you double-minded. 9 Be wretched and mourn and weep. Let your laughter be turned to mourning and your joy to gloom. 10 Humble yourselves before the Lord, and he will exalt you.*

(James 4:1-10)

**The Golden Rule:** It is in this context of asking for and receiving good things from God that "The Golden Rule" has been given to us. ***Therefore,*** *whatever you want men to do to you, do also to them, for this is the Law and the Prophets.* **We should expect our Father to be good and generous towards us, and Jesus expects His disciples to be good and generous towards others.** What does it mean that this is the Law and the Prophets? It means this is the heart of the Old Testament teaching - to love God and to love people. See in the following Old and New Testament verses the common themes:

*8 He has told you, O man, what is good; and what does the Lord require of you but to do justice, and to love kindness, and to walk humbly with your God? - Micah 6:8*

*"Wash yourselves, make yourselves clean; remove the evil of your deeds from before My eyes; cease to do evil, learn to do good; seek justice, correct oppression; bring justice to the fatherless, plead the widow's cause." - Isaiah 1:16-17*

*17 So whoever knows the right thing to do and fails to do it, for him it is sin. - James 4:17*

*15 See that no one repays anyone evil for evil, but always seek to do good to one another and to everyone. -* I Thessalonians 5:15

*Through him then let us continually offer up a sacrifice of praise to God, that is, the fruit of lips that acknowledge his name. 16 Do not neglect to do good and to share what you have, for such sacrifices are pleasing to God. - Hebrews 13:15-16*

The life of a disciple should be full of so much good that there is no room to question our sincerity. Of course the greatest good we can share with others is the Great News of Jesus! We will talk about that more on Day 40. But for now, let's focus on any adjustments that need to be made:

1. How does this passage alter or reinforce my view of God the Father?
2. How does this passage affect my perspective on living according to The Golden Rule?
3. Would my coworkers, family members, others in the community, and my church family agree that I live by The Golden Rule: Almost always, Sometimes, or Rarely?

**IV. Journal** about what new insights or new questions you have:

_____
_____
_____
_____
_____
_____
_____
_____
_____
_____
_____
_____
_____
_____
_____
_____

_____
_____
_____
_____
_____
_____
_____
_____
_____
_____
_____
_____
_____
_____
_____
_____
_____
_____
_____

**V. Memorize Verses** _____

**VI. Pray** bowed down with face near ground: Thank God and ask for the wisdom and strength to apply what you have learned.

**Prayer: Father, please change my desires to be like Your desires. As You are good and generous, please help me to be good and generous. For Your honor and for Your glory! In the Name of Jesus, Amen!**

**VII. Go** have an awesome day and seek to apply at least one thing you have learned from today's passage.

**Day 35:** Matthew 7:13-23
**Passage Theme:** The Narrow Gate and False Prophets
**Character Emphasis:** Poor in Spirit

**I. Pray** with face near the ground: ask God to reveal truth about Himself & you.

**II. Read** the passage out loud while standing.

*13 "Enter by the narrow gate. For the gate is wide and the way is easy that leads to destruction, and those who enter by it are many. 14 For the gate is narrow and the way is hard that leads to life, and those who find it are few. 15 "Beware of false prophets, who come to you in sheep's clothing but inwardly are ravenous wolves. 16 You will recognize them by their fruits. Are grapes gathered from thornbushes, or figs from thistles? 17 So, every healthy tree bears good fruit, but the diseased tree bears bad fruit. 18 A healthy tree cannot bear bad fruit, nor can a diseased tree bear good fruit. 19 Every tree that does not bear good fruit is cut down and thrown into the fire. 20 Thus you will recognize them by their fruits. 21 "Not everyone who says to me, 'Lord, Lord,' will enter the kingdom of heaven, but the one who does the will of my Father who is in heaven. 22 On that day many will say to me, 'Lord, Lord, did we not prophesy in your name, and cast out demons in your name, and do many mighty works in your name?' 23 And then will I declare to them, 'I never knew you; depart from me, you workers of lawlessness.'*

- Matthew 7:13-23

Jesus gives a series of warnings and instructions. He is the King and His teaching should be taken seriously.

*"He who believes in Him is not condemned; but he who does not believe is condemned already, because he has not believed in the name of the only begotten Son of God. And this is the condemnation, that the light has come into the world, and men loved darkness rather than light, because their deeds were evil.*

*- John 3:18-19*

## III. Journal Your Observations

| | |
|---|---|
| **The OT Teaching or Culture:** | Implied from verses 13 & 14: |
| **Jesus' higher standard** | Verse 14: |
| **Transforming Application(s)** | Verse 13: |
| **Results of Obedience or Disobedience** | Verses 13, 14: |

| | |
|---|---|
| **The OT Teaching or Culture:** | Implied from verse 15: |
| **Jesus' higher standard** | Verses 21-23: |
| **Transforming Application(s)** | Verses 16-20:<br><br><br><br><br><br><br>Application will be continued in verses 24-29. |
| **Results of Obedience or Disobedience** | Verses 21-23: |

1. What was the cultural expectation that made this teaching about the broad and narrow way necessary?
2. How can we recognize false teachers and preachers?
3. What will happen to false teachers?

_____

_____

_____

_____

_____

_____

_____

_____

_____

_____

_____

_____

_____

_____

_____

_____

_____

_____

_____

_____

_____

_____

_____

_____

_____

_____

_____

_____

## IV. Journal Your Applications

1. What would Jesus say to the majority of people in your cultural context concerning how they view life after physical death?

2. Are you confident that you are on the narrow path? Who is your confidence based on?

3. How can you protect yourself and others from false teachers?

_____

_____

_____

_____

_____

_____

_____

_____

_____

_____

_____

_____

_____

_____

_____

_____

_____

_____

_____

_____

**V. Memorize Verses** _____

**VI. Pray** bowed down with face near ground: Thank God and ask for the wisdom and strength to apply what you have learned.

**VII. Go** and follow Jesus today.

**Day 36:** Matthew 7:13-23
**Passage Theme:** The Narrow Gate and False Prophets
**Character Emphasis:** Poor in Spirit

**I. Pray** with face near the ground: ask God to reveal truth about Himself & you.

**II. Read** the passage out loud while standing.

¹³ *"Enter by the narrow gate. For the gate is wide and the way is easy that leads to destruction, and those who enter by it are many.* ¹⁴ *For the gate is narrow and the way is hard that leads to life, and those who find it are few.* ¹⁵ *"Beware of false prophets, who come to you in sheep's clothing but inwardly are ravenous wolves.* ¹⁶ *You will recognize them by their fruits. Are grapes gathered from thornbushes, or figs from thistles?* ¹⁷ *So, every healthy tree bears good fruit, but the diseased tree bears bad fruit.* ¹⁸ *A healthy tree cannot bear bad fruit, nor can a diseased tree bear good fruit.* ¹⁹ *Every tree that does not bear good fruit is cut down and thrown into the fire.* ²⁰ *Thus you will recognize them by their fruits.* ²¹ *"Not everyone who says to me, 'Lord, Lord,' will enter the kingdom of heaven, but the one who does the will of my Father who is in heaven.* ²² *On that day many will say to me, 'Lord, Lord, did we not prophesy in your name, and cast out demons in your name, and do many mighty works in your name?'* ²³ *And then will I declare to them, 'I never knew you; depart from me, you workers of lawlessness.'*

- Matthew 7:13-23

**III. Read** the following study notes.

**Let's begin with Matthew 7:13-14**

**Cultural norm -** everyone is going to be okay! Remember in the context, the mostly Jewish audience assumes being a descendant of Abraham, Isaac, and Jacob would secure the kingdom for all but the worst sinners.

**John the Baptist had warned:** *⁹ And do not presume to say to yourselves, 'We have Abraham as our father,' for I tell you, God is able from these stones to raise up children for Abraham* (Matthew 3:9).

**Jesus speaking about the Centurion's faith:** *¹⁰ When Jesus heard this, he marveled and said to those who followed him, "Truly, I tell you, with no one in Israel have I found such faith. ¹¹ I tell you, many will come from east and west and recline at table with Abraham, Isaac, and Jacob in the kingdom of heaven, ¹² while the sons of the kingdom will be thrown into the outer darkness. In that place there will be weeping and gnashing of teeth." ¹³ And to the centurion Jesus said, "Go; let it be done for you as you have believed." And the servant was healed at that very moment* (Matthew 8:10-13).

**Jesus speaking to the Pharisees (religious leaders):** *⁴⁴ You are of your father the devil, and the desires of your father you want to do. He was a murderer from the beginning, and does not stand in the truth, because there is no truth in him. When he speaks a lie, he speaks from his own resources, for he is a liar and the father of it. ⁴⁵ But because I tell the truth, you do not believe Me. ⁴⁶ Which of you convicts Me of sin? And if I tell the truth, why do you not believe Me? ⁴⁷ He who is of God hears God's words; therefore you do not hear, because you are not of God."* (John 8:44-47).

| **The OT Teaching or Culture:** | The cultural belief that if there is a judgment most people will be okay in the end. |
|---|---|
| **Jesus' higher standard** | Verse 14: Narrow *is* the gate and difficult *is* the way which leads to life, and there are few who find it. |
| **Transforming Application(s)** | Verse 13: 1. Enter by the narrow gate (Jesus). 2. Share the Good News of Jesus with others. This is implied here and explicitly commanded by Jesus for His disciples at the end of the book (Matthew 28:18-20). |
| **Results of Obedience or Disobedience** | Eternal life in Jesus or eternal death (separation from God) |

**If we happen to live in a culture that has had a long period of exposure to Christianity,** we have to be aware that the hearts of many may be like those in the days of Jesus' public ministry. Many are intentionally far from God, and others are deceived into thinking they are saved when they are not.

The way to God is narrow, and Jesus is the Way! To enter by Him requires one to be (poor in spirit), this is the first step. We have to have the humility to admit that we are inadequate and that we can only enter in through God's grace. To believe this will often result in persecution. Jesus describes His way as "difficult." Because of the humility that is required, many people will utterly reject it.

**Warnings about false prophets and Jesus' standard:**

*15 "Beware of false prophets, who come to you in sheep's clothing but inwardly are ravenous wolves. 16 You will recognize them by their fruits. Are grapes gathered from thornbushes, or figs from thistles? 17 So, every healthy tree bears good fruit, but the diseased tree bears bad fruit. 18 A healthy tree cannot bear bad fruit, nor can a diseased tree bear good fruit. 19 Every tree that does not bear good fruit is cut down and thrown into the fire. 20 Thus you will recognize them by their fruits. 21 "Not everyone who says to me, 'Lord, Lord,' will enter the kingdom of heaven, but the one who does the will of my Father who is in heaven. 22 On that day many will say to me, 'Lord, Lord, did we not prophesy in your name, and cast out demons in your name, and do many mighty works in your name?' 23 And then will I declare to them, 'I never knew you; depart from me, you workers of lawlessness' - (Matthew 7:15-23).*

| The OT Teaching or Culture: | Implied from verse15: Most people are easily deceived by the outward appearances of false prophets....especially if a large religious organization works to prop up false teachers. |
|---|---|
| Jesus' higher standard | Verses 21-23: Jesus will judge all those who are on the broad path and especially false teachers who lead others astray. |
| Transforming Application(s) | 1. Verses 16-20: You will know them by their fruits (2x) ...look back to Matthew 5:1-10 & Galatians 5:22,23.<br>2. Build your house on Jesus and His teachings |
| Results of Obedience or Disobedience | Verses 21-23: Jesus will cast the false teachers from His presence. |

**False teachers produce bad fruit.** The 4 most common are:

1.  Abuse of Power
2.  Greed for Wealth
3.  Sexually Immorality
4.  False Teaching - modern examples:
    a. denying the deity of Jesus
    b. denying the physical resurrection of Jesus
    c. denying the Gospel of Jesus (John 14:6)
    d. health, wealth, prosperity Gospel
    e. claiming that attitudes, words, and actions clearly described in the Scripture as sins are no longer sins - conforming to the world's lies instead of conforming to God's truth.

**Usually wolves (false teachers) are seeking power in order to gain opportunities for financial exploitation and sexual immorality.** The Bible gives us an example in the OT of this type of abuse. The sons of Eli were priests, but *they did not know the LORD* (1 Samuel 2:12). Instead of serving God and the people, these 2 priests despised the things of God, abused their power in the tabernacle and slept with any woman they could. Their hypocrisy knew no bounds. Even though their father Eli failed to make his sons accountable, their sins against God did not go unnoticed. God judged them.

**To protect against this type of hypocrisy in the church, the NT has high expectations for those in leadership.** They are to have a good reputation within the church and outside of the church prior to being in leadership. Their lives should show that they are not greedy or given to excesses...that they have self control. We also see in the churches of the New Testament that no humans are ever placed on the top of the pyramid of an organizational chart. Jesus is always the head of the church and multiple elders (leaders with spiritual authority) are responsible for the spiritual health of the church. Shared responsibility is a key protection for everyone.

**It should be noted that anyone is capable of falling into grievous sin.** When a moment of weakness encounters opportunity - especially without accountability - then it is easy to sin. But while it is possible for a true follower of Jesus to stumble - this is not in view here. In this passage we have those who "never knew Jesus" - they were never in relationship with Him.

*An appalling and horrible thing has happened in the land: [31] the prophets prophesy falsely, and the priests rule at their direction; my people love to have it so, but what will you do when the end comes?* (Jeremiah 5:30,31).

**In the OT God judged the false prophets:** *The word of the Lord came to me: [2] "Son of man, prophesy against the prophets of Israel, who are prophesying, and say to those who prophesy from their own hearts: 'Hear the word of the Lord!' [3] Thus says the Lord God, Woe to the foolish prophets who follow their own spirit, and have seen nothing!...[8] Therefore thus says the Lord God: "Because you have uttered falsehood and seen lying visions, therefore behold, I am against you, declares the Lord God. [9] My hand will be against the prophets who see false visions and who give lying divinations. They shall not be in the council of my people, nor be enrolled in the register of the house of Israel, nor shall they enter the land of Israel. And you shall know that I am the Lord God. [10] Precisely because they have misled my people, saying, 'Peace,' when there is no peace...* (Ezekiel 13:1-3 & 8-10a).

**What about the good things the false prophets claim to have done?**

[21] *"Not everyone who says to me, 'Lord, Lord,' will enter the kingdom of heaven, but the one who does the will of my Father who is in heaven. [22] On that day many will say to me, 'Lord, Lord, did we not prophesy in your name, and cast out demons in your name, and do many mighty works in your name?' [23] And then will I declare to them, 'I never knew you; depart from me, you workers of lawlessness'* - (Matthew 7:21-23).

**Consider:**
1. It is not surprising for a false prophet to lie even to the Lord.
2. Smoke and mirror games are used to deceive people. With hysteria, it is possible for false prophets to even deceive themselves.

3. Jesus never had any relationship with those He called false prophets - "I never knew you."
4. False prophets and teachers will not be allowed in the King's presence.

Jesus knows our hearts, and each of us should check the sincerity and motives found within. Jesus is looking for humble, consistent disciples to follow Him, to make more disciples, and to serve His Church.

**IV. Journal** about what new insights or new questions you have:

_____

_____

_____

_____

_____

_____

_____

_____

_____

_____

_____

_____

_____

_____

_____

_____

_____

_____

_____

_____

_____

_____

_____

_____

_____

_____

_____

_____

_____

_____

_____

_____

_____

_____

_____

_____

_____

_____

_____

_____

_____

_____

_____

_____

_____

_____

**V. Memorize Verses** _____

**VI. Pray** bowed down with face near ground: Thank God and ask for the wisdom and strength to apply what you have learned.

**Prayer:** Father, we are thankful that You are holy, true, and never deceived. We pray that we would live according to Your truth. We pray that we would not be deceived by false things. Please help us hunger and thirst for righteousness and to have the discernment to know when false things are being taught. Please help us to know Your word and be guarded by it. Protect us by the power of Your Holy Spirit, and may we always be faithful to Your Son Jesus Christ. Jesus, we ask these things in Your precious Name - Amen!

**VII. Be** an authentic disciple of Jesus Christ, and beware of false teachers.

**Day 37:** Matthew 7:24-29
**Passage Theme:** Build Your Life on the Rock!
**Character emphasis:** Hunger and Thirst for Righteousness

**I. Pray** with face near the ground: ask God to reveal truth about Himself & you.

**II. Read** the passage out loud while standing.

*24 "Everyone then who hears these words of mine and does them will be like a wise man who built his house on the rock. 25 And the rain fell, and the floods came, and the winds blew and beat on that house, but it did not fall, because it had been founded on the rock. 26 And everyone who hears these words of mine and does not do them will be like a foolish man who built his house on the sand. 27 And the rain fell, and the floods came, and the winds blew and beat against that house, and it fell, and great was the fall of it." 28 And when Jesus finished these sayings, the crowds were astonished at his teaching, 29 for he was teaching them as one who had authority, and not as their scribes.*

*- Matthew 7:24-29*

**Jesus** finishes His message with a call to build your life on His teaching. **"Therefore whoever hears these sayings of Mine, and does them":** If there was ever any doubt that Jesus seriously expects for His disciples to follow His teachings, that idea is quickly eliminated in these short verses.

**Our goal is to build** our lives so that we will withstand the inevitable trials of life and bring glory to God. We can only accomplish this great endeavor by learning to live out the teaching of Jesus in daily life.

*I say then: Walk in the Spirit, and you shall not fulfill the lust of the flesh. If we live in the Spirit, let us also walk in the Spirit.*

**- Galatians 5:16 & 25**

## III. Journal Your Observations

| The OT Teaching or Culture: | Verses 26-27: |
|---|---|
| Jesus' higher standard | Verses 24-25: |
| Transforming Application(s) | Verse 24: |
| Results of Obedience or Disobedience | Verse 25: |

1. What is the difference between the wise person and the foolish person?
2. What experience did the wise person and foolish person share in common?
3. What was the reaction of the people who heard Jesus teach?

_____

_____

_____

_____

_____

_____

_____

_____

## IV. Journal Your Applications

1. Am I building my life on the rock or sand? Would that be obvious to outside observers?

2. Journal about the authority of Jesus in your life.

_____

_____

_____

_____

_____

_____

_____

_____

_____

_____

_____

_____

_____

_____

_____

_____

_____

_____

_____

_____

_____

_____

_____

## V. Memorize Verses _____

**VI. Pray** bowed down with face near ground: Thank God and ask for the wisdom and strength to apply what you have learned.

**VII. Go** and build your life on the rock!

**Day 38:** Matthew 7:24-29
**Passage Theme:** Build Your Life on the Rock!
**Character emphasis:** Hunger and Thirst for Righteousness

**I. Pray** with face near the ground: ask God to reveal truth about Himself & you.

**II. Read** the passage out loud while standing.

*24 "Everyone then who hears these words of mine and does them will be like a wise man who built his house on the rock. 25 And the rain fell, and the floods came, and the winds blew and beat on that house, but it did not fall, because it had been founded on the rock. 26 And everyone who hears these words of mine and does not do them will be like a foolish man who built his house on the sand. 27 And the rain fell, and the floods came, and the winds blew and beat against that house, and it fell, and great was the fall of it." 28 And when Jesus finished these sayings, the crowds were astonished at his teaching, 29 for he was teaching them as one who had authority, and not as their scribes.*

- Matthew 7:24-29

**III. Read** the following study notes.

| The OT Teaching or Culture: | Verses 26-27: Ignore the true ways of God. |
|---|---|
| Jesus' higher standard | Verses 24-25: Build your house on the rock. |
| Transforming Application(s) | Verse 24:<br>1. Hear the teachings of Jesus<br>2. Take action - build your life on the Rock |
| Results of Obedience or Disobedience | Verse 25: Stand strong<br>Verse 26-27: Be destroyed |

**Therefore whoever hears these sayings of Mine, and does them:** If there was ever any doubt that Jesus seriously expects for His disciples to follow His teachings, that idea is quickly eliminated in these short verses.

At this point, it is not a matter of should we, or can we meet the expectations of Jesus. We know that we should, and we know that in the power of God we can be obedient:

*"I am the true vine, and My Father is the vinedresser. **2** Every branch in Me that does not bear fruit He takes away; and every branch that bears fruit He prunes, that it may bear more fruit. **3** You are already clean because of the word which I have spoken to you. **4** Abide in Me, and I in you. As the branch cannot bear fruit of itself, unless it abides in the vine, neither can you, unless you abide in Me. **5** I am the vine, you are the branches. He who abides in Me, and I in him, bears much fruit; for without Me you can do nothing"* (John 15:1-5).

*But I say, walk by the Spirit, and you will not gratify the desires of the flesh* (Galatians 5:16).

**Our goal is to build** our lives so that they will withstand the inevitable trials of life and bring glory to God. We can only accomplish this great endeavor by learning to live out the teaching of Jesus in daily life. Please take a little time to reflect back on the Sermon on the Mount...especially the character traits of a disciple and also the fruit of the Spirit. In what areas do you need to continue to mature as a disciple of Jesus?

**How the crowd responded:** *And when Jesus finished these sayings, the crowds were astonished at his teaching, for he was teaching them as one who had authority, and not as their scribes* (Matthew 7:28-29).

**There is a great contrast** with all other teaching in the world and the teaching of Jesus. Jesus spoke with authority to His disciples and all who heard. Jesus speaks to us today with that same authority. The question for us is simple, "Do I hunger and thirst for righteousness?" If we do, then we will want to live our lives under the authority of the great and mighty Savior: Jesus the King!

| Beatitudes - Matthew 5:3-10 | Fruit of the Spirit - Galatians 5:22 | Reward |
|---|---|---|
| poor in spirit = humble before God | love | kingdom of heaven |
| mourn | joy | comfort |
| meek | peace | inherit the earth |
| hunger and thirst for righteousness | patience | filled |
| merciful | kindness | obtain mercy |
| pure in heart | faithfulness | see God |
| peacemakers | gentleness | called sons of God |
| persecuted | self-control | kingdom of heaven |

**IV. Journal** about your desire to live according to the authority of King Jesus:

_____

_____

_____

_____

_____

_____

_____

_____

_____

_____

_____

_____

_____

_____

_____

_____

_____

_____
_____
_____
_____
_____
_____
_____
_____
_____
_____

**V. Memorize Verses**  _____

**VI. Pray** bowed down with face near ground: Thank God and ask for the wisdom and strength to apply what you have learned.

**Prayer: Dear Jesus,** for Your glory and the glory of Your Father, please help me to be poor in spirit and to mourn over the sin in my own life and the sin in this world. Thank You that You are meek, please help me to follow Your perfect example. Lord, please give a hunger and thirst for righteousness that is rooted in You. May I be merciful to others as You have been merciful to me. Lord may I be pure in heart - please reveal and remove any unclean thing in me. As an ambassador may I bring peace through Your Gospel, and please help me to endure well any persecution that comes as a result. May these things be true so that Your love, joy, peace, patience, kindness, faithfulness, gentleness, and self-control overflow out of me in fullness and blessing! But above all Jesus, I humble myself under Your authority - You are my Savior and King, and I submit all that I am to You. In Your Name Jesus - may all of this be true - even when my flesh fights hard against it - may it be true because You, Jesus, are worthy, worthy, worthy! Amen!

**VII. Go** and continue to build on Jesus and His teaching!

**Day 39:** Matthew 28:18-20
**Passage Theme:** Making Disciples
**Character emphasis:** Peacemaking

**I. Pray** with face near the ground: ask God to reveal truth about Himself & you.

**II. Read** the passage out loud while standing.

*18 And Jesus came and said to them, "All authority in heaven and on earth has been given to me. 19 Go therefore and make disciples of all nations, baptizing them in the name of the Father and of the Son and of the Holy Spirit, 20 teaching them to observe all that I have commanded you. And behold, I am with you always, to the end of the age."*

- Matthew 28:18-20

**III. Read** the following study notes.

**We pick up where we left off yesterday - the AUTHORITY of JESUS!**

Jesus has all authority in heaven and on earth. Based on His supreme authority Jesus commands us to:

1. **Go**
2. **Make disciples**
3. **Baptize**
4. **Teach**

**Go:** We are to be proactive in sharing the Gospel. We need to be praying, seeking, and knocking. We are to share Jesus with those who do not know Him yet. Go to the next cubicle, your neighbors, people in the community, and to the other side of the globe. Really just go to whoever God has asked you to go to next. Keep doing that throughout all of life and be content with wherever that takes you and whatever God has you doing to open doors to share Jesus! We are to be active disciples who GO!

**Make disciples:** Our goal is greater than to see people be saved. We are called to be mature disciples who help others become mature disciples. We need to keep growing so that our capacity to help others increases. If you are focused on the glory of God and the growth of others, you will naturally grow in your capacity as well. If you are focused on your own growth as your primary objective, then you probably will not grow as quickly or as deeply. We benefit, grow and have the most joy when our priorities are:

1. God's glory.
2. The good of others.
3. Ourselves

**Baptize:** Baptism is an important step in the life of a believer. Since you have come to trust in Jesus as Savior and King, have you been baptized? If not, what is hindering you from taking this simple step of obedience? Are there believers in your sphere of influence who need to be baptized as an important step in their spiritual development as disciples of King Jesus?

**Teach:** All disciples need to be taught to observe all the things that Jesus commanded. What are the things that Jesus commanded? All that Jesus taught in the Gospels and the continuation of that teaching in the New Testament letters of the Apostles should be taught to all disciples. However there is no more concise and clear explanation of Jesus' expectations for disciples than the Sermon on the Mount. We can be confident if anyone hears Jesus' words and does them then that person will become a wise and mature follower of Jesus. Now we cannot expect to make a mature disciple in 40 days, but we should expect progress. Just look at how your own life has changed over this short period of time. The Sermon on the Mount is a passage that disciples should consistently read and refer to throughout the course of life. Who are 3 people you will encourage to take on the 40 Day Challenge? Please contact them today and help them get started.

**Prayer:** Pray what is on your heart according to the key themes of the Sermon on The Mount.

## Day 40: Reflection!

**I. Pray** with face near the ground: ask God to reveal truth about Himself & you.

**II. Read Matthew 4:18-7:29** from Appendix D, E, or F. Please read standing and out loud with emphasis. We are searing into our minds and hearts the entirety of the message. We want to feel its weight and power. We desire for the Scripture to change us!

Are you enjoying a greater intimacy with God? Are the expectations of Jesus becoming more clear? Is your desire to build your life on Him and His teaching growing? At the same time, we need to be aware of resistance and struggle as we grow in intimacy with our Savior & King. Resistance comes from three sources:

1.  **Our sinful flesh:** the desire to hold on to comfortable and established patterns even when we know they are wrong. Sin is powerful, and we cannot have victory apart from Jesus.

2.  **Spiritual ignorance:** when we begin to follow Jesus, we do not immediately understand every detail of how our attitudes, words, and actions should change. The Holy Spirit will immediately convict us of some things but definitely not all things that need to change in our lives. Many other changes and a lot of fine tuning will happen if we continue to grow in Christ.

3.  **Spiritual attack:** The Kingdom of darkness is not threatened by lukewarm believers. But if you are growing in Christ, you are now a threat and the Enemy will fight against you. Do not grow discouraged, humbly ask the King for help and keep pressing in!

## III. **Journal Your Observations**

1. What had the greatest impact on you from Jesus' message?
2. What are the biggest questions you still have left unanswered?

_____

_____

_____

_____

_____

_____

_____

_____

_____

_____

_____

_____

_____

_____

_____

_____

_____

_____

_____

_____

_____

_____

_____

_____

_____

_____

_____

_____

_____

_____

_____

_____

## IV. Journal Your Applications

1. What is the application from Jesus' teaching that you need to practice?
2. Have you fasted yet? If so, what did you experience/learn?

---
---
---
---
---
---
---
---
---
---
---
---
---
---
---
---
---
---

## V. Memorize Verses _____

**Questions for Reflection:** How is Scripture memory going so far? What percent of your passage do you have memorized now? Don't be discouraged if it isn't what you think it should be. Keep after it, and you will see greater gains. What is working for you and not working for you?

## Next Steps:

1.  We would love to get your feedback. Please send a quick email to cmb3books@gmail.com with the subject line: Feedback. We will send you a very short survey. Thank you so much for your help!

2.     Reach out to 3 of your people who would benefit from participating in the 40 Day Challenge. Please commit to following through with them.

Family Member: _____

Friend: _____

Acquaintance: _____

## Recommendations for your next Study:

1. Pick a book of the Bible and work with it using the pattern of this book: Pray & S.O.A.P (See Appendix C for Instructions.)

2. Mark on your calendar to take the challenge again in 6 months or at the beginning of the next calendar year (whichever is closer). The key is to making Scripture part of who we are with the ability to access it in difficult situations comes from consistent exposure. We need to study, meditate on the Word, and practice!

**Congratulations on completing the challenge!** May God continue to mold us more and more into the image of Jesus, our Savior and King! May God receive all the glory for any good that comes out of our lives through this book!

## Go and help make disciples!

**VI. Pray** bowed down with face near ground: Thank God and ask for the wisdom and strength to apply what you have learned.

**VII. Go** have an awesome day and seek to apply at least one thing you have learned from today's passage. If the Lord gives tomorrow, we will begin digging deeper as we go back through Jesus' teaching step by step!

## Appendix A

### Bible Memorization Methods

Select a section of verses to memorize from Matthew 5, 6, or 7. The length could be anywhere from 4 verses and up. If you have not memorized a lot of Scripture in the past, let's start with a smaller section and then add to it once we have had success.

Passage I am memorizing during the 40 Day Challenge: _____

### Method 1: Repeating the Passage

1. Read it out loud as many times as you can in your allotted time period. Keep note of how many times you have read it out loud. Do not go to step 2 until having read the passage 50 times. Also listen to the passage on audio as you drive to work, go for a walk or run, etc. Just be sure that you are being consistent with which version you are using (NKJV, ESV, NASB, etc). You will largely have the passage memorized before you start the "work" and just have to work on some details. The songs you know from memory and the lines from your favorite movie you quote prove that this is true. You were not even trying, but repetition did its work.
2. Write the passage several times.
3. Write the passage skipping words and leaving spaces.
4. Make sure you can fill in all the key words by memory.
5. Repeat from memory as much of the passage as you can. Note areas that need more work and focus on those as you progress.

## Method 2: Verse by Verse

Let's use Matthew 5:14 as an example:
"You are the light of the world. A city set on a hill cannot be hidden." (ESV)

1. Read the verse several times out loud looking at each word that is being read.
2. Read out loud several times phrase by phrase and repeating: "You are the light of the world"…"You" are the light of the world"…"You are the light of the world"… "A city set on a hill"…"A city set on a hill"… "A city that is set"…
3. Write the verse out 2-3x.
4. Write the verse with a few gaps and make sure you can fill in all the key words by memory.

"You are the _____ of the _____. A _____ that is _____ on a _____ cannot be _____."

1. Then start to say as much of the verse as possible without help...if help is needed reread the verse 2x and try again.
2. Put each verse you are memorizing on a note card and post in a place where you will see it multiple times daily.
3. After the verse is memorized review it each day as you add new verses. So when memorizing verse 15 often say it as an extension of verse 14...this is a great way to keep adding verses and putting key Bible passages into our long term memory.

## Method 3: Use a Bible Memory App

You can find a free or low cost app that will help you memorize Scripture. Find one with an approach that will work for you.

## Appendix B

## How to Use this Book in A Small Group or Sunday School

Option 1: Have participants agree to do a certain number of days between weekly meetings. Encourage participants to read journal entries from specific days. Discuss what you learned that week and what was challenging. Pray for one another as you all seek to follow Jesus more fully.

Option 2: Encourage participants in your group to take the challenge in the normal 40 days. Meet weekly to discuss 1 day per week. The King's teaching will continuously be brought to memory throughout the year. Once you account for holidays and other special events, most small groups will need the full year to finish the book.

Whatever method you use with your small group or Sunday School, please let me know what you find works best for your group. I would love to share more great options with future users.

## Appendix C

**S.O.A.P.** - An Interactive Bible Study Journal Method

The S.O.A.P. Bible study journal method[2] is a valuable tool for discipleship as we participate in the mission of Jesus! It is useful for personal spiritual formation and the discipleship of others. It helps you to study the Bible, to share the Bible with others, and to teach others to do the same. Before beginning your study, ask God to teach you by the instruction of the Holy Spirit.

**S**cripture: Record the Bible reference of the passage you are studying. After you have written your observation and application sections come back & write out the 1 or 2 verses that impacted you the most. Consider taking the extra step to memorize some of the verses that strike your heart.

**O**bservation: Read the passage slowly and carefully at least 3 times. The more you read it, the better your observations will be. Read it out loud at least one of those times as you concentrate on each word. Describe what happens in the passage or what the passage states. Attempt to find at least one observation per verse. Please describe:

1. Who wrote the passage and who it is written to?
2. What is the author's main point(s)?
3. What does this passage teach me about God the Father, Jesus Christ, or the Holy Spirit?
4. What does this passage teach me about humans?
5. Write down any questions that come to you as you are observing.

**A**pplication: How does God want you to apply the observations to your life now or in the future? Does the passage say you should change something about your attitude, perspective, speech, or actions?

**P**rayer: Write a prayer to God based upon what you've read. May God give us wisdom, discernment, and the desire to apply what we are learning and to help others to do the same.

---

[2] Adapted from Wayne Cordeiro

Our goal is to grow by studying the Bible consistently and applying it to our lives. The goal is not simply to gain knowledge but to be transformed! You will grow to be more like Jesus. You will grow in your ability to disciple others. The potential benefits are significant, and you will get out of it what you put into it.

**Scripture:** _____

_____

_____

_____

_____

**Observation:** _____

_____

_____

_____

_____

_____

_____

_____

**Application:** _____

_____

_____

_____

_____

_____

_____

_____

_____

**Prayer:** _____

_____

_____

_____

_____

_____

_____

_____

## Appendix D
Matthew 5–7 (ESV)

## Matthew 5

[1] Seeing the crowds, he went up on the mountain, and when he sat down, his disciples came to him. [2] And he opened his mouth and taught them, saying: [3] "Blessed are the poor in spirit, for theirs is the kingdom of heaven. [4] "Blessed are those who mourn, for they shall be comforted. [5] "Blessed are the meek, for they shall inherit the earth. [6] "Blessed are those who hunger and thirst for righteousness, for they shall be satisfied. [7] "Blessed are the merciful, for they shall receive mercy. [8] "Blessed are the pure in heart, for they shall see God. [9] "Blessed are the peacemakers, for they shall be called sons of God. [10] "Blessed are those who are persecuted for righteousness' sake, for theirs is the kingdom of heaven. [11] "Blessed are you when others revile you and persecute you and utter all kinds of evil against you falsely on my account. [12] Rejoice and be glad, for your reward is great in heaven, for so they persecuted the prophets who were before you. [13] "You are the salt of the earth, but if salt has lost its taste, how shall its saltiness be restored? It is no longer good for anything except to be thrown out and trampled under people's feet. [14] "You are the light of the world. A city set on a hill cannot be hidden. [15] Nor do people light a lamp and put it under a basket, but on a stand, and it gives light to all in the house. [16] In the same way, let your light shine before others, so that they may see your good works and give glory to your Father who is in heaven. [17] "Do not think that I have come to abolish the Law or the Prophets; I have not come to abolish them but to fulfill them. [18] For truly, I say to you, until heaven and earth pass away, not an iota, not a dot, will pass from the Law until all is accomplished. [19] Therefore whoever relaxes one of the least of these commandments and teaches others to do the same will be called least in the kingdom of heaven, but whoever does them and teaches them will be called great in the kingdom of heaven. [20] For I tell you, unless your righteousness exceeds that of the scribes and Pharisees, you will never enter the kingdom of heaven. [21] "You have heard that it was said to those of old, 'You shall not murder; and whoever murders will be liable to judgment.' [22] But I say to you that everyone who is angry with his brother will be liable to judgment; whoever insults his brother will be liable to the council; and whoever says, 'You fool!' will be liable to the hell of fire. [23] So if you are offering your gift at the altar and there remember that your brother has something against you, [24] leave your gift there before the altar and go. First be reconciled to your brother, and then come and offer your gift. [25] Come to

terms quickly with your accuser while you are going with him to court, lest your accuser hand you over to the judge, and the judge to the guard, and you be put in prison. ²⁶ Truly, I say to you, you will never get out until you have paid the last penny. ²⁷ "You have heard that it was said, 'You shall not commit adultery.' ²⁸ But I say to you that everyone who looks at a woman with lustful intent has already committed adultery with her in his heart. ²⁹ If your right eye causes you to sin, tear it out and throw it away. For it is better that you lose one of your members than that your whole body be thrown into hell. ³⁰ And if your right hand causes you to sin, cut it off and throw it away. For it is better that you lose one of your members than that your whole body go into hell. ³¹ "It was also said, 'Whoever divorces his wife, let him give her a certificate of divorce.' ³² But I say to you that everyone who divorces his wife, except on the ground of sexual immorality, makes her commit adultery, and whoever marries a divorced woman commits adultery. ³³ "Again you have heard that it was said to those of old, 'You shall not swear falsely, but shall perform to the Lord what you have sworn.' ³⁴ But I say to you, Do not take an oath at all, either by heaven, for it is the throne of God, ³⁵ or by the earth, for it is his footstool, or by Jerusalem, for it is the city of the great King. ³⁶ And do not take an oath by your head, for you cannot make one hair white or black. ³⁷ Let what you say be simply 'Yes' or 'No'; anything more than this comes from evil. ³⁸ "You have heard that it was said, 'An eye for an eye and a tooth for a tooth.' ³⁹ But I say to you, Do not resist the one who is evil. But if anyone slaps you on the right cheek, turn to him the other also. ⁴⁰ And if anyone would sue you and take your tunic, let him have your cloak as well. ⁴¹ And if anyone forces you to go one mile, go with him two miles. ⁴² Give to the one who begs from you, and do not refuse the one who would borrow from you. ⁴³ "You have heard that it was said, 'You shall love your neighbor and hate your enemy.' ⁴⁴ But I say to you, Love your enemies and pray for those who persecute you, ⁴⁵ so that you may be sons of your Father who is in heaven. For he makes his sun rise on the evil and on the good, and sends rain on the just and on the unjust. ⁴⁶ For if you love those who love you, what reward do you have? Do not even the tax collectors do the same? ⁴⁷ And if you greet only your brothers, what more are you doing than others? Do not even the Gentiles do the same? ⁴⁸ You therefore must be perfect, as your heavenly Father is perfect.

## Matthew 6

[1] "Beware of practicing your righteousness before other people in order to be seen by them, for then you will have no reward from your Father who is in heaven. [2] "Thus, when you give to the needy, sound no trumpet before you, as the hypocrites do in the synagogues and in the streets, that they may be praised by others. Truly, I say to you, they have received their reward. [3] But when you give to the needy, do not let your left hand know what your right hand is doing, [4] so that your giving may be in secret. And your Father who sees in secret will reward you. [5] "And when you pray, you must not be like the hypocrites. For they love to stand and pray in the synagogues and at the street corners, that they may be seen by others. Truly, I say to you, they have received their reward. [6] But when you pray, go into your room and shut the door and pray to your Father who is in secret. And your Father who sees in secret will reward you. [7] "And when you pray, do not heap up empty phrases as the Gentiles do, for they think that they will be heard for their many words. [8] Do not be like them, for your Father knows what you need before you ask him. [9] Pray then like this: "Our Father in heaven, hallowed be your name. [10] Your kingdom come, your will be done, on earth as it is in heaven. [11] Give us this day our daily bread, [12] and forgive us our debts, as we also have forgiven our debtors. [13] And lead us not into temptation, but deliver us from evil. [14] For if you forgive others their trespasses, your heavenly Father will also forgive you, [15] but if you do not forgive others their trespasses, neither will your Father forgive your trespasses. [16] "And when you fast, do not look gloomy like the hypocrites, for they disfigure their faces that their fasting may be seen by others. Truly, I say to you, they have received their reward. [17] But when you fast, anoint your head and wash your face, [18] that your fasting may not be seen by others but by your Father who is in secret. And your Father who sees in secret will reward you. [19] "Do not lay up for yourselves treasures on earth, where moth and rust destroy and where thieves break in and steal, [20] but lay up for yourselves treasures in heaven, where neither moth nor rust destroys and where thieves do not break in and steal. [21] For where your treasure is, there your heart will be also. [22] "The eye is the lamp of the body. So, if your eye is healthy, your whole body will be full of light, [23] but if your eye is bad, your whole body will be full of darkness. If then the light in you is darkness, how great is the darkness! [24] "No one can serve two masters, for either he will hate the one and love the other, or he will be devoted to the one and despise the other. You cannot serve God and money. [25] "Therefore I tell you, do not be anxious about your life, what you will eat or what you will drink, nor about your body, what you will put on. Is not life

more than food, and the body more than clothing? 26 Look at the birds of the air: they neither sow nor reap nor gather into barns, and yet your heavenly Father feeds them. Are you not of more value than they? 27 And which of you by being anxious can add a single hour to his span of life? 28 And why are you anxious about clothing? Consider the lilies of the field, how they grow: they neither toil nor spin, 29 yet I tell you, even Solomon in all his glory was not arrayed like one of these. 30 But if God so clothes the grass of the field, which today is alive and tomorrow is thrown into the oven, will he not much more clothe you, O you of little faith? 31 Therefore do not be anxious, saying, 'What shall we eat?' or 'What shall we drink?' or 'What shall we wear?' 32 For the Gentiles seek after all these things, and your heavenly Father knows that you need them all. 33 But seek first the kingdom of God and his righteousness, and all these things will be added to you. 34 "Therefore do not be anxious about tomorrow, for tomorrow will be anxious for itself. Sufficient for the day is its own trouble.

## Matthew 7

1 "Judge not, that you be not judged. 2 For with the judgment you pronounce you will be judged, and with the measure you use it will be measured to you. 3 Why do you see the speck that is in your brother's eye, but do not notice the log that is in your own eye? 4 Or how can you say to your brother, 'Let me take the speck out of your eye,' when there is the log in your own eye? 5 You hypocrite, first take the log out of your own eye, and then you will see clearly to take the speck out of your brother's eye. 6 "Do not give dogs what is holy, and do not throw your pearls before pigs, lest they trample them underfoot and turn to attack you. 7 "Ask, and it will be given to you; seek, and you will find; knock, and it will be opened to you. 8 For everyone who asks receives, and the one who seeks finds, and to the one who knocks it will be opened. 9 Or which one of you, if his son asks him for bread, will give him a stone? 10 Or if he asks for a fish, will give him a serpent? 11 If you then, who are evil, know how to give good gifts to your children, how much more will your Father who is in heaven give good things to those who ask him! 12 "So whatever you wish that others would do to you, do also to them, for this is the Law and the Prophets. 13 "Enter by the narrow gate. For the gate is wide and the way is easy that leads to destruction, and those who enter by it are many. 14 For the gate is narrow and the way is hard that leads to life, and those who find it are few. 15 "Beware of false prophets, who come to you in sheep's clothing but inwardly are ravenous wolves. 16 You will recognize them by their fruits. Are grapes gathered from thornbushes, or figs from thistles? 17 So, every

healthy tree bears good fruit, but the diseased tree bears bad fruit. [18] A healthy tree cannot bear bad fruit, nor can a diseased tree bear good fruit. [19] Every tree that does not bear good fruit is cut down and thrown into the fire. [20] Thus you will recognize them by their fruits. [21] "Not everyone who says to me, 'Lord, Lord,' will enter the kingdom of heaven, but the one who does the will of my Father who is in heaven. [22] On that day many will say to me, 'Lord, Lord, did we not prophesy in your name, and cast out demons in your name, and do many mighty works in your name?' [23] And then will I declare to them, 'I never knew you; depart from me, you workers of lawlessness.' [24] "Everyone then who hears these words of mine and does them will be like a wise man who built his house on the rock. [25] And the rain fell, and the floods came, and the winds blew and beat on that house, but it did not fall, because it had been founded on the rock. [26] And everyone who hears these words of mine and does not do them will be like a foolish man who built his house on the sand. [27] And the rain fell, and the floods came, and the winds blew and beat against that house, and it fell, and great was the fall of it." [28] And when Jesus finished these sayings, the crowds were astonished at his teaching, [29] for he was teaching them as one who had authority, and not as their scribes.

## Appendix E
## Matthew 5-7 (New King James Version)

[1] And seeing the multitudes, He went up on a mountain, and when He was seated His disciples came to Him. [2] Then He opened His mouth and taught them, saying: [3] "Blessed are the poor in spirit, For theirs is the kingdom of heaven. [4] Blessed are those who mourn, For they shall be comforted. [5] Blessed are the meek, For they shall inherit the earth. [6] Blessed are those who hunger and thirst for righteousness, For they shall be filled. [7] Blessed are the merciful, For they shall obtain mercy. [8] Blessed are the pure in heart, For they shall see God. [9] Blessed are the peacemakers, For they shall be called sons of God. [10] Blessed are those who are persecuted for righteousness' sake, For theirs is the kingdom of heaven. [11] "Blessed are you when they revile and persecute you, and say all kinds of evil against you falsely for My sake. [12] Rejoice and be exceedingly glad, for great is your reward in heaven, for so they persecuted the prophets who were before you. [13] "You are the salt of the earth; but if the salt loses its flavor, how shall it be seasoned? It is then good for nothing but to be thrown out and trampled underfoot by men. [14] "You are the light of the world. A city that is set on a hill cannot be hidden. [15] Nor do they light a lamp and put it under a basket, but on a lampstand, and it gives light to all who are in the house. [16] Let your light so shine before men, that they may see your good works and glorify your Father in heaven. [17] "Do not think that I came to destroy the Law or the Prophets. I did not come to destroy but to fulfill. [18] For assuredly, I say to you, till heaven and earth pass away, one jot or one tittle will by no means pass from the law till all is fulfilled. [19] Whoever therefore breaks one of the least of these commandments, and teaches men so, shall be called least in the kingdom of heaven; but whoever does and teaches them, he shall be called great in the kingdom of heaven. [20] For I say to you, that unless your righteousness exceeds the righteousness of the scribes and Pharisees, you will by no means enter the kingdom of heaven. [21] "You have heard that it was said to those of old, 'You shall not murder, and whoever murders will be in danger of the judgment.' [22] But I say to you that whoever is angry with his brother without a cause shall be in danger of the judgment. And whoever says to his brother, 'Raca!' shall be in danger of the council. But whoever says, 'You fool!' shall be in danger of hell fire. [23] Therefore if you bring your gift to the altar, and there remember that your brother has something against you, [24] leave your gift there before the altar, and go your way. First be reconciled to your brother, and then come and offer your gift. [25] Agree with your adversary quickly, while you are on the way with him, lest your adversary deliver

you to the judge, the judge hand you over to the officer, and you be thrown into prison. ²⁶ Assuredly, I say to you, you will by no means get out of there till you have paid the last penny. ²⁷ "You have heard that it was said to those of old, 'You shall not commit adultery.' ²⁸ But I say to you that whoever looks at a woman to lust for her has already committed adultery with her in his heart. ²⁹ If your right eye causes you to sin, pluck it out and cast it from you; for it is more profitable for you that one of your members perish, than for your whole body to be cast into hell. ³⁰ And if your right hand causes you to sin, cut it off and cast it from you; for it is more profitable for you that one of your members perish, than for your whole body to be cast into hell. ³¹ "Furthermore it has been said, 'Whoever divorces his wife, let him give her a certificate of divorce.' ³² But I say to you that whoever divorces his wife for any reason except sexual immorality causes her to commit adultery; and whoever marries a woman who is divorced commits adultery. ³³ "Again you have heard that it was said to those of old, 'You shall not swear falsely, but shall perform your oaths to the Lord.' ³⁴ But I say to you, do not swear at all: neither by heaven, for it is God's throne; ³⁵ nor by the earth, for it is His footstool; nor by Jerusalem, for it is the city of the great King. ³⁶ Nor shall you swear by your head, because you cannot make one hair white or black. ³⁷ But let your 'Yes' be 'Yes,' and your 'No,' 'No.' For whatever is more than these is from the evil one. ³⁸ "You have heard that it was said, 'An eye for an eye and a tooth for a tooth.' ³⁹ But I tell you not to resist an evil person. But whoever slaps you on your right cheek, turn the other to him also. ⁴⁰ If anyone wants to sue you and take away your tunic, let him have your cloak also. ⁴¹ And whoever compels you to go one mile, go with him two. ⁴² Give to him who asks you, and from him who wants to borrow from you do not turn away. ⁴³ "You have heard that it was said, 'You shall love your neighbor and hate your enemy.' ⁴⁴ But I say to you, love your enemies, bless those who curse you, do good to those who hate you, and pray for those who spitefully use you and persecute you, ⁴⁵ that you may be sons of your Father in heaven; for He makes His sun rise on the evil and on the good, and sends rain on the just and on the unjust. ⁴⁶ For if you love those who love you, what reward have you? Do not even the tax collectors do the same? ⁴⁷ And if you greet your brethren only, what do you do more than others? Do not even the tax collectors do so? ⁴⁸ Therefore you shall be perfect, just as your Father in heaven is perfect.

**Chapter 6:** ¹ "Take heed that you do not do your charitable deeds before men, to be seen by them. Otherwise you have no reward from your Father in heaven. ² Therefore, when you do a charitable deed, do not sound a trumpet before you as

the hypocrites do in the synagogues and in the streets, that they may have glory from men. Assuredly, I say to you, they have their reward. [3] But when you do a charitable deed, do not let your left hand know what your right hand is doing, [4] that your charitable deed may be in secret; and your Father who sees in secret will Himself reward you openly. [5] "And when you pray, you shall not be like the hypocrites. For they love to pray standing in the synagogues and on the corners of the streets, that they may be seen by men. Assuredly, I say to you, they have their reward. [6] But you, when you pray, go into your room, and when you have shut your door, pray to your Father who is in the secret place; and your Father who sees in secret will reward you openly. [7] And when you pray, do not use vain repetitions as the heathen do. For they think that they will be heard for their many words. [8] "Therefore do not be like them. For your Father knows the things you have need of before you ask Him. [9] In this manner, therefore, pray: Our Father in heaven, Hallowed be Your name. [10] Your kingdom come. Your will be done On earth as it is in heaven. [11] Give us this day our daily bread. [12] And forgive us our debts, As we forgive our debtors. [13] And do not lead us into temptation, But deliver us from the evil one. For Yours is the kingdom and the power and the glory forever. Amen. [14] "For if you forgive men their trespasses, your heavenly Father will also forgive you. [15] But if you do not forgive men their trespasses, neither will your Father forgive your trespasses. [16] "Moreover, when you fast, do not be like the hypocrites, with a sad countenance. For they disfigure their faces that they may appear to men to be fasting. Assuredly, I say to you, they have their reward. [17] But you, when you fast, anoint your head and wash your face, [18] so that you do not appear to men to be fasting, but to your Father who is in the secret place; and your Father who sees in secret will reward you openly. [19] "Do not lay up for yourselves treasures on earth, where moth and rust destroy and where thieves break in and steal; [20] but lay up for yourselves treasures in heaven, where neither moth nor rust destroys and where thieves do not break in and steal. [21] For where your treasure is, there your heart will be also. [22] "The lamp of the body is the eye. If therefore your eye is good, your whole body will be full of light. [23] But if your eye is bad, your whole body will be full of darkness. If therefore the light that is in you is darkness, how great is that darkness! [24] "No one can serve two masters; for either he will hate the one and love the other, or else he will be loyal to the one and despise the other. You cannot serve God and mammon. [25] "Therefore I say to you, do not worry about your life, what you will eat or what you will drink; nor about your body, what you will put on. Is not life more than food and the body more than clothing? [26] Look at the birds of the air, for they neither sow nor reap nor gather into barns; yet your heavenly Father

feeds them. Are you not of more value than they? [27] Which of you by worrying can add one cubit to his stature? [28] "So why do you worry about clothing? Consider the lilies of the field, how they grow: they neither toil nor spin; [29] and yet I say to you that even Solomon in all his glory was not arrayed like one of these. [30] Now if God so clothes the grass of the field, which today is, and tomorrow is thrown into the oven, will He not much more clothe you, O you of little faith? [31] "Therefore do not worry, saying, 'What shall we eat?' or 'What shall we drink?' or 'What shall we wear?' [32] For after all these things the Gentiles seek. For your heavenly Father knows that you need all these things. [33] But seek first the kingdom of God and His righteousness, and all these things shall be added to you. [34] Therefore do not worry about tomorrow, for tomorrow will worry about its own things. Sufficient for the day is its own trouble.

**Chapter 7:** [1] "Judge not, that you be not judged. [2] For with what judgment you judge, you will be judged; and with the measure you use, it will be measured back to you. [3] And why do you look at the speck in your brother's eye, but do not consider the plank in your own eye? [4] Or how can you say to your brother, 'Let me remove the speck from your eye'; and look, a plank is in your own eye? [5] Hypocrite! First remove the plank from your own eye, and then you will see clearly to remove the speck from your brother's eye. [6] "Do not give what is holy to the dogs; nor cast your pearls before swine, lest they trample them under their feet, and turn and tear you in pieces. [7] "Ask, and it will be given to you; seek, and you will find; knock, and it will be opened to you. [8] For everyone who asks receives, and he who seeks finds, and to him who knocks it will be opened. [9] Or what man is there among you who, if his son asks for bread, will give him a stone? [10] Or if he asks for a fish, will he give him a serpent? [11] If you then, being evil, know how to give good gifts to your children, how much more will your Father who is in heaven give good things to those who ask Him! [12] Therefore, whatever you want men to do to you, do also to them, for this is the Law and the Prophets. [13] "Enter by the narrow gate; for wide is the gate and broad is the way that leads to destruction, and there are many who go in by it. [14] Because narrow is the gate and difficult is the way which leads to life, and there are few who find it. [15] "Beware of false prophets, who come to you in sheep's clothing, but inwardly they are ravenous wolves. [16] You will know them by their fruits. Do men gather grapes from thornbushes or figs from thistles? [17] Even so, every good tree bears good fruit, but a bad tree bears bad fruit. [18] A good tree cannot bear bad fruit, nor can a bad tree bear good fruit. [19] Every tree that does not bear good fruit is cut down and thrown into the fire. [20] Therefore by their fruits you will

know them. [21] "Not everyone who says to Me, 'Lord, Lord,' shall enter the kingdom of heaven, but he who does the will of My Father in heaven. [22] Many will say to Me in that day, 'Lord, Lord, have we not prophesied in Your name, cast out demons in Your name, and done many wonders in Your name?' [23] And then I will declare to them, 'I never knew you; depart from Me, you who practice lawlessness!' [24] "Therefore whoever hears these sayings of Mine, and does them, I will liken him to a wise man who built his house on the rock: [25] and the rain descended, the floods came, and the winds blew and beat on that house; and it did not fall, for it was founded on the rock. [26] "But everyone who hears these sayings of Mine, and does not do them, will be like a foolish man who built his house on the sand: [27] and the rain descended, the floods came, and the winds blew and beat on that house; and it fell. And great was its fall." [28] And so it was, when Jesus had ended these sayings, that the people were astonished at His teaching, [29] for He taught them as one having authority, and not as the scribes.

## Appendix F
### Matthew 5–7 New Living Translation (NLT)

**Chapter 5** One day as he saw the crowds gathering, Jesus went up on the mountainside and sat down. His disciples gathered around him, **2** and he began to teach them.

**3** "God blesses those who are poor and realize their need for him,[a] for the Kingdom of Heaven is theirs.
**4** God blesses those who mourn, for they will be comforted.
**5** God blesses those who are humble, for they will inherit the whole earth.
**6** God blesses those who hunger and thirst for justice,[b] for they will be satisfied.
**7** God blesses those who are merciful, for they will be shown mercy.
**8** God blesses those whose hearts are pure, for they will see God.
**9** God blesses those who work for peace, for they will be called the children of God.
**10** God blesses those who are persecuted for doing right, for the Kingdom of Heaven is theirs.

**11** "God blesses you when people mock you and persecute you and lie about you and say all sorts of evil things against you because you are my followers. **12** Be happy about it! Be very glad! For a great reward awaits you in heaven. And remember, the ancient prophets were persecuted in the same way.
**13** "You are the salt of the earth. But what good is salt if it has lost its flavor? Can you make it salty again? It will be thrown out and trampled underfoot as worthless.
**14** "You are the light of the world—like a city on a hilltop that cannot be hidden.
**15** No one lights a lamp and then puts it under a basket. Instead, a lamp is placed on a stand, where it gives light to everyone in the house. **16** In the same way, let your good deeds shine out for all to see, so that everyone will praise your heavenly Father.
**17** "Don't misunderstand why I have come. I did not come to abolish the law of Moses or the writings of the prophets. No, I came to accomplish their purpose.
**18** I tell you the truth, until heaven and earth disappear, not even the smallest detail of God's law will disappear until its purpose is achieved. **19** So if you ignore the least commandment and teach others to do the same, you will be

called the least in the Kingdom of Heaven. But anyone who obeys God's laws and teaches them will be called great in the Kingdom of Heaven.

**20** "But I warn you—unless your righteousness is better than the righteousness of the teachers of religious law and the Pharisees, you will never enter the Kingdom of Heaven!

**21** "You have heard that our ancestors were told, 'You must not murder. If you commit murder, you are subject to judgment.'[c] **22** But I say, if you are even angry with someone,[d] you are subject to judgment! If you call someone an idiot,[e] you are in danger of being brought before the court. And if you curse someone,[f] you are in danger of the fires of hell.[g]

**23** "So if you are presenting a sacrifice[h] at the altar in the Temple and you suddenly remember that someone has something against you, **24** leave your sacrifice there at the altar. Go and be reconciled to that person. Then come and offer your sacrifice to God.

**25** "When you are on the way to court with your adversary, settle your differences quickly. Otherwise, your accuser may hand you over to the judge, who will hand you over to an officer, and you will be thrown into prison. **26** And if that happens, you surely won't be free again until you have paid the last penny.[i]

**27** "You have heard the commandment that says, 'You must not commit adultery.'[j] **28** But I say, anyone who even looks at a woman with lust has already committed adultery with her in his heart. **29** So if your eye—even your good eye[k]—causes you to lust, gouge it out and throw it away. It is better for you to lose one part of your body than for your whole body to be thrown into hell. **30** And if your hand—even your stronger hand[l]—causes you to sin, cut it off and throw it away. It is better for you to lose one part of your body than for your whole body to be thrown into hell.

**31** "You have heard the law that says, 'A man can divorce his wife by merely giving her a written notice of divorce.'[m] **32** But I say that a man who divorces his wife, unless she has been unfaithful, causes her to commit adultery. And anyone who marries a divorced woman also commits adultery.

**33** "You have also heard that our ancestors were told, 'You must not break your vows; you must carry out the vows you make to the Lord.'[n] **34** But I say, do not make any vows! Do not say, 'By heaven!' because heaven is God's throne. **35** And do not say, 'By the earth!' because the earth is his footstool. And do not say, 'By Jerusalem!' for Jerusalem is the city of the great King. **36** Do not even say, 'By my head!' for you can't turn one hair white or black. **37** Just say a simple, 'Yes, I will,' or 'No, I won't.' Anything beyond this is from the evil one.

**38** "You have heard the law that says the punishment must match the injury: 'An eye for an eye, and a tooth for a tooth.'[o] **39** But I say, do not resist an evil person! If someone slaps you on the right cheek, offer the other cheek also. **40** If you are sued in court and your shirt is taken from you, give your coat, too. **41** If a soldier demands that you carry his gear for a mile,[p] carry it two miles. **42** Give to those who ask, and don't turn away from those who want to borrow.
**43** "You have heard the law that says, 'Love your neighbor'[q] and hate your enemy.**44** But I say, love your enemies![r] Pray for those who persecute you! **45** In that way, you will be acting as true children of your Father in heaven. For he gives his sunlight to both the evil and the good, and he sends rain on the just and the unjust alike. **46** If you love only those who love you, what reward is there for that? Even corrupt tax collectors do that much. **47** If you are kind only to your friends,[s] how are you different from anyone else? Even pagans do that. **48** But you are to be perfect, even as your Father in heaven is perfect.

**Chapter 6** "Watch out! Don't do your good deeds publicly, to be admired by others, for you will lose the reward from your Father in heaven. **2** When you give to someone in need, don't do as the hypocrites do—blowing trumpets in the synagogues and streets to call attention to their acts of charity! I tell you the truth, they have received all the reward they will ever get. **3** But when you give to someone in need, don't let your left hand know what your right hand is doing. **4** Give your gifts in private, and your Father, who sees everything, will reward you. **5** "When you pray, don't be like the hypocrites who love to pray publicly on street corners and in the synagogues where everyone can see them. I tell you the truth, that is all the reward they will ever get. **6** But when you pray, go away by yourself, shut the door behind you, and pray to your Father in private. Then your Father, who sees everything, will reward you.
**7** "When you pray, don't babble on and on as the Gentiles do. They think their prayers are answered merely by repeating their words again and again. **8** Don't be like them, for your Father knows exactly what you need even before you ask him! **9** Pray like this:

Our Father in heaven, may your name be kept holy.
**10** May your Kingdom come soon.
May your will be done on earth, as it is in heaven.
**11** Give us today the food we need,[t] **12** and forgive us our sins,
as we have forgiven those who sin against us.
**13** And don't let us yield to temptation,[u] but rescue us from the evil one.[v]

**14** "If you forgive those who sin against you, your heavenly Father will forgive you. **15** But if you refuse to forgive others, your Father will not forgive your sins. **16** "And when you fast, don't make it obvious, as the hypocrites do, for they try to look miserable and disheveled so people will admire them for their fasting. I tell you the truth, that is the only reward they will ever get. **17** But when you fast, comb your hair[w] and wash your face. **18** Then no one will notice that you are fasting, except your Father, who knows what you do in private. And your Father, who sees everything, will reward you.

**19** "Don't store up treasures here on earth, where moths eat them and rust destroys them, and where thieves break in and steal. **20** Store your treasures in heaven, where moths and rust cannot destroy, and thieves do not break in and steal. **21** Wherever your treasure is, there the desires of your heart will also be.

**22** "Your eye is like a lamp that provides light for your body. When your eye is healthy, your whole body is filled with light. **23** But when your eye is unhealthy, your whole body is filled with darkness. And if the light you think you have is actually darkness, how deep that darkness is!

**24** "No one can serve two masters. For you will hate one and love the other; you will be devoted to one and despise the other. You cannot serve God and be enslaved to money.

**25** "That is why I tell you not to worry about everyday life—whether you have enough food and drink, or enough clothes to wear. Isn't life more than food, and your body more than clothing? **26** Look at the birds. They don't plant or harvest or store food in barns, for your heavenly Father feeds them. And aren't you far more valuable to him than they are? **27** Can all your worries add a single moment to your life?

**28** "And why worry about your clothing? Look at the lilies of the field and how they grow. They don't work or make their clothing, **29** yet Solomon in all his glory was not dressed as beautifully as they are. **30** And if God cares so wonderfully for wildflowers that are here today and thrown into the fire tomorrow, he will certainly care for you. Why do you have so little faith?

**31** "So don't worry about these things, saying, 'What will we eat? What will we drink? What will we wear?' **32** These things dominate the thoughts of unbelievers, but your heavenly Father already knows all your needs. **33** Seek the Kingdom of God[x] above all else, and live righteously, and he will give you everything you need.

**34** "So don't worry about tomorrow, for tomorrow will bring its own worries. Today's trouble is enough for today.

**Chapter 7** "Do not judge others, and you will not be judged. **2** For you will be treated as you treat others.[y] The standard you use in judging is the standard by which you will be judged.[z]

**3** "And why worry about a speck in your friend's eye[aa] when you have a log in your own? **4** How can you think of saying to your friend,[ab] 'Let me help you get rid of that speck in your eye,' when you can't see past the log in your own eye?**5** Hypocrite! First get rid of the log in your own eye; then you will see well enough to deal with the speck in your friend's eye.

**6** "Don't waste what is holy on people who are unholy.[ac] Don't throw your pearls to pigs! They will trample the pearls, then turn and attack you.

**7** "Keep on asking, and you will receive what you ask for. Keep on seeking, and you will find. Keep on knocking, and the door will be opened to you. **8** For everyone who asks, receives. Everyone who seeks, finds. And to everyone who knocks, the door will be opened.

**9** "You parents—if your children ask for a loaf of bread, do you give them a stone instead? **10** Or if they ask for a fish, do you give them a snake? Of course not! **11** So if you sinful people know how to give good gifts to your children, how much more will your heavenly Father give good gifts to those who ask him.

**12** "Do to others whatever you would like them to do to you. This is the essence of all that is taught in the law and the prophets.

**13** "You can enter God's Kingdom only through the narrow gate. The highway to hell[ad] is broad, and its gate is wide for the many who choose that way. **14** But the gateway to life is very narrow and the road is difficult, and only a few ever find it.

**15** "Beware of false prophets who come disguised as harmless sheep but are really vicious wolves. **16** You can identify them by their fruit, that is, by the way they act. Can you pick grapes from thornbushes, or figs from thistles? **17** A good tree produces good fruit, and a bad tree produces bad fruit. **18** A good tree can't produce bad fruit, and a bad tree can't produce good fruit. **19** So every tree that does not produce good fruit is chopped down and thrown into the fire. **20** Yes, just as you can identify a tree by its fruit, so you can identify people by their actions.

**21** "Not everyone who calls out to me, 'Lord! Lord!' will enter the Kingdom of Heaven. Only those who actually do the will of my Father in heaven will enter.**22** On judgment day many will say to me, 'Lord! Lord! We prophesied in your name and cast out demons in your name and performed many miracles in your name.'**23** But I will reply, 'I never knew you. Get away from me, you who break God's laws.'

**24** "Anyone who listens to my teaching and follows it is wise, like a person who builds a house on solid rock. **25** Though the rain comes in torrents and the floodwaters rise and the winds beat against that house, it won't collapse because it is built on bedrock. **26** But anyone who hears my teaching and doesn't obey it is foolish, like a person who builds a house on sand. **27** When the rains and floods come and the winds beat against that house, it will collapse with a mighty crash." **28** When Jesus had finished saying these things, the crowds were amazed at his teaching, **29** for he taught with real authority—quite unlike their teachers of religious law.

### Footnotes:

1. 5:3 Greek poor in spirit.
2. 5:6 Or for righteousness.
3. 5:21 Exod 20:13; Deut 5:17.
4. 5:22a Some manuscripts add without cause.
5. 5:22b Greek uses an Aramaic term of contempt: If you say to your brother, 'Raca.'
6. 5:22c Greek if you say, 'You fool.'
7. 5:22d Greek Gehenna; also in 5:29, 30.
8. 5:23 Greek gift; also in 5:24.
9. 5:26 Greek the last kodrantes [i.e., quadrans].
10. 5:27 Exod 20:14; Deut 5:18.
11. 5:29 Greek your right eye.
12. 5:30 Greek your right hand.
13. 5:31 Deut 24:1.
14. 5:33 Num 30:2.
15. 5:38 Greek the law that says: 'An eye for an eye and a tooth for a tooth.' Exod 21:24; Lev 24:20; Deut 19:21.
16. 5:41 Greek milion [4,854 feet or 1,478 meters].
17. 5:43 Lev 19:18.
18. 5:44 Some manuscripts add Bless those who curse you. Do good to those who hate you.Compare Luke 6:27-28.
19. 5:47 Greek your brothers.
20. 6:11 Or Give us today our food for the day; or Give us today our food for tomorrow.
21. 6:13a Or And keep us from being tested.

22. 6:13b Or *from evil.* Some manuscripts add *For yours is the kingdom and the power and the glory forever. Amen.*
23. 6:17 Greek *anoint your head.*
24. 6:33 Some manuscripts do not include *of God.*
25. 7:2a Or *For God will judge you as you judge others.*
26. 7:2b Or *The measure you give will be the measure you get back.*
27. 7:3 Greek *your brother's eye;* also in 7:5.
28. 7:4 Greek *your brother.*
29. 7:6 Greek *Don't give the sacred to dogs.*
30. 7:13 Greek *The road that leads to destruction.*

## Bibliography

Stassen, Glen H. *Just Peacemaking: Transforming Initiatives for Justice and Peace.* Louisville, KY: John Knox Press, 1992.

Wiersbe, Warren W. *Wiersbe's Expository Outlines on the New Testament.* Wheaton, IL: Victor Books, 1992.

Willard, Dallas. *The Divine Conspiracy: Rediscovering Our Hidden Life in God.* New York: Harper, 1998.

Witmer, John A. *"Romans."* Edited by J. F. Walvoord and R. B. Zuck. *The Bible Knowledge Commentary: An Exposition of the Scriptures.* Wheaton, IL: Victor Books, 1985.

## Extra Journaling Page Day_____

**Extra Journaling Page Day_____**

## Extra Journaling Page Day_____

**Extra Journaling Page Day_____**

## Extra Journaling Page Day_____

**Extra Journaling Page Day_____**

**Extra Journaling Page Day_____**

**Extra Journaling Page Day_____**

## Extra Journaling Page Day_____

*"Worthy is the Lamb who was slain, to receive power and wealth and wisdom and might and honor and glory and blessing!"*

\- Revelation 5:12

*He who testifies to these things says, "Surely I am coming soon." Amen. Come, Lord Jesus! The grace of the Lord Jesus be with all. Amen.*

\- Revelation 22:20–21

**AT THE FEET OF THE KING**
**A 40 DAY CHALLENGE**

**Rediscovering what Jesus expected of His first disciples and how it can change your life too.**